费孝通

(1910—2005)

著名社会学家、人类学家、民族学家、社会活动家，

中国社会学和人类学的奠基人之一，

曾任全国人大副委员长，全国政协副主席，民盟中央主席

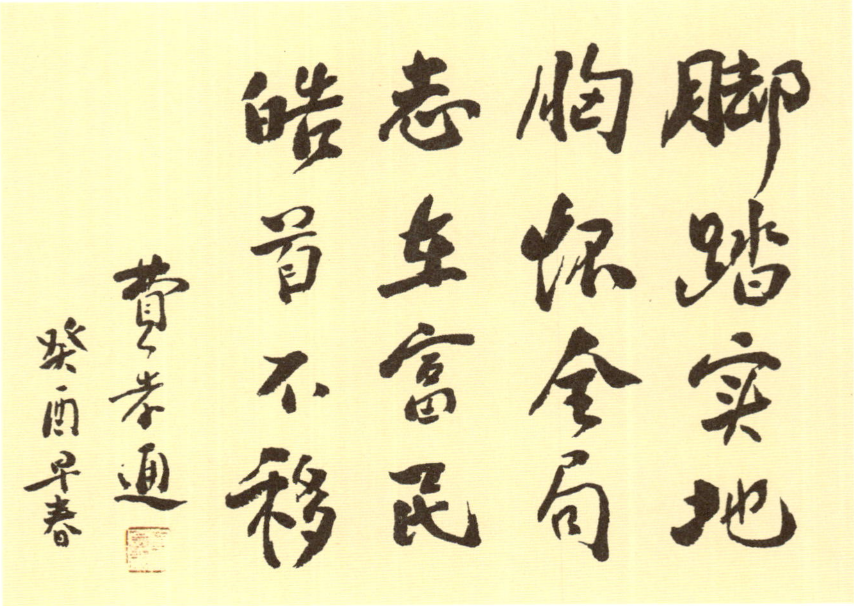

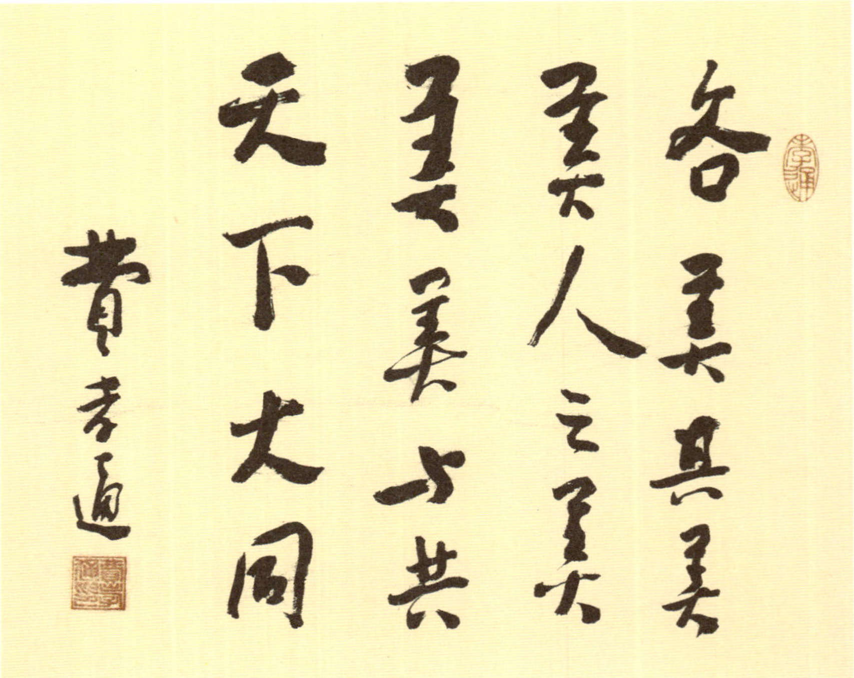

费孝通题词

2000 年 8 月，费孝通在大理、丽江考察

2000 年 8 月，费孝通在大理、丽江考察

2000 年 8 月 10 日，费孝通在云南大学

2000 年 8 月 10 日，费孝通在云南大学图书馆前合影

费孝通与云南

中国民主同盟云南省委员会　编

FE IXIAOTON GYUYUNNAN

“各美其美，美人之美，
美美与共，天下大同”
——费孝通

民盟参政议政史料

群言出版社
Qunyan Press

《费孝通与云南》编委会名单

前　言

中国民主同盟成立于1941年3月，正值抗日民族统一战线遭到国民党独裁统治破坏的危难之际。民盟以贯彻抗日主张、实践民主精神、尊重思想自由、提倡依法治国为政治纲领。民盟凝聚了当时绝大多数进步知识分子和社会精英，可谓群贤毕集。在不同的历史时期，黄炎培、张澜、沈钧儒、杨明轩、闻一多、李公朴、梁漱溟、史良、胡愈之、楚图南、吴晗、费孝通……这些民盟前辈精英们纵横捭阖、开阔放达，本着知识分子的人文良知和社会责任"奔走国是"，在政治、经济、军事、外交、教育、社会等领域都提出了明确的纲领和主张，将平等、民主、自由的思想播撒在中国的土地上。

在那苍黄翻覆、陵谷变迁的大时代，在那风云变幻、波澜壮阔的动荡岁月里，历史的浪潮将中国民主同盟，将有志于民族振兴的贤良才俊推上了风口浪尖，他们在改变中国命运的同时，也改变了自己的人生轨迹。他们为历史的进程，为国家富强、民族振兴和民主政治的进步做出了卓越的贡献；他们将自己的荣辱与民族存亡紧紧地联系在一起，为中国的民主、繁荣奋斗了一生，为后人留下了许多宝贵的精神财富；他们关于新民主主义社会的探索，至今仍具有巨大的影响和现实意义。

在和平盛世的今天，为了保存这珍贵的历史财富，为了让后人记住先辈们的独立之精神、自由之思想以及他们为国为民、励精图治的奋斗事迹，我们通过多年的精心准备和积累，出版了《民盟历史文献》丛书，这不仅仅是追忆往昔、缅怀先贤，也不仅仅是为了从学术研究的角度去厘清历史、臧否人物，更重要的是：通过回顾那段曲折的历史，传承民盟与中国共产党肝胆相照、荣辱与共的真挚感情；纪念民盟先贤为新中国做出的巨大贡献；呈现近现代中国社会的嬗变和进步知识分子的爱国情怀；同时也是为了民盟薪火相传、与时俱进的需要；为了让那些隽永传奇的人物和可歌可泣的历史再现后人的眼前。

路漫漫其修远兮，吾将上下而求索。《民盟历史文献》丛书的出版，是对先贤们多党合作历史的尊崇和传承。

《民盟历史文献》编委会

序

费孝通是我国著名的社会学家、人类学家、民族学家和社会活动家，中国民主同盟的卓越领导人。深切缅怀费孝通先生的非凡业绩和杰出贡献，追思和学习他对中华民族的历史责任和对人民的无限热爱，为人民幸福、国家富强、民族复兴不懈奋斗的高尚品格和始终不渝的理想追求，对于激励我们更好地全面建设小康社会，不断推进社会主义现代化事业具有重要的现实意义。

费老的一生，是光辉的一生，是艰辛前进、追求真理的一生。作为爱国爱民的一代知识分子的楷模，他年复一年，不辞辛苦，不停奔走。“行行重行行”，万里系国情，走乡镇村舍，进工厂企业，了解世情，心系民脉，冬去春来，结下丰硕的果实。作为我国著名的社会学家、人类学家和社会活动家，他始终坚持“志在富民”的理想，孜孜以求，一生无悔。尽管他著作等身，奖掖后学，但他从不钻到象牙塔里搞学术研究，而是利用一切机会接触社会变革，始终紧密联系着中国不同阶段国情的实际，以此形成了他在实践中思考、思考为了实践的学术风格。作为民盟德高望重的领导人，他始终坚持中国共产党的领导，以超凡的政治胸怀和政治智慧，将盟务工作、参政议政与学术研究和社会活动紧密结合起来，提出民盟参政议政的工作方略，带领盟员努力为经济社会发展"出主意、想办法，做好事、做实事"，为我国多党合作事业的巩固和发展作出了重要的贡献。

云南是费老曾经生活、工作过的地方。他曾于1938年至1946年在云南大学、西南联大任教，期间加入中国民主同盟。对于费老来说，在云南的这八年是他"学术生命、政治生命和家庭生活的新起点"，他把云南视为自己的"第二故乡"，新中国成立后还多次到云南视察调研，指导工作，云南人民也对他饱含深厚的感情。2000年8月，费老再次到云南，虽然当时已经90高龄了，但是，他仍兴致勃勃地在云南大学会泽院、至公堂前回忆当年在云大执教和生活的难忘岁月。我有幸与时任云大党委书记高发元同志一同陪费老在云大参观，不料这次重返云大，竟是费老此生在云南留下的最后足迹。

在云南民盟成立70周年之际，民盟云南省委将24篇有关费老的纪念文章及12篇研究论文等汇集成书，编辑出版，让我们更好地学习费老胸怀祖国、情系人民的爱国主义精神；学习他衷心拥护和坚持中国共产党领导、矢志不渝走中国特色社会主义道路的坚定信念;学习他勤奋求实、身体力行的优良风范,秉承他的崇高志向,继承和发扬老一辈的光荣传统,不断开拓前进。

民盟在70多年的沧桑岁月中,费老等先贤前辈“以天下为己任,立盟为公、参政为民”的执著精神和伟大实践,为我们留下一个个“立德、立言、立功”的高山仰止的丰碑,是我们最宝贵的精神财富。回顾民盟走过的光辉历程,虽然我们所处的时代背景、历史条件和国际环境发生了巨大变化,但民盟与中国共产党“长期共存,互相监督,肝胆相照,荣辱与共”的亲密友党关系始终如一,广大知识分子忧国忧民、心系民生的优良传统始终如一。通过对费老等民盟先贤前辈的纪念活动,结合树立和践行社会主义核心价值体系活动,我们更加深刻地认识到:必须始终坚持中国共产党的领导,继承和发扬与中国共产党风雨同舟、肝胆相照的优良传统,深刻理解和把握其内涵,凝聚共识,在思想上同心同德;必须坚定中国特色社会主义理想信念,不断夯实多党合作的思想政治基础,在目标上同心同向;必须坚定不移地走中国特色社会主义政治发展道路,切实履行好自身职能,在行动上同心同行,才能与中国共产党一道,共创多党合作事业的美好明天。

倪慧芳

目　录

追忆费老

费孝通与《民主周刊》和《时代评论》

戴　抗

费孝通先生曾经说过，云南的八年是他“一生中最重要的时期”。确实，在云南，费孝通从一位有良知的自由知识分子逐步投身于反内战、反独裁的爱国民主运动，成为一名坚强的民主战士，留下其一生中“值得纪念”的一段岁月。其间，费孝通先生加入了中国民主同盟后，便与民盟两个刊物结下不解之缘，其一是《民主周刊》，其二是《时代评论》。

创办于1944年12月9日的《民主周刊》，是中国民主同盟第一个地方组织——民盟云南省支部的机关刊物，以宣传民盟政治纲领，发表民盟对时局的态度，弘扬民主思想，推进民主运动为宗旨，是当时抗战期间到抗战胜利后大后方最具影响力的民主刊物之一。

费孝通先生在《民主周刊》上发表的文章以时评为主。如《从伦敦会议到莫斯科会议》、《论美国对华政策》、《怎样解决东北问题》等。《致马歇尔特使书》则为他与潘光旦、吴晗、闻一多联合署名的书信文章。以民盟四位重量级人物联合发文，某种

程度上可视为民盟对当时内战危机的鲜明态度。二战后，中国内战一触即发的危机引起美国的严重关注。此前美国赫尔利公开扶蒋反共的政策走进了死胡同，蒋介石的独裁内战政策激起国内各界的普遍反对。这使得白宫决策者不得不调整其对华政策。鉴于白宫政府对华声明的表面“公正”及潜在的助蒋压共政策，这更加深了中国内战危机。民盟作为当时代表爱国民主知识分子的重要政党，公开阐明：民主施政纲领不能交给“已处处腐烂”的国民党政府，“应扩大范围迅速组织联合政府，以挽救当前危局”，同时呼吁各党各派应就停止内战和分配受降、确定民主施政纲领、组织联合政府、重选国大代表、承认解放区五大问题“开诚相见”，使上述问题得以公正解决。这在当时国际国内引起了极大的反响。从国际时评引入国内主题是费孝通在《民主周刊》上撰文的一大特点，如《平民世纪的展开——英国大选揭晓后的感想》就以赞赏的态度对英国工党用不流血方式获胜予以肯定，对国民党一党独裁予以反对。又如《祸根未除》一文则从二战结束，日本投降入手，深入剖析了民众所关注的日本军国主义的“武士”传统，提醒人们虽然二战胜利了，但由于美国拟采取扶持日本的政策，使得战争的“祸根未除”。费孝通在《民主周刊》上撰文虽不多，但观其每篇文章均显出作者深厚的时评功力，其清晰的思路、流畅的文笔、游刃有余的笔调，从国际时评切入对国

内时弊的尖锐针砭，无处不透出那一代爱国民主知识分子对“国家兴亡、匹夫有责”的炽热之情和呼吁民主、自由思想，推进民主政治的执著追求。

“李闻惨案”发生后，《民主周刊》于 1946 年 8 月遭国民党当局查封停刊。从创刊到停刊，《民主周刊》共出版了三卷七十一期，每期发行数千册，在知识分子和青年学生中拥有众多的读者，影响深远。

由费孝通先生担任主编的《时代评论》创办于 1945 年，时值八年抗战胜利，一方面是饱受战乱的中国民众期盼国民党政府避免内战，推进民主政治，改善民生，重建被战争重创之百业，另一方面是国民党政府表面高唱和谈，暗中却调兵遣将准备内战。在一个如此特殊的时期，地处西南边陲的昆明，西南联大、云南大学、中法大学和一批专科及中学学生的反内战、反独裁，要和平、要民主的学生运动进入如火如荼的阶段。

这是个不寻常的年代，和其他民主刊物一道，《时代评论》配合《民主周刊》，联名发表了一系列支持学生爱国民主运动，谴责国民党反动当局血腥镇压学生运动的“告全国同胞书”、“告各界人士书”和“严重抗议”、“严正声明”的文章。“一二·一”惨案后，《时代评论》还用大号黑体字刊出以评论员名义献给死难烈士的挽联。为支持青年学生对国民党当局制造“一二·一”惨案的罢课运动，费孝通的《青年是解散不了的》一文，在《民主周刊》、《时代评论》等七期刊的《联合增刊》上发表，揭穿了教育当局阻止学生罢课、破坏青年学生民主运动的阴谋。在这个不寻常的年代，《时代评论》与《民主周刊》并肩战斗，它们的大声呐喊，成为当时为青年学生爱国民主运动鼓与呼的强大舆论力量。尤其在“一二·一”运动中，《时代评论》每期发行达八千至一万份之多，在知识界有很大影响。

作为《时代评论》主编的费孝通，有着热心办刊，毫无教授架子的美誉。由于他笔头快，当周刊需补白时，就由他赶写急救文章。除撰文外，费孝通还参加校对，亲自上街卖刊，堪称一位“自编、自写、自校、自卖”的主编。与他对工作的热忱和敬业相映衬的是他对生活中美好事物的挚爱。1946 年 5 月上旬，《民主周刊》与昆明文协、戏艺社等团体联合邀请云南路南、弥勒的彝族来昆演出音乐舞蹈，冲破国民党省党部的重重阻挠，“彝族音乐舞蹈晚会”终于在昆明成功举办，社会各界反响热烈。为此，费孝通撰文写道：“当我们在云大草坪上，营火晚会里看到了插秧舞、《兄妹开荒》的歌剧，我们血流动了，一种力量在推动我们，要我们参加共舞。……我们眼睛向着人民时，一切都是希望、光明和鼓励，路南彝民的歌舞又是一个强烈的例证。”

《时代评论》虽然只发行了十八期，但在知识界有过较大的影响，对当时昆明民主运动的高涨起到了很大的推动作用。与《民主周刊》一样，《时代评论》引起了国民党当局的恐慌与仇恨，不久也遭查封停刊。

十年前，我有幸得到一部由费老亲笔题名的十四卷《费孝通文集》，十年来，我得以神游于费老的精神世界，其执著的爱国民主情怀和脚踏实地的治学精神，一直是激励我努力奋发的宝贵精神财富。在此，我谨以万分虔诚之心向费老表示深深的怀念和敬意。

费孝通与云南大学

肖　宪

云南大学是中国西南地区历史最悠久的大学之一，始建于1922年，起初为私立大学，后改为国立大学。1937年，著名数学家、教育家熊庆来出任云大校长，时逢抗战爆发，一大批著名学者陆续从海内外前来任教，极大地提高了云大的学术水平和地位，使云大进入了其历史上的第一个辉煌时期。到20世纪40年代，云南大学已发展成为一所包括文、法、理、工、农、医等学科在内，规模较大，在国际上有影响的中国著名大学之一。

在费孝通先生波澜起伏的一生经历中，云南大学有着独特而重要的地位。从他1938年11月到云大任教，到1946年8月离开云大，费孝通一共在云南大学工作了近8年时间。这一时期正是云南大学迅速发展、水平提升的时期。对于费孝通来说，这8年也是一个非常重要的时期，用他自己的话来说是他“学术生命、政治生命和家庭生活的新起点”，因此他甚至把云南视为自己的“第二故乡”。

一、重要的学术发展期

1938 年 8 月，费孝通从英国伦敦大学经济政治学院获得博士学位后，便启程回国。当时中国正遭日本帝国主义侵略，费孝通途中在轮船上听说连广东等地都已沦陷了，不可能再回江苏，就从越南南部登陆，经西贡辗转来到了抗战的大后方昆明。

当时云南大学校长熊庆来是云南弥勒县人，早年曾留学法国，后来长期在清华大学任教，1937 年应云南省主席龙云之邀出任云大校长。熊校长深知要办好一所大学，主要靠的是人才。为了在云南大学开办社会学系，1938 年他专门申请了中英庚子赔款设立教席，邀请吴文藻先生从北京来昆明，担任社会学教授兼系主任。吴文藻是费孝通原来在燕京大学的老师，当他知道费孝通从英国回国后，立即向熊校长推荐了费孝通。于是，1938 年 11 月，费孝通受聘到云大社会学系工作，并且也获得了中英庚款资助。虽然吴文藻创建了云南大学社会学系，但 1940 年 10 月便离开了云大。在此后六年的时间里，费孝通一直是云南大学社会学系教授兼系主任，所以应该说云南大学社会学的奠基人实际上是费孝通。

费孝通在英国的导师是国际上著名的功能学派社会学家马林诺夫斯基，从马氏那里，他学到了许多社会学的新理论和新方法。回国后，费孝通结合中国实际情况，在云南大学开创了一套先进的、有特色的社会学研究方法，其核心就是中西结合，注重实践；解剖麻雀，以小见大。最主要的方法有二：一是田野调查，二是学术研讨。

到云南大学工作仅两个星期,费孝通就开始到离昆明有100多公里的禄丰县乡下进行社会学调查。1939、1940年他和助手张之毅、史国衡等人又多次到昆明、玉溪、大理等地进行社会学田野调查。他们探村镇、访农户、入社区、下工矿,进行深入、细致和脚踏实地的调查。在调研基础上,他们先后完成了《禄村农田》、《易村手工业》、《玉村农业和商业》、《昆厂劳工》等一批调查报告。为了调查云南的贸易情况和社会生活,费孝通甚至还跟随驮货的马帮远行。他穿着赶马人的羊皮褂,跟着马帮起篝火,吃干粮,住小庙。直到晚年,费孝通提起云南的马帮还非常动情,说自己是"思想上的马帮"。

1939年初,云南大学成立了社会学研究室,由费孝通主持。为躲避日本飞机轰炸,1940年初研究室搬到离昆明约20公里的呈贡魁阁。魁阁是一座三层塔楼,是旧时文人为求学业有成,祭祀文曲星(魁星)的地方。费孝通描绘道:"这座破败的三层古庙外面风景很美,内部却陈旧不堪。地板踩上去嘎吱作响,墙缝里藏着小虫,叮得人浑身发痒。"然而,费孝通和他的同事们就在这个简陋的地方开展了深入的学术研究。他们经常举行所谓的"席明纳"(Seminar,即学术研讨)。费孝通后来回忆道:"有6个研究人员和我家同住一个地方,这就给我们以充分讨论的机会。我们作实地调查分散数日后,重聚在一起举行我们所说的研究会,这是马林诺夫斯基的传统;这种讨论有时在热烈而愉快的气氛中进行半天。”[①]有时他们也会为某个问题展开激烈的争论，然而正是在这种自由而深入的学术讨论中，大家对研究的问题有了更深刻的认识。

1942年底，美国国务院邀请中国十所大学的十位教授访美，其中也包括云南大学。由于费孝通英文好、专业强，又有英国留学的经历，熊庆来校长就派他代表云南大学访美。从1943年6月到1944年6月，费孝通在美国访问和工作了整整一年。在美期间，他把云大社会学研究室的调查报告整理后译为英文在美出版，主要成果有二：一是包括了《禄村农田》、《易村手工业》、《玉村农业和商业》三份调查报告的《云南三村》（英文名为*Earthbound China*），二是收入了《昆厂劳工》等调查报告的《中国进入机械时代》（*China Enters the Machine Age*）。费孝通将其称为“魁阁的成果”。1947年出版的《不列颠百科全书》中，云南大学被列为中国15所著名大学之一，有费孝通等一批国际知名教授，是一个很重要的原因。

据不完全统计，费孝通1939年至1946年在云大工作期间，个人共出版中文著作2部，中文译著2部，英文著作2部，学术论文34篇。另外，他还有一些文章当时没有发表，后来被编入了著名的《乡土中国》一书中。在那样一种艰苦、动荡的岁月里，能取得如此多的学术成果确实是很不容易的。除了学术研究，费孝通还和同事们一起培养出了一批优秀的社会学人才。从1940年到1945年，他先后为云大社会学系的学生开设了“经济社会

① 《费孝通先生访谈录》，载《南方周末》，2007年12月27日。

1982 年，费孝通与原云大社会学系师生合影

学”、“家族制度”、“社会学”、“社会制度”、“社区研究”“近代社会理论与方法”、“云南农村经济”等多门课程。

费孝通于 1946 年 8 月离开云大。由于各种原因，云大社会学系也于 1954 年被停办，直到 1995 年才重新恢复。吴文藻、费孝通创建的社会学至今仍是云南大学的重点学科之一，从社会学延伸发展出来的民族学和人类学，现在已成为了云南大学实力最强、影响最大的全国重点学科。费孝通等前辈学者的学术传统、学术成果、研究方法，今天仍影响着云南大学的后辈学人。

二、从书斋走向战场

在云南大学任教期间，也是费孝通民主爱国思想逐渐形成，从一个纯粹的社会学学者发展成为一位民主战士和社会活动家的关键时期。

抗战期间和抗战胜利后，大后方昆明的民主爱国运动蓬勃发展，云南大学是当时昆明著名的民主堡垒。作为一个有良知的爱国知识分子，费孝通亲眼目睹了国民党当局的专政和腐败，自然要思考国家的前途和未来，并投身到反独裁、反内战、争民主、争自由的爱国民主运动中。1944 年秋，费孝通从美国回到云南大学后不久，就由他的老师和好友、西南联大教授潘光旦介绍加入了中国民主同盟。[①] 这也就是他所说的"政治生命的新起点"。

1944 年 10 月 1 日，民盟云南省支部（开始时为民盟昆明支部）举行成立大会。支部共有盟员 100 多人，其中有不少是云南大学的教授，如费孝通、潘大逵、楚图南、周新民、尚钺、李德家等，也有一些是西南联大的教授，如潘光旦、罗隆基、曾昭抡、吴晗、闻一多等。在此次会议上，费孝通还被推选为民盟云南省支部的委员，其他的委员还有罗隆基、潘光旦、周新民、潘大逵、李公朴、闻一多、楚图南、吴晗，一共 9 人。[②]

---

① 关于费孝通的入盟时间，不少资料都说是 1945 年，也有说是 1942 年。但费老自己在《我与民盟》（群言出版社，1991 年）中写道："记得 1944 年秋天之后，我和民盟的关系又进了一步。那时潘（光旦）、闻（一多）、吴（晗）三位同志住到昆明城里来了，我不久也搬回城里，住在云大。我们之间的往来从此更多了。楚图南、尚钺和潘大逵等同志原是云大的同事，我那时也知道是'自己人'了……我也被社会上认为是盟员，自己也就以盟员自居了。"当时加入民盟没有严格的组织手续，也没有形式，只是一种道义之交，握手成誓。

② 参见民盟云南省委员会编《云南民盟大事记》，民盟云南省委员会编，1992 年 8 月，第 8 页。

抗战胜利后，国内时局并没有好转，反而因国民党的统治和内战变得更加紧张。除了参加民盟的活动外，费孝通还以其他方式从事民主爱国运动：一是通过上课、讲演等活动，向学生和社会各界宣扬民主和进步思想，抨击国民党政府的黑暗统治。由于他学问好，影响大，又敢言，是学生们最仰慕的“民主教授”之一。二是写政论文章，针砭时弊，揭露当局的专制、独裁、腐败，《时代评论》、《大公报》、《中央日报》、《民主周刊》等报刊上常有他的文章。他后来说：“我那时是知识分子的头头，经常发表政论……那时是我的社会活动的高潮，思想的高潮，是民主、人权。”①此外，费孝通、潘光旦等人还与英、美等国驻昆明领事馆保持联系，常把民盟的纲领、宣言译成英文交给他们，通过他们向国际上宣传民盟的主张。

1945年11月25日晚，西南联大、云大等学校的师生约6000人在昆明举行“反内战时事演讲会”，由费孝通、钱端升、伍启元和潘大逵四位教授就和平民主、联合政府等问题发表演讲。演讲会引起了国民党反动派的恐慌，他们出动了大批军警特务包围了会场，进行阻挠、恐吓和破坏。当轮到费孝通演讲的时候，会场突然停电，并响起了枪声。面对威胁，大家没有退缩，而是点亮汽灯，继续演讲。费孝通在台上高声说：“我请求你们大家不要害怕——让我大声疾呼，用我的声音压倒枪声……不但在黑暗中我们要呼吁和平，在枪声中我们还要呼吁和平。”几天后，昆明发生流血惨案，引发了著名的“一二·一”学生运动。费孝

① 《费孝通先生访谈录》，载《南方周末》，2007年12月27日。

通等人随即以民盟支部的名义举行招待会，向社会各界公开揭露反动当局的法西斯暴行，他担任主编的《时代评论》还出版了悼念死难者的专辑。

云南民盟支部的活动，使反动当局既害怕又恼火。他们把闻一多、李公朴、楚图南、费孝通等一批爱国民主人士列入了黑名单，准备用暗杀手段逐一清除之。1946 年 7 月，发生了震惊全国的“李闻惨案”，李公朴、闻一多先后遭到暗杀。接下来，反动派的枪口又对准了费孝通等人，他们的处境十分危险。国民党特务不时光顾费孝通家所在的云南大学教员宿舍，甚至还在围墙上打了个洞，随时准备过来抓人行凶。在此危急时刻，美国驻昆明领事馆主动出来提供帮助和保护。费孝通后来回忆道：

> 闻一多事件之后，差不多杀到我了。美国领事馆的车子开到云南大学来救我……车子一开出，特务就到了家里面了……我先抱了一些东西到校长熊庆来家躲一躲。我是从校长家上的车，再把她们两个（妻子和女儿）救到车上。[①]

除了费孝通外，得到美国领事馆保护的还有楚图南、冯素陶、潘大逵、张奚若、潘光旦、尚钺、赵沨、金若年等爱国民主人士。第二天，社会上就知道了“九教授领事馆避难事件”。几天后，云南省主席卢汉到美国领事馆答应保证避难人员的安全，但避难人员必须离开云南。在此情况下，费孝通被迫于 1946 年 8

---

① 《费孝通先生访谈录》，载《南方周末》，2007 年 12 月 27 日。

月离开昆明去南京，年底再次前往英国。1947年回国后便到清华大学任教。

三、家庭生活的新起点

也正是云南大学期间，费孝通结婚生女，进入了“家庭生活的新起点”。

1935年12月，费孝通与新婚妻子王同惠在广西大瑶山作民族考察时，王同惠不幸坠崖身亡。对爱妻的去世，费孝通深感悲痛和自责，此后几年一直深陷在这种情绪中，难以自拔。再加上1936年后他到英国留学，全身心投入研究和博士论文的写作，所以一直未考虑再婚。

1939年，到云南大学工作后不久，经大哥费振东介绍，费孝通认识了从印度尼西亚回到昆明的孟吟女士，二人一见倾心，不久便在昆明结婚。此后55年，费孝通与孟吟同甘苦，共患难，相伴终生，直到孟吟于1994年12月去世。

1940年，日本飞机频繁轰炸昆明，费孝通在文化巷住的院子也被炸坏。为安全起见，他们搬到呈贡乡下躲避。但这年12月，连他们在呈贡古城村租住的农舍也被炸毁了。而就在此时，孟吟就要临产了，费孝通十分着急。后来好不容易在县城边上找到一个广东人开的小诊所，孟吟在这里生下了一个女儿。为纪念前妻王同惠，费孝通给这个独生女取名费宗惠。

从1940年初到1944年秋，费孝通一家在呈贡古城村住了四年多。呈贡离昆明大约20公里，虽然当时工作的魁阁研究室和给学生上课也都在呈贡，但费孝通不时还是要回云南大学校内办事。当时唯一的交通工具就是小马车，在坑洼不平的路上要颠簸2个多小时，有时甚至要步行，走一趟单程就要四五个小时。一直到1944年秋天，费孝通的家才从呈贡乡下搬回昆明城里。

在云大工作期间，费孝通曾先后住在昆明承华圃街51号、文化巷48号以及云南大学校内教员宿舍等处，其中在文化巷48号院子住的时间最长。当时他们的生活很清苦，因为物资匮乏，物价飞涨，有时不得不靠写文章，挣点稿费补贴家用。费孝通后来说："我们穷得要命。我为什么写文章？家里米不够了。我是摆摊头写文章。云南大学下面有个茶馆店，我就坐在那儿，这不是摆摊头吗？他们都到那儿来找我要文章，当天拿去，第二天报纸就出了。以稿费维持生活，薪水一半不到。"

费孝通初到云大时是副教授，每月薪水为国币234元，由庚款支付，学校再给车马费160元。1940年他被聘为教授，后又兼系主任，每月薪水为450元，加上330元的研究补助费。1943年以后，费孝通作为教授兼系主任，每月薪水加到了550元，仍有330元研究补助费。这样的收入，比起每月只有100～200元的助教、讲师是不算少了。但当时物价飞涨、货币值贬，教授的日子也很不好过，就只好靠写文章或兼课（费孝通1944年后同时也在西南联大兼课）来维持生活了。

值得一提的是，费孝通的二哥费青此时也在云南大学工作。费青毕业于德国柏林大学法律系，1939年底回国后也来到昆明，受聘于云南大学法律系，开设"国际私法"、"法理学"等课程。弟兄俩先后在昆明结婚成家，同住在文化巷48号的院子里。费青也是一位“民主教授”，经常在《时代评论》、《民主周刊》发表文章。“一二·一”惨案发生后，费青在费孝通主编的《时代评论》悼念专辑封面上写了一副挽联：“此处是民主堡垒，贫贱未移，威武不屈，更使尔碧血英魂常共守卫；空负了锦绣河山，豺狼当道，鸱鸮飞天，当此际阴风惨日无限悲怆。”

兄弟两人同在一所大学当教授，住在同一个院子里，而且有着同样的政治信念，一起进行民主爱国斗争，这在全中国、全世界都是不多见的。

在云南大学的8年，给费孝通留下了难以忘怀的记忆。离开昆明后，他多次充满感情地回忆起这段时光。50年代，他曾作为中央民族访问团、国家民族委员会的负责人和专家，率队到云南来进行民族调查。改革开放后，他又以全国政协副主席、全国人大副委员长和民盟中央主席的身份，多次来到昆明和云南大学。1998年，北京市成立了云南大学校友联谊会，已近90高龄的费孝通欣然同意担任名誉会长，并在成立大会讲话。他深情地说：

> 在云南8年，是我一生中最重要的时期。……
>
> 我想起“一二·一”，云大有不少革命的、值得纪念的地点，如至公堂、会泽院。50年过得很快，年轻的也老了。但这是人生值得纪念的一段，想起来，是值得纪念！①

---

① 见费孝通《在北京市云南大学校友联谊会成立大会上的讲话》，载吴松主编：《感悟云大文化》，云南大学出版社2006年版，第341页。

费孝通的“云南情结”

石鹏飞

费孝通对云南有着特殊的感情，甚至视云南为“第二故乡”，因为据其自叙，云南是其“学术生命、政治生命和家庭生活的新起点”。

1938 年，费孝通完成学业后自英伦回国。当时，日寇气焰正炽，不少国土沦陷，他只得从越南的西贡登陆，复到昆明，任教于云南大学社会学系。不久，费孝通一干人等又去禄丰搞实地调查。

去禄丰调查，费孝通后来谈到，原因有二：一是实现导师英国学者马林诺夫斯基之要求，在继其博士论文《江村经济》后更详尽地描绘这个“乡土中国”的长幅画卷；二是禄丰有熟人。一年的调查，费孝通写成了《禄丰农田》。接着，费孝通与其合作者又完成了《易（门）村手工业》和

《玉(溪)村农业与商业》两文。三篇文章最终以《云南三村》为题结集出版。

20 世纪 40 年代,国内政治局势错综复杂,费孝通在云南还与同时流寓于此的潘光旦、闻一多、曾昭抡等朋友在一起,直言说论,主张抗日,鼓吹民主,抨击时弊。1945 年,费孝通加入了中国民主同盟。[①] 次年发生"李闻惨案",费也被列入黑名单。

1935 年夏,费孝通与燕京大学三年级的学生王同惠结婚。9 月,新婚燕尔的夫妇两人同赴广西大瑶山作民族考察,然在一次田野作业中王失足于滑冲而溺,费孝通失爱妻,"伤哉"。到云南的第二年——1939 年,费孝通又结了婚,且在昆明呈贡生下女公子,此即所谓"家庭生活的新起点"。费孝通由此摆脱了丧偶之痛。

人皆如此,大凡在某段时空中有一种特殊的经历,每形成挥之不去的"情结"。唯因云南在费孝通的生活中至关重要,这就结凝为费孝通的"云南情结"。费孝通的"云南情结"使之以后又数度重返云南,故地重游。

第一次是 1956 年,费来云南参加民族历史调查研究,曾到德宏并沿着洱海跑了一圈。跑的结果,费孝通说:"是写了不少有关少数民族的文章,说了一些比较符合实际情况的话。因此有人说我是个'比少数民族还少数民族'的人。"

---

① 编者按:关于费孝通先生的入盟时间,相关资料中有 1944 年、1945 年等不同说法。本书中的作者大多采用 1945 年的说法。据民盟中央档案记载,费孝通先生入盟时间为 1944 年。

费孝通先生到云南大学参观

第二次是70年代末，费孝通重获学术生命，于是，再访云南。

费孝通重返云南最近的一次是2000年。这是应云南为建设“民族文化大省”研讨会之邀而来的。会前，行行重行行，费孝通乘车到了大理和丽江。这番故地重游，盖因处于世纪之交，云南又有极快的发展，使费孝通尤多感慨。一方面，费孝通写道：“一路的‘乘车看花’，还是浮想联翩，我觉得云南的人文资源太富饶了，建设民族文化大省，有着得天独厚的条件，是别的省份不能比的。”他还夸奖了大理、丽江古城的保护。然而，另一方面，当费孝通听到有纳西象形文字老专家谈到学校欲推行“三语”（汉语、外语、纳西语及文字）的建议时，马上感到“纳西族象形文字是一种比汉族甲骨文还古老的文字，其使用范围已经极狭窄了，现在要学生除了学汉语、外语，再去学它，有什么实际用处？学生的负担是不是太沉重了？当然，我们要培养一批专家来研究东巴文化，包括它的文字，但是普遍推广就不现实了”。还有，当费孝通在观看了纳西族的“祭天”仪式的表演后，也敏锐地提醒“作为一个人类学、社会学者，我看了觉得很有意思。因为这种古老的仪式，表现了古人对自然的崇拜，体现了‘天人合一’的意识，这是我们中华民族传统文化思想的一大特征；讲平衡和谐，承认人是自然的一部分，不与自然对立。这与西方那种以我为中心，掠夺自然为我所用的观念截然不同……但是，在观看仪式的整个过程中，我总感到树底下弥漫着一股迷信的气氛。当我在丽江东巴文博物馆，看到表现东巴祭礼真实场景，原封不动地摆在那里时，不由得又产生了这种感觉”。鉴于此，费提出“保护不是无选择的、原封不动的保存，要有鉴别、有取舍”，从而显示出一个真正学者的良知。

佛经寓言中有一则鹦鹉之故事，谓“一鹦鹉居山，后离去，不久山失火，鹦鹉以羽翅取水救火”，天神道：“汝何痴，千里之火，岂为汝翅取水灭乎？”鹦鹉答：“我曾客居山中，百鸟畜兽皆仁慈，邀为兄弟，我不忍见之耳！”费孝通的“云南情结”，或可作如是观吧！

（此文原载《云南日报》，后又收入云南大学出版社出版的《滇云名士趣谈录》一书。）

迈向人民的人类学

何　明

费孝通是我国著名社会学、人类学家、社会活动家，作为行走在费先生所开辟的学术道路上的后来者，我们不仅沉浸于饮水思源的感恩情感之中，而且深思其学术调查研究的心路历程并以之作为激励前行的方向和目标。

重温先生的学术思想，"人民"这个关键词从其浩瀚的研究成果和坎坷的人生经历中赫然跃出。放弃学习医学的志向，转而学习社会科学，基于"救个人不如救社会"，"不解决民族和国家的前途问题也就谈不到个人的出路"的认识；选择社会学和人类学作为学习与研究的学科，目的是"必须对我们所生存在其中的中国社会有清楚的理解，因而要求摸索出一条科学地研究中国社会的道路"；从事"江村"和"云南三村"研究，是"我们国家民族的救亡问题，敌人已经踏上了我们的土地，我们怎么办？"进行民族调查研究，是"为少数民族进行社会改革提供科学的事实根据和符合少数民族利益的意见"；被错划为"右派"而遭受打击，因为坚持"我们的政治是为广大人民服务的政治，它必须要根据社会经济的客观规律和各个民族的具体情况办事”的原则；在“七十而从心所欲”之年后坚持“行行重行行”，解决的是“怎样迅速建成一个社会主义现代化国家的问题”……毕其一生，都在“向建立这一门人民的人类学而迈步前进”！

费先生在回顾其学术研究历程时明确指出，学术研究的关键主要涉及以下三个方面：“一是我们怎样决定我们调查研究的问题？二是我们这些调查者与被调查者的关系是怎样的？三是调查者对自己调查的后果采取什么态度？”[①]这一在30年前做的总结归纳，对今天的中国学术界仍然是最为急迫的问题。

问题是科学研究的起点和归宿。诚如德国数学家大卫·希尔伯特所说：“只要一门科学分支能提出大量的科学问题，它就充满生命力；而问题的缺乏则预示着独立发展的衰亡或中止。”[②]问题是科学研究的起点和归宿。那么，问题从哪儿来？选择什么问题研究？怎么研究？费先生认为：“社会生活本身归根到底是一切社会知识的来源。”为此，他选择了实地观察和体验社会生活的“社区调查”的方法，以此来了解中国社会，并从中获得需要解决的问题。

进而调查研究者以什么样的态度对待调查研究对象。人文社会科学与自然科学在因研究对象性质的不同而形成巨大差

① 费孝通：《迈向人民的人类学》，见《费孝通选集》，海峡文艺出版社1996年版，第313页。

② [德]希尔伯特：《数学问题》，载《美国数学学会通报》第8卷，转引自刘大椿主编《中国人民大学中国人文社会科学发展研究报告2004：问题意识和趋势情怀》，中国人民大学出版社2004年版，第25页。

异。自然科学的研究对象是物质性的，具有更多的确定性和一般性，即使存在差异性，差异形成的因素大都可以通过实验等手段确定或排除；加之研究者与研究对象之间一般不存在利害或价值的相关性，表述工具为所指明确和能指简洁的人工语言，故而其研究者与研究对象的关系相对简单。人文社会科学研究对象是人，而人是“社会关系的总和”，具有历史、社会网络、文化等语境的变易性和主体的主观意义性；同时，研究者与研究对象之间既存在着相互理解上的主体间性，又可能存在着利益或价值的关联性。因而调查研究者与研究对象之间存在着非常复杂的“交互关系”或“互渗关系”。为此，费先生提出了调查研究者与被调查研究者之间关系的问题，反对西方一些人类学家从“西方中心论”的视角看待非西方社会和以“事不关己”的态度对研究对象进行猎奇式的调查研究，放弃了当时马林诺夫斯基人类学以“异文化”为研究对象的常规路径，创造性地以“本文化”甚至家乡作为研究对象，弥合了调查研究者与调查研究对象的鸿沟，开启了人类学回归“本文化”调查研究的先河，这一做法被其导师敏锐地意识到，马林诺夫斯基称赞道：“我敢预言费孝通博士的《中国农民的生活》(又称《江村经济》)一书将被认为是人类学实地调查研究和理论工作发展中的一个里程碑。此书有一些杰出的优点，每一点都标志着一个新的发展。此书让我们注意的并

不是一个小小的微不足道的部落,而是世界上一个最伟大的国家。作者并不是一个外来人,在异国的土地上猎奇而写作的;此书的内容包含着一个公民对自己的人民进行观察的结果。这是一个土生土长的人在本乡人民中间进行工作的成果。如果说人贵有自知之明的话,那么,一个民族研究自己民族的人类学当然是最艰巨的,同样,这也是一个实地调查工作者的最珍贵的成就。"①

最后是学者如何对待自己的调查研究成果。目前国内人文社会科学界存在着大量不负责任的现象:一是草率从事,妄下结论。有些学者不论是否做过系统调查和有无前期研究,凡是社会关注的热点问题都敢予以回应,并在缺乏深入研究的情况下草率涂鸦成文公诸报刊;而且,凡是高级别项目都千方百计承揽,并转包他人(有时甚至是缺乏系统学术训练的学生)以结题交差。二是价值偏移,屈从权力。在调查研究时,有的学者屈从权力权威而按领导的旨意做结论,致使一些发展问题的研究变成领导的学术话语诠释,或无法实施,或实施后造成损害调查研究对象的利益、破坏生态环境的恶果;有的学者屈从财产权威而从某企业的利益角度出发做结论,导致多数所谓"可行性论证"成为"裹着糖衣的毒药",蒙骗管理机关和社会舆论。三是视学术为"私器",服务自我。有的学者把调查研究完全当作评聘职称和建构个人地位等一己私利的谋取工具,也有的学者视之为

---

① [英]马林诺夫斯基:《江村经济·序》,见费孝通著《江村经济》,商务印书馆2001年版,第13页。

自我陶醉而别人受罪的“卡拉 OK”自娱游戏，异化了调查研究的社会“公器”属性，毁坏了学术研究的权威性。因此，为了避免损害研究对象利益和人文社会科学知识生产的社会公信力，调查研究工作必须坚持以增进研究对象和社会公众利益、维护学术客观公正性、提供有益有效的真知为原则，以对社会和学术负责任的态度“谨言慎行”、“三思而后行”。

建构为人民服务的人类学任重而道远，我们愿意沿着费孝通先生开辟的道路勉力前行！

斯人长存

金子强

费孝通先生的追求、精神、风范与经历，在相当意义上，不仅仅属于他自己，而是他们那一群知识分子的共同的时代身影。提到费孝通先生，令人总不免想起潘光旦先生，他们似两枚钻石，相映生辉。

潘光旦是梁启超的学生，费孝通的老师，潘费间亦师亦友，志气契合。在20世纪40年代，一同站到了时代的前沿。1941年，潘光旦加入“中国民主政团同盟”，这是在皖南事变即国民党掀起独裁、分裂的“第二次反共高潮”后，“懔于民族危亡的巨祸”，潘光旦以书生、教授之身而步入党派政坛，爱国之心拳拳可鉴。在阶级关系新变化的时刻表达了与中共“坚持抗战，反对投降；坚持团结，反对分裂；坚持进步，反对倒退”的主张相一致的政治立场。1944年，费孝通加入了由“中国民主政团同盟”改组后的“中国民主同盟”。此时，中国共产党正式提出“结束国民党一党专制，建立民主联合政府”的主张，成为举国一致的共同奋斗的行动纲领。“反专制，争民主”正是费孝通年轻时神往的理想，也是当时时代呼唤的趋向。为理想，为革命，费先生归国不久即置身政党政治领域。费孝通师生的深厚情谊，正是建立在与国家民族休戚与共的精神情怀的共鸣上。

潘、费两先生又同为学养深湛的学者。费孝通称自己的老师是“活字典”，说到不知道的事情，不查字典，去问问潘光旦，一问就明白。而他们的学问，都升华为专注的社会关怀。潘先生从“人”的本位关怀社会的健全发展，“人”既是每一个自然人，又是整体的人，就很有“每个人的健全发展是社会健全发展的前提”的意味。认为现行教育有悖这个大本，其“平民教育”不过是“扫盲”而已，其职业教育无非是“谋生”而已，其人才教育仅只是培养一些专家和官员罢了。而教育是要养成对社会有责任感、对真理有献身志、对道义修身讲节操的“士”，之后才是专业能力等。从而提出发展健全人格的教育设计：德、育、体、美、群、富的综合即“六育”，包括了个人的涵养与学养，对人的协调与合作，积累财富的意识与能力。这是本于对吾乡吾土、吾国吾民的深沉情感就教育之弊端出的良方，体现的正是“士”的风骨和社会情怀。费孝通赞誉自己的老师：“力图为人类寻求一条‘中和位育、遂生乐业之道’。”

费孝通则是从了解中国社会从而救治中国社会的贫弱等病痛，来表达一位社会学家、人类学家的文化良心的。他 1938 年的《江村经济》、1981 年“三访江村”、1991 年的《吴江行》，在学术上把人类学的研究对象从“解剖猴体”即“前现实”转向“解剖人体”即“本土”与“现实”；从关注“原始文化”转向“经济生活”，以至他的博士导师马林诺夫斯基评价《江村经济》时说：“它让我们注意的并不是一个小小的微不足道的部落，而是世界上一个最伟大的国家。”从方法上坚持了社会学的田野调查即实地调查，真切地关注20世纪30年代以来，“要增加农民收入，光靠农业增产不行，农副业是一个大端”这个常为人们所忽略的问题。改革之初，则在调查研究的根基上提出：乡镇企业是农村城镇化过程中农民增收与走向“城乡一体化”的新要素，于是“苏南模式”、“温州模式”、“小城镇建设”等理论不仅让世人耳目一新而且牵动从长江三角洲到广大中国城乡的经济神经。从对父老乡亲的“民生”关怀到做学问的科学态度，展现的是博大的人间情怀。

历史事实表明，知识并不能天然地使人获得道德上的高尚。而潘、费二位先生作为一代知识分子中的翘楚，于“修身”一道亦有其令人仰视的境界。费孝通说：我这一代人可以想到，要在人家眼里做个好人，所以很在意别人怎么看待自己，潘先生比我们深一层，就是把心思用在自己怎么看待自己上。费先生心仪自己老师的同时，事实上同时显现了自己的人格修为境界也并非是只看重“别人怎么看自己”。潘光旦为清华大学校长起草的著名文章《大学一解》，认为大学之所以成为大学，“非谓有大楼之谓也，是有大师之谓也”。这同时是对自己的要求。潘、费二先生是“大师”，学识与修养皆为上品。

1962年，曾为“云南王”，亦加入民盟却又在1957年被打为“右派”的龙云去世，潘光旦居然不忘旧谊、不避嫌疑，在强调“千万不要忘记阶级斗争”的声浪中到北京医院太平间为龙云送行。1967年，被扣上“反动学术权威”、“反革命”帽子的潘光旦在屡遭摧残，命悬一线之时，费孝通置自己的厄难处境于不顾来到老师身边，将潘先生拥入怀中，潘先生在自己的学生、盟友的怀抱中苦痛而又欣慰地辞世。人的品相风骨怎么样，是不须言说的。

屈指算来，费先生离开我们已经8年了，潘先生离开我们亦已40余年了。斯人已逝，精神长存，遗风不泯，斯人长存。

费孝通与“反右”运动

刘　志

费孝通是我国著名的社会学家、人类学家、民盟卓越的领导人。他的一生跌宕起伏、波浪壮阔。从他早年携新婚妻子深入广西大瑶山考察，写出《花蓝瑶社会组织》一文起，他就十分关注中国农村和农民生活，经常涉足于中国大江南北的农村进行社会调查，先后写出了《江村经济》、《云南三村》、《乡土中国》、《乡土重建》、《生育制度》等社会学的经典文章，成为了我国社会学和人类学的一代宗师。

进入改革开放、建设中国特色社会主义新时期后，他的所谓“右派”问题彻底平反昭雪，获得了第二次学术生命和政治生命，并且逐步走上了民盟中央主席和全国人大副委员长的领导岗位。此时的他虽年事已高，但矢志强国富民的信念不变。他以其丰富广博的社会阅历和成熟练达的政治经验，审时度势，提出了既高瞻远瞩，又切实可行的为现代化建设“出主意、想办法，做实事、做好事”的思想，指导民盟的工作走上一条不尚空谈、不好高骛远，踏踏实实地为国家民族的发展作贡献的求真务实之路。

长期以来,他身体力行、“行行重行行”,带领民盟组织和广大盟员深入实践、深入基层调查研究,吃透国情,准确把握改革开放和现代化建设中的发展变化,客观科学地分析形势,先后提出了“建立黄河上游多民族经济开发区”、“开发黄河三角洲”、“建立长江三角洲经济开发区”、“加快发展环渤海地区”等颇具战略性、前瞻性、科学性的意见和建议,受到了中共中央和国务院的高度重视。不少意见、建议成为了国家加快现代化建设新的发展战略,被列入长远发展规划。

费孝通晚年的这些伟业丰功,体现了中国老一代优秀知识分子的责任、智慧和良知,也凝聚着民盟组织和广大盟员的报国热忱和集体力量。

然而,面对费老这样一位才德出众的英杰大家,我们在缅怀和颂扬他的大智大贤的时候,又难免会对他在“反右”运动中际遇的打击磨难扼腕和愤慨。要不是那场被严重扩大化的政治运动损耗了他二十多年最具活力的年华,不知还会对国家民族的发展进步做出多少彪炳史册的贡献。

“反右”是一场被严重扩大化了的政治运动。今天,我们无论是全面地回顾他曲折而光辉的一生,还是进一步反思“反右”那段沉重历史的经验教训,都应该写、值得写《费孝通与“反右”运动》一文。这样做,能使今天的人们和后来的人们知道,像费孝通这样的优秀人物尚且会被划为“右派分子”,可见“左”的路线是多么荒谬和无道;也让我们避免再犯过去的错误,把今后的路走得更好。

中国封建时代的知识分子,重的是诗书礼义和儒学,轻自然科学。“五四”运动之后，一批批先进知识分子倡导民主科学，文化科技并重，他们中的许多人走上了救国拯民、强国富民的革命道路，为推翻帝国主义、封建主义、官僚资本主义在中国的统治，建立独立、自由、民主的新中国作出了杰出贡献。

新中国成立后，广大知识分子努力改造旧思想、适应形势变化和国家建议需要，立志报效祖国，服务人民，为国家的经济、科技、教育、文化发展贡献力量。1956 年 1 月，中共中央在广州召开了知识分子问题会议。周恩来代表中共中央作报告，明确提出了实现社会主义工业化“必须依靠体力劳动和脑力劳动的密切结合，依靠工人、农民、知识分子的兄弟联盟”。他肯定了知识分子的绝大部分已经成为了工人阶级的一部分，要求必须充分发挥他们的力量，为社会主义建设服务，并号召全国人民“向现代科学进军”。几天后，在全国政协二届二次会议上，周恩来又进一步说明要改善对知识分子的使用安排，对他们给予信任和支持，提供必要的工作条件和待遇，充分发挥他们的力量，为提早完成社会主义改造和超额完成第一个五年计划而奋斗。

周恩来的讲话精神，让广大知识分子受到了极大鼓舞。他们纷纷表示决心，制订计划，努力工作，要在社会主义建设中建功立业。时任国务院专家局副局长、全国人大代表、中央民族学院副院长的费孝通也心情激动，积极工作。为了协助中共各级党委落实知识分子政策，推动知识分子“向科学进军”，费孝通到全国不少地方作知识分子问题的调研。在云南，他不辞辛苦，深入昆明、个旧等地的高等院校、科研单位、工厂矿山调查情况，召开座谈会，听取各方面意见，向国务院有关部门和中共云南省委反映情况，提出了许多改进工作的意见、建议，有力地促进了知识分子政策的落实和对“向科学进军”号召的响应。

1956年4月，毛泽东在中共中央政治局扩大会议上提出了“百花齐放”、“百家争鸣”的方针，促进科学发展和文艺繁荣。1957年4月，中共中央发出了在全党整风的通知，并号召民主党派、知识分子和广大人民群众向党的各级组织和党员干部提意见，大鸣大放，帮助党整风。既然是号召帮助党整风，可以大鸣大放，不少人就敞开思想，畅所欲言，大胆直率地对党的工作和党员干部的作风问题提出了批评指摘。抱着帮助共产党改正工作中的缺点错误，整顿作风的真诚之心，以民盟为主的各民主党派和各界正直的知识分子纷纷提出了不少意见、建议。

时值不久前在东欧的社会主义国家匈牙利和波兰发生了一些知识分子带头“闹事”，反对共产党和社会主义的事件。它促使中国这项原本是要处理人民内部矛盾，反对主观主义、宗派主义、官僚主义错误，帮助党整风的工作，逐渐演变成了反击资产阶级右派分子进攻的严酷阶级斗争。促使“反右”斗争被严重扩大化。

在全面开展“反右”斗争之前，在帮助党整风，促进党组织改善领导、改进工作的过程中，像费孝通这样的爱国进步知识分子，自然是积极的、诚恳的、尽心的。然而，他到各地进行落实知识分子政策调研，推动“向科学进军”，却被一些人歪由为收集反党反社会主义材料，鼓动知识分子向党进攻。他于3月24日发表在《人民日报》上的文章《知识分子的早春天气》和他参与提出的《关于高等学校领导制度的建议（草案初稿）》，更成为了主要的“右派”言论和重点批判的对象。

两文主要讲了些什么呢?

在《知识分子的早春天气》一文中,费孝通写道:“去年一月,周总理关于知识分子问题的报告,像春雷般起了惊蛰作用,接着百家争鸣的和风一吹,知识分子的积极因素因时而动了起来。但是对一般老知识分子来说,好像现在还是早春天气。他们的生气正在冒头,但还有一点靦腆,自信力不那么强,顾虑似乎不少。早春天气,未免乍暖还寒,这原是最难将息的时节。逼近一看,问题还是不少的。周总理的报告对于那些心怀寂寞的朋友们所起的作用是难以言喻的,甚至有人用了‘再度解放’来形容自己的心情。知识分子在新社会的地位是肯定了,心跟着落了窝,安了。心安了,眼睛会向前看,看出自己的前途,因此,对自己也提出了要求。有的敢于申请入党了,有的私下计议,有余钱要买些大部头书,搞点基本建设。这种长期打算的念头反映那些老知识分子心情的转变。周总理报告之后,各地学校在知识分子问题上都做了不少工作,改善了他们的生活条件和工作条件,两者比较起来,生活条件似乎改善得更多一些。比如工资提高了。过去许多只够衣食的教师们现在可以买书了,就是子女多、家属中有病人的困难户也大多得到了特殊照顾。生活上的问题总的来说基本上是解决了。知识分子是满意的,甚至有点受之有愧”。

费孝通接着进一步反映和分析知识分子的思想状况:“百家争鸣实实在在打中了许多知识分子的心,太好了。知识分子的思想改造是从立场这一关改起的。划清敌我似乎还比较容易些，一到观点、方法，就发生唯心和唯物的问题，似乎就不简单了。比如说拥护党、政府，爱国家、人民，对知识分子来说是容易搞得通的，但是要批判资产阶级唯心主义思想体系，就有不少人弄不太清楚什么是唯物的，什么是唯心的那一套。要自己出头，那还得瞧瞧，等一等再说，不为天下先。依我接触到的范围来说，不肯敞开暴露思想的还是占多数。究竟顾虑些什么呢？对百家争鸣的方针不明白的人当然还有，怕是个圈套，搜集些思想情况，等又来个运动时可以好好整一整。这种人不能说太多。比较更多些的是怕出丑……面子是很现实的东西。带上一个'落后分子'的帽子就会被打入冷宫，一直影响到物质基础，因为这是'德'，评级评薪，进修出国，甚至谈恋爱、找爱人都会受到影响。这个风气现在是正在转变中，但是积重难返，牵涉的面广，也不是一下子就转得过来的。'明哲保身'、'不吃眼前亏'的思想还没有全消的知识分子，想到了不鸣无妨，鸣了说不定会自讨麻烦，结果是何必开口。"

从这些文字中，可以看出费孝通说得是多么客观、中肯、平和，充满了知识分子对党交心的真情实感，对共产党、对社会主义国家的满腔热爱溢于言表。然而，文章被断章取义、掐头去尾、无限上纲。说什么费孝通把共产党领导、人民当家作主的新社会污蔑为"早春天气"、"乍暖还寒"；说什么费孝通把知识分子的错误思想归咎于历次政治运动的伤害。甚至把费孝通反映的知识分子政策落实后，"心安了"，感到了"再度解放"，于是要求要"搞点基本建设"，"静静地做功课"，提高自己的业务能力的想法，也歪曲为他别有用心地要知识分子闭门搞学问，不关心政治，不参加社会实践。这真是欲加之罪，何患无辞。

此文中，费孝通还反映了一些高等院校的党委把“向科学进军”当作运动来搞的情况和自己的看法。他认为学校教师们要求开展科学研究。但他们搞业务的时间得不到保证，其原因在于学校领导没有把科研工作真正领导起来。“有些学校把‘向科学进军’当运动来搞，作了号召性的动员报告之后，发表格要教师们填题目，造计划，甚至过了一个时候就伸手要成果”。这些学校领导如此领导教师“向科学进军”，当然就是不懂科学规律、缺少业务知识，工作粗放虚浮，只会搞运动，走过场。反映在教师身上，则是“研究方向不明，题目难找，甚至有些连自己表上填过些什么都不大清楚了。对于这些朋友，向科学进军真像一阵风，只吹皱了一池春水”。费孝通的这种描述，当时被别有用心的批判者肆意歪曲、断章取义，就变成了他攻击党领导的“向科学进军”，就像一阵风，只是“吹皱了一池春水”，不起实际作用。这在“反右”年代，其罪又何其大焉。

在“反右”之前，对如何改善党对高等学校的领导就已开始了讨论，对于在高校中是否实行党委负责制也出现了许多不同意见。对此，毛泽东于1956年4月30日中共中央在天安门城楼上召开的庆祝五·一座谈会上就做出指示：“教授治校恐怕有道理，是否分成两个组织：一个校务委员会管行政，一个教授会议管教务……现在看来，学校党委制恐怕不适合，要改一下。应当集中在校务委员会或教授会，共产党和各民主党派有什么办法和意见都到那里去讲，人家赞成的就做，不赞成的就不做。这个问题要研究。要李维汉同志负责找党外和民盟、九三等开开座谈会，对有职有权和学校党委制的问题征求意见。”据此，民盟中央专门成立了“高等院校党委负责制工作组”，进行专题研究，并由黄药眠主持召开了“高等学校中党委负责制问题”的座谈会。民盟中央副主席章伯钧、罗隆基也积极参与了对这一专题研究的领导工作，以便能更好地提出意见、建议，应对中共中央的征询。

经过一段时间调研，以费孝通、黄药眠、吴景超、褚圣麟、侯大千、李西山、陶大镛、陆近仁等八教授名义，提出了《我们对于高等学校领导制度的建议（草案初稿）》（下简称《建议》），送有关部门征求意见。这个《建议》针对高校中党政不分、以党代政和某些领导人作风不民主、对于党的知识分子政策认识不足，对发挥科技力量的作用不重视等问题提出了意见、建议。主旨是建议“在党的领导下实行民主办校”，对于办好教育应该依靠谁不明确，改善党对高校的领导，推动高等教育发展。

然而，随即“反右”运动开始，这个《建议》连同《关于有关我国科学体制问题的几点意见》，都成为了所谓“章罗联盟”的“纲领性文件”，反党反社会主义的大毒草，遭到教育界、科技界的重点批判。诬陷《建议》是要否定党对高等院校的领导，主张“教授治校”，同党争夺高校领导权。以费孝通、黄药眠为首的八教授统统被打成了反党反社会主义的“右派分子”。沉冤二十三年之久。

还是让我们看一看《建议》的原文怎样说的吧！

原文明确表示：“我们也不同意‘教授治校’的说法。在过去反动统治年代，教授治校乃所以抵制反动派向高等学校的侵入。

今天的形势显然已和以前有显著的不同。教授治校的提法，颇有和党对立的意味。再从教授治校作为制度本身来看，也是不够妥当的。一、因为大多数教授所关心的是有关教学和学术研究的问题，对于行政事务未必感兴趣，那也只能做到少数教授治校，并不是教授治校。二、教授是高等学校的学术中心，但学校是一个整体，如果强调教授治校，则有可能把广大的讲师、助教、职工和学生群众的利益忽视了。因此我们的意见是：（一）加强党在高等学校内的思想政治领导。党的中心任务是党内党外的思想政治工作，贯彻党的文教政策。党组是作为全校领导的核心。（二）设立校务委员会作为学校行政的最高领导机构，它的中心任务是教学和学术领导。（三）设立行政委员会处理学校行政事务，以便更好地为教学和学术研究服务。（四）在校务委员会、行政委员会之外，另行设立各种委员会，广泛地吸引教职工参加，协助各有关单位工作。总的精神就是在党的领导下实行民主办校。”

仅从这一段主体文字就可以看出，这是一份多么精辟实在的好建议啊！既远见卓识，又科学合理，符合我国高校的办学实际。洋溢着一群爱国进步知识分子拥护党的领导，热爱新中国的真挚感情。若当时就采纳这个意见，三十多年之后，我国的高教体制改革就无须动“大手术”，也不必再提党政分开、专家治校、民主办学的话题了。“反右”时说这个《建议》是“章罗联盟”反党反社会主义的“纲领性文件”，大批特批。真不知是何道理！

1980 年中共中央拨乱反正，批转了中央统战部《关于爱国人士的“右派”复查问题的请示报告》，宣布：所谓“章罗联盟”在组织上并不存在，被称为其政治纲领的《我们对于有关我国科学体制问题的几点意见》和《我们对高等学校领导制度的建议》也得到平反，并肯定这两个文件的出发点和内容都是可取的。历史是公正的，最终还了这份《建议》和费孝通等八教授一个清白。

时光流逝，费孝通已渐渐远去。我们回顾和反思“反右”那段对于费孝通和不少民盟成员来说，跌宕曲折、刻骨铭心的历史，是希冀它成为永远的过去，是寄托我们对费老这样一位正直爱国知识分子的景仰和敬重，让真善美的东西永远为中华民族崇尚和传扬。

费孝通在云南大学

胡兴仕

费孝通1938年夏在伦敦获得博士学位后即返回中国。那时中国正战火纷飞，全面爆发了抗日战争，整个东北、华北、华东、华南都被日本侵略军占领了。费孝通取道巴黎、莫斯科，乘海轮，经越南进入中国云南。在这里，他受到云南大学校长熊庆来和他的老师吴文藻的欢迎。云南大学聘他为社会学系教授，利用庚款进行社会学研究。

费孝通的大学原是学医。1930年由东吴大学转入燕京大学后，师从吴文藻老师才由医改为人类学。吴文藻早年受"五四"爱国主义运动影响，立志实业救国、教育救国，1923年从清华学成毕业赴美留学，选择了学习社会学。在学习社会学期间，他又接触了人类学。由于在"五四"运动中深受"民主"、"科学"思想的影响，所以他总怀着"以自然科学的方法来考察社会现象的主张"，总企图以此来改造中国社会。这使他在留学过程中便产生了将西方人类学和社会学合并起来研究，将这两门科学用来实地观察社会、改造社会的思想。不仅如此，他还主张"社会学中国化”。费孝通深受吴文藻思想的影响,1934 年燕大毕业后便积极从事社会调查。期间虽因他有学医的基础,曾一度师从清华研究院史国禄教授学习体质人类学,但终因面临中国社会的改造,他放弃了体质人类学,一心投入对中国社会的研究。1935 年秋,他同新婚妻子王同惠赴广西大瑶山做特种民族研究,不幸陷捕虎陷阱,身负重伤,而妻为救夫亦失足坠崖身亡。次年费孝通回家养伤,在老家江苏吴江开弦弓村作实地调查。1936 年秋,费孝通赴英留学,师从马林诺夫斯基教授,他将自己在吴江的调查资料整理写成博士论文《江村经济》(又名《中国农民的生活》),获得马林诺夫斯基教授的高度赞赏,称他的论文“将被认为是人类学实地调查和理论工作发展中的一个里程碑”。但学界却有一些人提出质疑,认为“这种见解可否成立,单靠江村的材料是不足为凭的,戴不上“中国农民的生活”这样一顶大帽子。所以,费孝通从英国获得博士学位回国后,不仅自己身体力行,还组织了更多的青年同志在云南展开了更为详尽广泛的社会调查。他提出了“类型比较”研究的方法。“就是想看一看‘一个受现代工商业影响较浅的农村中,它的土地制度是什么样的?在大部分还是自给自足的农村里,它是否也会以土地权来吸收大量的市镇资金?农村土地权会不会集中到市镇而造成离地的大地主?’”①费孝通带着这些问题和学生张之毅等一头扑到易门、玉溪等地去作调查。他认为“人对事物的认识,总是从具体、个别、

① 费孝通,张之毅:《云南三村·序》,社会科学出版社 2006 年版,第 6 页。

局部开始的”。[①] 他想以此来检验、修正自己的理论和方法。他说:“如果我停留在《江村经济》,不再前进一步到《云南三村》,那么只能接受上述的规律了。”[②]

“云南三村”的调查,意义是重大的。晚年的费孝通说:“从《江村经济》到《云南三村》,还可以说一直到80年代城乡关系和边区开发的研究,中间贯穿着一条理论的线索。《云南三村》是处在这条线索的重要环节上,而且在应用类型比较的方法上也表现得最为清楚。”[③]从《江村经济》到《云南三村》,它所贯穿的理论和方法后来被西方人类学、社会学界称作“社会学的中国学派”。这,我们不能小觑,因为这是世界人类学、社会学的发展,是又一个里程碑。

费孝通在云大不仅做着田野调查和社会学的理论研究工作,取得许多成果,而且身兼教授,还承担着繁重的教学工作,他每周必须给学生讲课,指导学生论文。他“不喜欢用现存的课本,而企图利用和青年学生们的接触机会,探索一些我自己觉得有意义的课题。……我借‘乡村社会学’这讲台来追究中国乡村社会的特点。我是一面探索一面讲的,所讲的观点完全是讨论性的,所提出的概念一般都没有经过琢磨,大胆朴素……我敢于在讲台上把自己知道不成熟的想法和盘托出在青年人的面前,那是因为我认为这是一个比较好的教育方法。我并不认为教师

---

① 费孝通,张之毅:《云南三村·序》,社会科学出版社2006年版,第6页。

② 费孝通,张之毅:《云南三村·序》,社会科学出版社2006年版,第6页。

③ 费孝通,张之毅:《云南三村·序》,社会科学出版社2006年版,第5页。

的任务是在传授已有的知识,这些学生们自己可以从书本上去学习,而主要是在引导学生敢于向未知的领域进军”。[①] 因此,费孝通的授课很有吸引力,生动活泼,充满生机。中国社科院民族研究所研究员、彝族学者、当年费孝通的学生刘尧汉先生回忆说:“费先生的课是很有吸引力的,生动、活泼、灵活,很受学生欢迎。”刘先生说他当年做毕业论文时,为选题苦恼,去请教费先生,费先生知道他是彝族,家庭是小土司,便建议他“用社会学、人类学的方法去观察、理解、解释你那个家庭,写出来就是一篇很好的论文”。刘先生依照费孝通的指示回去调查研究,收集资料,然后进行整理,回校后写成了一篇很好的论文,得到费先生的赏识。[②]

1940年10月,昆明再次遭到日本飞机的轰炸。云大会泽院、翠湖、文化巷等地中弹,费孝通兄弟在文化巷的住所被毁。云大奉命迁到近郊或到外地躲避,云大社会学研究室亦迁呈贡。这时,由于庚款补助受到干扰,吴文藻先生离开云大,云大社会学研究室遂交费孝通管理。

费孝通带领一帮青年在呈贡大古城租下一座古庙继续进行社会学的调查研究工作,形成了相当一批成果。如费孝通的《禄村农田》,张之毅的《玉村农业和商业》、《易村手工业》,史国衡的《昆厂劳工》、《个旧矿工》,谷苞的《化城镇的基层行政》,田汝康的《芒市边民的摆》、《内地女工》,胡庆钧的《呈贡基层权力机

① 费孝通:《乡土中国生育制度》,北京大学出版社1998年版,序言。
② 笔者1993年4月采访刘尧汉先生记。

构》等。[①] 此外,1942 年费孝通受云大派遣,赴美进行文化交流。在美期间,他又写了大量文章寄回学校,发表在云大学生主办的小报《生活导报》上。

在呈贡的日子是最为值得纪念的日子。费孝通等不但形成了大批的著作,还形成了一种全新的学风。他在日后的回忆中说:"有人误解魁阁,以为它是抄袭某某学派,其实它在刚刚开始的时候,就是一个各学派的混合体;而且在经常的讨论中,谁都改变了原来的看法。我们在讨论中,谁也不让一点人,各人都尽量把自己认为对的申引发挥,可是谁也不放松别人有理的地方。"[②]他说:"在和云逵相处的四年中,我实在领会到'反对'的建设性。"[③]有学者认为,"今天看来,魁阁时期,是他们一生学术生涯的高峰。"[④]

魁阁的成绩当然不止是学术上的。著名社会学家潘乃谷教授就主张"在学科建设中用'魁阁精神'来激励新一代学者"。[⑤]当年一道与费孝通在魁阁工作的社会学家胡庆钧后来就魁阁的传统精神作了概括,他认为自由研究的风气,尊重个人的表现,公开的辩论和合作的伙伴精神是魁阁最值得继承和发扬的。事实上,一群知识分子在当年那种战火纷飞,知识分子连生活都不

---

① 参见云南大学内刊《档案工作通讯》第 100 期,胡兴仁《云南大学校史展览提纲》。

② 费孝通:《逝者如斯》,苏州大学出版社 1993 年版,第 31 页。

③ 费孝通:《逝者如斯》,苏州大学出版社 1993 年版,第 31 页。

④ 潘乃谷,王铭铭:《重归"魁阁"》,社会科学文献出版社 2005 年版,第 61 页。

⑤ 潘乃谷,王铭铭:《重归"魁阁"》,社会科学文献出版社 2005 年版,第 2 页。

能自保，收入还不如一个黄包车夫、一个农民的情况下，仍能坚守自己的岗位，“对自己的国家有信心，对自己的事业有抱负”[①]，这种精神也是我们永远值得学习、发扬光大的。

抗战胜利后，云大社会学研究室迁回昆明。由于国共内战，费孝通强烈反对国民党的一党专政，1945 年他加入了中国民主同盟，屡屡发表抨击国民党的文章、演讲，遭到国民党特务的盯梢甚至公开的威胁。1946 年 7 月 11 日，李公朴先生遇害，7 月 15 日，闻一多先生遇害，费孝通先生等十余教授被美国驻昆领事馆接去保护起来。10 月，费孝通秘密离昆，从此脱离了与云大的关系。

---

① 费孝通，张之毅：《云南三村・序》，社会科学出版社 2006 年版，第 3 页。

怀念费孝通

魏　樯

费孝通是著名社会学家、人类学家、社会活动家,中国社会学和人类学的奠基人,或许在过去的二十世纪里,诞生过很多伟大的学者,但是,在某种意义上,费孝通对于中国的意义仍是独一无二的。他受到无数人的推崇,有着传奇般的人生经历;他的一生有着累累的硕果,也遭遇了惊人的挫折,凭借不屈不挠的精神一直在发光发热。回顾二十世纪三四十年代,中国陷入有史以来最大的国家危机之时,中国的知识青年也开始努力地重新认识自己的国家。中国知识分子在那个时代所表现的风貌,似乎已成为旷世绝响。费孝通作为当时中国知识分子重要的代表,重温他的一生,对于今天的年青一代如何选择自己的人生方向,具有很好的示范意义。

一、费孝通的学术人生

《江村经济》时期

1910年11月2日，费孝通出生于江苏省吴江县城松陵镇，他的学术与人生就是从这里开始的。曾留学日本的父亲和喜欢新思想的母亲给予费孝通深刻的影响。

1928年，带着医学救国的理想，费孝通进入东吴大学学习，但是没过多久，他放弃了医学，原因是很多问题医学无法解决，要解决人的问题。

1930年，费孝通来到了北京燕京大学。在社会学系系主任许仕廉的影响下，他注册进入了燕京大学社会学系，开始了他的学术人生。他在这时立下了认识中国社会的远大志向。

1935年，费孝通与王同惠结为伉俪。同年，费孝通从清华大学研究院毕业，取得该校公费留学资格。出国前偕王同惠赴广西实地调查，在瑶山迷路失事，王同惠身亡，费孝通受伤。听从姐姐

费孝通与夫人王同惠

劝告，身心俱伤的费孝通来到开弦弓村休养疗伤。开弦弓村，太湖东岸一个默默无闻的小村庄。村边那条弯弯的清河像一张拉紧了弦的弓，村子由此得名。开弦弓村的另一个名字“江村”，因其被誉为“中国农村的首选标本”而名扬海外。

1936 年，费孝通负笈英伦，在伦敦大学的经济政治学院，学习社会人类学。他把在开弦弓村的所见所闻，整理并汇集成册，在马林诺夫斯基指导下完成了博士论文《江村经济》，并获得博士学位。《江村经济》一书被誉为“人类学实地调查和理论工作发展中的一个里程碑”，成为国际人类学界的经典之作。

魁阁·“云南三村”时期

1938 年，费孝通从英国回到国内，任教于云南大学，成立社会研究室开展调查工作。

1939 年，费孝通与孟吟女士结婚，后生下一女。

1947 年，费孝通返回北平，在清华任教，出版《生育制度》、《乡土中国》等著作，并从事学术著作的翻译工作。这些著作在国内外产生了广泛的影响。

动荡的岁月

1957 年，在“反右”斗争中费孝通被错划成右派。

1959 年，摘帽后，费孝通配合中印、中阿、中巴完成当时的划界工作。

1966 年起，十年浩劫中，费孝通受到反革命集团的迫害，住牛棚、下干校。

新的学术生命

1979年，胡乔木找到费孝通，请他出面主持重建社会学的工作。担任中国社会学会会长，着手“重建中国社会学”。

1980年，费孝通领衔成立中国社会科学院社会学研究所。

1981年，费孝通在英国伦敦接受英国皇家人类学颁发的“赫胥黎奖章”。

1982年起，费孝通任北京大学社会学系教授。

1985年，费孝通任北京大学社会学研究所所长。

1988年，费孝通获联合国“大英百科全书奖”。

1993年，费孝通在日本福冈获“亚洲文化大奖”。

改革开放以来，随着乡镇企业的发展，中国农村出现了可喜变化，费孝通敏锐地提出了研究小城镇的课题，并亲自带队进行专题调查，写出了《小城镇　大问题》等系列文章，受到了广大农村基层干部、学术界和高层决策人士的普遍重视。

从上个世纪80年代后期到90年代中后期，费孝通的实地调查课题由农村、小城镇扩大到区域发展，先后对我国黄河三角洲、长江三角洲、珠江三角洲等地进行实地调查，并就所调查的每个区域提出既符合当地实际，又具有全局意义的重要发展思路与具体策略。此后，费孝通在继续进行实地调查的同时，开始进行一生

学术工作的总结，在已经发表的一系列学术反思的长篇文章中，提出并阐述了“文化自觉”的重大命题，并出版有《行行重行行》、《学术自述与反思》、《从实求知录》等著作。

二、学术云南关键词

魁阁·“云南三村”

1938年，费孝通从英国回到国内，任教于云南大学，并成立了社会研究室开展调查工作。同年在昆明街头，费孝通巧遇辗转回到昆明不久，在南京全国合作委员会工作的燕京大学同学王武科[①]。叙谈中，费孝通谈到需要寻找“一个与现代工商业发达的都市较隔膜的农村”作为社会学的专题调查时，王武科微笑着说：“我的家乡大北厂就是这种村子。”经由王武科的介绍，1938年11月15日，费孝通带着2名学生到大北厂作了38天的调查。1939年8月3日，他又到大北厂作了60天的调查，费孝通

① 王武科，字伟烈，1904年生，禄丰县金山镇大北厂村人，1934年毕业于燕京大学，在南京全国合作委员会工作。参与编写《1935年〈中国经济年鉴〉》，后写有《中国之农赈》、《清华消费合作社之研究》。1938年回滇，主持云南农村合作事业。著有《云南合作事业》。1946年到弥渡任了半年县长，卸任后回昆明。1950年从事教育，1954年调省食品公司。退休后住昆明民权街6号。1992年编写《王文毅公集》（列为禄丰县志资料丛书）。1992年4~5月间，在昆明盘龙区中医院养病期间，费孝通先生曾前来探望、叙谈。1993年逝世。

根据两次调查的资料，于1940年写出了《禄村农田》一书，书名的意思是禄丰县农村的社会情况，由此，“禄村”成为社会学中的一个学术专词。

费孝通的禄丰调查结论写在了《禄村农田》一书中。他说：“禄村经济机构的重心是农田，它没有手工业，禄村经济的关键是解决劳动力的出路，为此就要发展乡村工业。”“1938年，禄村有122户611人，劳动力441个，耕地1120亩，一年种1亩田需52个工日，以此计种1120亩耕地只需200多个劳动力，有一半的劳动力是剩余的。剩余的劳动力不是他们不愿劳动，而是找不到事做，若将剩余劳动力有事做，就可挣钱增加经济收入改善生活。”由此，得出了“发展乡村工业”的结论。为证实他的这个结论是否可行，1939年，费孝通又作出“调查一个以手工为基础的内地农村”的计划。事情非常凑巧，在禄村调查时，村中有人到易门县李珍庄去挑土纸来村中卖。从此人口中得知，李珍庄是一个既种田又用手工生产土纸的村子。为此，费孝通又选定到李珍庄去调查。[①] 1939年10月18日，费孝通带着学生张之毅由昆明到易门县，进而到李珍庄。在该村作了5天调查，之后返回昆明。11月17日，张之毅再到李珍庄作了27天的调查。

在费孝通的带领下，通过辛勤的劳动，分析整理调查资料，取得了一系列研究成果：费孝通的《禄村农田》，张之毅的《易村手工业》、《玉村农业和商业》、《洱村小农经济》，史国衡的《昆厂

---

① 李珍庄原属易门县，1950年划归禄丰县管辖，此后，李珍庄的调查也因此归属于禄丰调查之中。

劳工》、《个旧矿工》,谷苞的《芒市边民的摆》、《内地女工》等。

其中代表作《禄村农田》、《易村手工业》、《玉村农业和商业》被誉为“云南三村”,1943年,费孝通应邀访美期间将之编译成 *Earthbound China*。而广义上的“云南三村”则是魁阁一系列研究成果的代名词。

三、怀念和启示

在《江村经济》出版的1939年,中国的抗日战争已进入最艰难的阶段,在书中,费孝通先生饱含深情地写道:“不管过去的错误和当前的不幸,人民通过坚持不懈的努力,中国将再次以一个伟大的国家屹立在世界上。”比起19世纪末与20世纪初那一代知识分子,成长于二十世纪三四十年代的新一代开始更多地借助于西方世界更为系统的学科方法来观察中国。借助于马林诺夫斯基开创的人类社会学,费孝通先生通过对一个小小的村落的研究,试图揭示中国广阔、沉默的农村世界的秘密。1938年回到国内以后,费孝通先生先后在云南大学与西南联大工作。在炮火声中,几千名年轻人与他们的老师一道,唱着歌,忍着饥饿,徒步从北京穿越中国,来到大后方云南昆明,在空袭的警报声中,他们创造了学术史上最繁荣的时刻。

半个世纪之后,费孝通先生时常回忆起那段时光,“这一段时间的生活,是我一生里最值得留恋的。时隔愈久,愈觉得可贵的是,当时和几个年轻朋友一起工作时不计困苦追求理想的那一片真情。战时内地的知识分子的生活是够严酷的,但是谁也没有叫过苦，叫过穷，总觉得自己在做着有意义的事。我们对自己的国家有信心，对自己的事业有抱负。那种一往情深，何等可爱。这段生活在我心中一直是鲜红的，是永远不会忘记的”。1982 年 4 月 20 日，费孝通先生在昆明与老友王武科先生相聚时，畅叙往昔，心潮澎湃，欣然挥笔写下了“山穷水尽疑无路，柳暗花明又一村”相赠。那一代人的亲身经历与大智大勇令人心生崇敬。

转眼来到二十一世纪，作为实现中华民族伟大复兴的中坚力量，我们青年一代更应该吸取和继承费孝通先生留下的至少三个宝贵财富。首先是方法。他认为，应当坚持采用研究具体的方法理解一般问题，但在进入具体环节时，需要充分注意具体环节与更为广阔的整体环境之间的联系；其次是社会观。他认为：“把个人放进历史和社会的天平上来衡量自己，是推动我们的上一辈人才辈出的力量。”他从不相信，如果一个国家的精英阶层只沉迷于眼前利益，缺乏更为超越性的目标，缺乏在面对压力时对道德与智力原则的坚持，这个国家能够取得什么伟大的成就。青年一代在努力成为知识精英的同时，该如何与大众、社会产生联系，值得深思。再次是人生

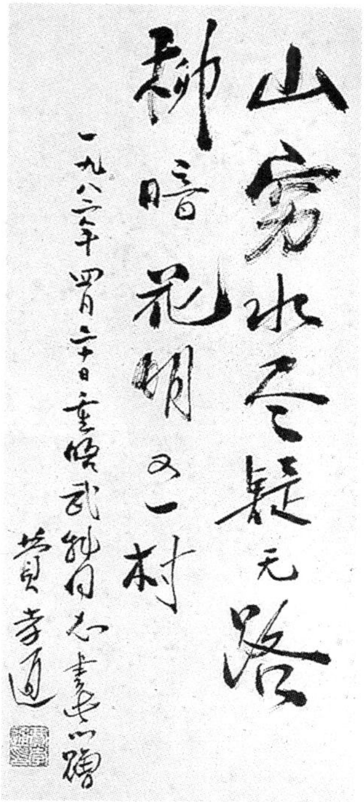

费孝通题词

态度。他认为:“我们要做的事情太多了,大大小小的事情都可以出力量。”对国家对人民有好处的事,每个人都做,就能够起大作用,大作用要从小事做起。

一百余年漫长又匆匆,费孝通先生已然离去,大师风范长存。

再说魁阁

章立明

在 google 上输入“魁阁”，可以搜索到 5620000 个相关的网页；如果再细化到“魁阁精神”的话，也显示出有 108000 个相关的网页，后者主要是 2010 年 11 月前后有关费孝通诞辰 100 周年纪念活动的内容。当然，人们在提及魁阁时，总是把它与费孝通联系在一起，除了借此表达对中国社会科学界一代宗师的追思缅怀外，更多的也是叹息魁阁这个中国现代学术团队如流星一闪、昙花一现。

物理意义上的魁阁指云南省呈贡县古城村南门外的魁星阁，系三重檐四角攒尖土木结构建筑，始建于清朝嘉庆二十三年（1818 年），曾于民国十一年（1922 年）重修，当地又称为古城魁阁。1938 年，吴文藻在云南大学创建社会学系，1939 年又在洛克菲勒基金资助下，建立云南大学—燕京大学社会学实地调查工作站，设站魁阁，1940 年费孝通接任站长，先后进入魁阁的人员有张之毅、陶云逵、许烺光、史国衡、胡庆钧、田汝康、李有义、谷苞、张宗颖和王康等，从 1939 ~ 1945 年，魁阁因其卓著成就成为中国现代学术团队的象征。

具体说来，魁阁这个战时学术团队的出现和存续离不开以下三个因素。

第一，成员年龄结构合理，教育背景接近，学科认同度高。

20 世纪 30 年代末到 40 年代初期，是中国现代意义上大学迅速成长且进入成熟的时期，各个学科都积蓄了一批专业人才；再加上由于抗战爆发，中国学术研究重心被迫西移，客观上使大批学者集中西南一隅，具有形成学术团队的人才储备。当时魁阁代表人物费孝通、陶云逵、田汝康和许烺光等人年龄都在 30 岁上下，年轻一代的张之毅、胡庆钧、王康、谷苞等人则多为 1917 年前后出生的 20 多岁的大学生，这就形成一个较为合理的年龄梯队，从而保持了两代学者之间的学术活力。

魁阁成员主要毕业于清华大学和西南联合大学，较为接近的教育背景和学术背景，使得他们之间具有较为一致的学科认同感，比如说魁阁的讨论会（Seminar）做法。在许多魁阁成员的回忆录中，均谈及这种源自西方大学教育的学术方法。具体说来，就是由研究者选定自己感兴趣的题目后，提出研究设计和研究方法，征求其他研究者的看法，从而修订自己的研究计划，以期在实际调查阶段具有可操作性；或者把自己已获得的前期成果摆出来，征求同行的意见，或者再进行相关材料的补充调查，或者梳理写作思路进入报告撰写阶段。参加讨论会时，每个人都可以坦率地阐述自己的观点，或给予对方直接的批评，或提供可供参考的意见和建议，“我们在讨论中，谁也不让别人一点，各人都尽量把自己认为对的引申发挥，可是谁也不放松别人有理的地方，因为他们目的相同，都在想多了解一点中国社会和文化的实情”。[①] 陶云逵也说：“我们不是没有不痛快的时候，可是我实在喜欢这种讨论会。”[②]因此，这种兼有个人创造与集体参与的方式更有利于调查研究类成果的相继推出，如张之毅著的《易村手工业》、《玉村农业和商业》和《洱海小农经济》；史国衡著的《昆厂劳工》和《个旧矿工》；谷苞著的《化城镇的基础行政》；田汝康著的《芒市边民的摆》和《内地女工》；许烺光著的《滇西的巫术和科学》和《祖荫下》；胡庆钧著的《呈贡基层权力结构》等。费孝通在评价张之毅的《易村手工业》一书时说：“这样的论文是出于大学毕业后只有一年的青年人之手，我相信是经得起后来人的考核的。”[③]在魁阁诞生的一批田野调查报告中，不乏后来成为中国社会科学的经典之作，如费孝通的《乡土中国》、田汝康的《芒市边民的摆》和许烺光的《祖荫下》等。

第二，社会科学服务社会和服务国家的特征明显。

沃勒斯坦认为：“社会科学即使不是国家的造物，至少在很大程度上也是由国家一手提携起来的，它要以国家的疆界作为最重要的社会容器。”[④]魁阁的诞生与发展也证明了这一点。抗战前，关于西南地区的调查虽然开展得比较早，但由于民族复杂、交通不便、调查的深度和广度都存在许多有待于提高的地

① 费孝通：《山水人物》，江苏人民出版社 1987 年版，第 152 页。

② 费孝通：《山水人物》，江苏人民出版社 1987 年版，第 154 页。

③ 费孝通，张之毅：《云南三村》，天津人民出版社 1990 年版，序言。

④ ［美］I. 沃勒斯坦：《现代世界体系》第一卷，罗荣渠等译，高等教育出版社 1998 年版，第 28 页。

方，抗战期间社会科学学者云集西南，在地理距离上更接近田野工作点，调查和研究更为方便。1938年，费孝通获英国伦敦政治经济学院人类学博士学位后来到云南大学任教，到达云大仅两个星期，费孝通就开始到离昆明有100多公里的禄丰县大北厂村进行实地调查，《禄村农田》就是这项调查的结果。1939～1941年，他和张之毅、史国衡等人又多次到昆明、玉溪、大理等地进行田野调查，写成《易村手工业》和《玉村农业和商业》，上述三部报告合称为《云南三村》。谷苞多次到呈贡化城镇做长期调查，1942年写成《传统的乡村行政制度》等。

田汝康曾回忆说："魁星阁已经很陈旧，风一吹，松动的木板就会晃动碰击，晚上睡眠常常被这种碰击声所惊醒，楼面不大，研究人员挤在一起，另有三个书架，有的书和资料装在箱子里，晚上点的油灯，自己用棉线作灯芯，条件十分艰苦。"①在这样艰苦的环境里，魁阁团队是靠什么来坚持自己的学术研究呢？用费孝通的话来说就是："我深切体会到在他们脑子里经常在想的是怎么把中国搞好，人民怎么富起来，别的都是次要的事情。"②正是这种服务社会、服务国家的想法，使得魁阁成员调查云南的报告终究紧扣国家建设边疆的主题。

第三，组织者卓越的学术才华与人格魅力。

1941年，费孝通把对云南的禄村、易村和玉村的考察结果写

① 刘豪兴：《费孝通社会学学术思想述评》，《中国社会科学》，1988年第3期。

② [美]戴维·阿古什：《费孝通传》，董天民译，时事出版社1985年版，第78页。

成英文论文 *Three Types of Village in Interior China* 在太平洋学会发表;从 1943 年 6 月到 1944 年 6 月,在费孝通访美期间,他又将“云南三村”的详细情况英译为《被土地束缚的中国》(*Earth Bound China*),1945 年在美国出版;此外,他还将“魁阁的成果”,如史国衡等人的《昆厂劳工》,英译为《中国进入机械时代》(*China Enters The Machine Age*)在美出版。研究民国知识界的学者谢泳这样评价说:“对于当时只有三十出头的费孝通来说,没有很高的境界和宽广的胸怀,是做不到的,这种精神一直影响着魁阁成员。”①而费孝通则把自己称为是魁阁的“总助手”:“我那时的工作是帮忙年轻朋友们一起下乡调查……我是魁阁的总助手,帮着大家讨论和写作,甚至抄钢笔版和油印。”②

张之毅曾这样解释他进入魁阁的动机:“当我在联大快要毕业的那一年,我才认识了费孝通先生,他是到联大来代课的,立刻我对他的讲授感受到特殊的兴趣,于是我决定跟随他做研究,这是我加入魁阁的简单动机。”③1945 年到访魁阁的费正清则进一步评价费孝通说:“他似乎是有把朝气蓬勃的青年吸引到他周围的天才……他的创造头脑,热情,好激动的性格,鼓舞和开导

---

① 谢泳:《魁阁——中国现代学术集团的雏形》,《北京大学学报》,1998 年第 5 期。

② 费孝通:《乡土中国》,三联书店 1986 年版,第 90 页。

③ 胡庆钧:《费孝通及其研究工作》,《观察》第 4 卷第 23、24 期合刊,观察社 1948 年版,第 23 页。

他们,这是显而易见的。”[①]

魁阁的短暂存在,说明中国在上一世纪30年代末已具备出现高水平学术团队的人才基础,但是没有延续下去,更遑论发展壮大了。对于魁阁最终消失的原因,学术界的说法不一。钱穆认为抗战使中国学术界“神耗气竭”,还有人认为是1952年后全国高等院校院系调整,人类学系和社会学系被先后撤销等政策因素……从1981年以来,中国社会科学界恢复社会学和人类学学科距今已有30年,但是魁阁中断的学术传统却一直没能接续起来,这也是费孝通晚年特别怀念他的魁阁时代的原因之一。

---

① [美]戴维·阿古什:《费孝通传》,董天民译,时事出版社1985年版,第79页。

美美与共　天下大同

——费孝通文化人格魅力审美谈

龙　符

费孝通是著名的社会学家、人类学家和社会活动家，民盟前主席、名誉主席。费老一生埋头治学，其致力于“志在富民”的人生追求以及“出主意，想办法，做好事，做实事”的民盟工作智慧思想，犹如划破迷雾的一盏明灯，为费孝通的文化人格镌刻下令人回味无穷的审美魅力。尤其是他78岁时提出的“中华民族多元一体格局”的理论，79岁时提出的“志在富民”的理想，80岁时提出的“各美其美，美人之美，美美与共，天下大同”的毕生追求，更是向人们展示了费老令人高山仰止，仰之弥高的人性之美和智慧之光。就吾等晚辈后生而言，“虽不能致，但心向往之”！

关于费老的“天下大同”理论，是建设中国特色和谐社会的一把金钥匙，同时，也是作为一名“公祭中华民族人文始祖轩辕黄帝”2008年全球华人祭文征集活动的获奖者的我，亲自只身赴西安领奖的核心价值，甚至是我写的祭文中引用的名人名句。换言之，是费老的名言，力推我获奖；是费老的“金点子”，让我的祭文“点石成金”。在祭祀轩辕黄帝的征文中,我写道:“吾辈认为:世界之大,多元一家。睦邻友好,和平共荣。天人合一,和谐发展。求同存异,和而不同。我等祈祷,各美其美,美人之美,美美与共,天下大同。”

在陕西省政府举办的获奖者盛大宴会上,我作为云南省唯一一名二等奖获得者的壮族作家,被点名作为云南少数民族的代表发言,我再次表达了是“费老的思想”,把我的祭文“照亮”,最终获奖的感激之情。同行的广西壮族代表也特别欣赏我祭文中的这四句话,认为是“全文的精华”和“思想的升华”与“智慧的光彩”。我欣喜之余,深感费老文化人格的博大精深,令人叹为观止!其多彩多姿的智慧之光,散发着国学灵魂的芳香,弥漫着人类知性历久弥新的意韵,令人拍案叫绝!

费老生命的芬芳,绽放人性的光芒。费老与广西瑶山和壮乡南宁、云南昆明有着一种难以割舍的情缘。让我这位壮学学者、民盟盟员,倍感仰之弥高,敬佩不已。

据说:在广西壮族自治区百色地区的田阳县壮族人文始祖——布洛陀的纪念圣地敢壮山碑林,就镌刻着费老的名言:“各美为美,美人之美,美美与共,天下大同。”如果说黄河流域的人文始祖是黄帝,长江流域的人文始祖是炎帝,那么,珠江流域的原住民——壮侗语族的人文始祖就是布洛陀。黄帝、炎帝、布洛陀……共同构成费孝通之理论学说“中华民族多元一体”的格局。

何谓“中华民族多元一体”理论?

1986年,他在回答《民族团结》记者的采访时说:“我国的民族事实上与斯大林提出的民族定义不可能完全相合。”“事实上，我国的各民族你中有我，我中有你；难分难解……汉族和少数民族已经深深联结在一起，你离不开我，我离不开你……在民族这个概念上是否可以设想分为三个层次：第一就是‘中华民族’；第二是汉、藏、蒙、回等56个民族；第三是这56个民族中有些民族还包含着若干具有一定特点的集团……”

费孝通强调“民族的统一体之中存在着多层次的多元格局。各个层次的多元关系又存在着分分合合的动态和分而未裂、融而为合的多种状态”——这就是著名的“中华民族多元一体格局”理念的核心观念。这个理论体系费孝通1988年8月在香港中文大学的Tanner发表演讲时提出的，引起了学术界的轰动。

1988年8月，费孝通《中华民族多元一体格局》一文的发表，对我国民族定义的研究和探索产生了深刻影响。“中华民族多元一体格局”理论崭新的民族学研究与探索之路。费孝通在文章中指出，“中华民族是一体”是指“现在中国疆域里具有民族认同的十一亿人民”，它的主流是由许许多多分散孤立存在的民族单位，经过接触、混杂、连接和融合，同时也有分裂和消亡，形成一个你来我往，我来你去，我中有你，你中有我，而又各具个性的多元一体。这就明确了这样的观念：一是中华民族作为一个统一体，具有几千年的历史文化传统。在长期的历史发展过程中，形成了以汉族为凝聚核心，少数民族大混杂、大融合的多元格局；二是各个民族都是中华民族一体中的一个单元，虽然各自在社会、经济、文化等各方面的发展水平不同，但都是中华民族大家庭中的一员。

“中华民族多元一体”的理论,从根本上突破了长期以来学术界对民族这一人类历史现象的传统理解,从而为我国的民族学理论开辟了一条崭新的探索之路。正如著名人类学家林耀华先生所说:“依我的浅见,费教授这篇文章的最大贡献,在于它提出并通过论证而确立了‘多元一体’这个核心概念在中华民族构成格局中的重要地位,从而为我们认识中国民族和文化的总特点提供了一件有力的认识工具和理解全局的钥匙。我最近反复研读费教授这篇文章并潜心思索,深感‘多元一体’这个概括确实精妙,相信它必将能对我们今后开展的民族和文化研究产生巨大的启迪作用。”

1935 年,费孝通师从导师吴文藻和史禄国教授,从清华大学社会人类学专业毕业,准备赴英国留学。新婚不久的费孝通与妻子王同惠决定先到广西做调查,多近 80 年前的这次行动,几乎可以说是中国社会人类学的第一次田野工作。费孝通在广西大瑶山走村串寨,12 月 16 日,不幸误陷虎阱,负了重伤。而妻子却不慎失足坠崖,七天后人们才找到她的遗体。一伤一死的经历,一段不堪回首的往事,广西和瑶山都留给费孝通难以忘怀的回忆。费孝通写出《花蓝瑶社会组织》,成为中国社会人类学的第一部田野调查报告,把费孝通与广西永远联系起来,也让费老与广西结下一段特殊的感情。

费孝通虽然身体欠佳,封笔已久,但因从 1978 年以来,他多次访问广西和大瑶山,一直关注着广西的变化,所以,2004 年 9 月 20 日还专门为广西民族学院教师们的学术丛书《思者文库》作序。费老在序文中说:《思者文库》重在一个“思”字,鼓励思想的独创性，主张“读有所思，思而后说，说之有理”。他深情地提出希望：“广西是西部地区，也是少数民族地区，它的现状和未来都值得学人们关注和思考。后生可喜，我鼓励他们在思考中创新，在创新中进步。”

令我惋惜不已的是，费老作序之后不久，就不幸撒手人寰，离我们而去，成为他的绝笔之序，绝世之作。他生前对壮乡广西的殷殷垂青之情，让我们每个人永世不忘！当时他已是94岁高龄！但仍然“志在富民”，情系广西，爱牵壮乡，实在让人感佩良多！

1938年，费孝通获英国伦敦大学哲学博士学位后，先后在云南大学、西南联大任教。抗日战争时期，费孝通任教于西南联合大学和云南大学，除完成教学工作外还积极从事学术研究和民主运动。他在呈贡“魁阁”组织学者开展社会学调查和研究，带领研究人员写成《云南三村》等著作，“魁阁”因此成为云南乃至我国现代社会学的象征。他加入民盟，投身于民主建国事业。他撰写文章，发表演讲，抨击国民党政府的专制独裁统治，呼唤自由民主，《言论·自由·诚实》一文，就是他在“一二·一”运动之后不久写的。

昆明城南的近日楼，一度是费孝通最喜欢的地方。在昆明，经过“一二·一”运动的洗礼之后，人民的民主意识高涨，当时的近日公园成为公开表达各种意见的地方。看到这种情景，费孝通“觉得一种愉快”，想起了英国伦敦的海德公园。海德公园是西方发达国家言论自由的象征，“是民主精神表演的地方”。中国长期遭受封建专制独裁的荼毒，人民的民主自由意识较为淡薄，但经过近代以来的启蒙，人民开始觉醒。昆明这座“抗战名城”，让近日楼变成“海德公园”，费孝通对此感到“心满意足”。在这里，费孝通看到了“民主长成”的希望，所以，他对中国实现民主政治充满信心。

时光转到1990年，费孝通成为“人类学界的一匹野马”。80岁时，他以哲人般的睿智、以诗人般的语言，展望了人类社会的美好前景，那就是“各美其美，美人之美，美美与共，天下大同”。

费孝通，从某种意义上说，是20世纪我国卓越的民主革命家和社会活动家，享有国际声誉的社会学家和人类学泰斗，也是人文社会科学领域的大师和领袖。他是我国近百年来集社会学、人类学、民族学之大成的重要开拓者。他思想敏锐，在诸多文化领域作出原创性贡献，深刻地影响了20世纪中国文化和社会的发展。他的学术专著《江村经济》是国际社会学界公认的经典著作。

圣人言：“立功、立言、立德。”“为天地立心，为生民立命，为往贤继绝学，为万世开太平。”费老的“志在富民”、“天下大同”、“多元一体”等理论，与民盟“天下为公”的精神一脉相承。如今看来，费老的精神任何时候都会令人感动，我们从中可以看到大思想家的精神履历，他的精神对后世文化尤其具有深远的影响。

《庄子·知北游》中说：“天地有大美而不言……圣人者，原天地之美而达万物之理。”这些话为许多人所熟稔，但当代诸多思想家可以说是没有几人真正理解并做到的。而费老就是屈指可数的其中之一。

为了前行的纪念

——费老晚年“补课”和社会学的第二次创业

吕付华

时光荏苒，弹指间费老驾鹤西去已近8年。每年的这个时间，我总想整理思绪，写些文字以留纪念，但每次都是半途而废。写费老，我真是觉得有千头万绪而又无从下手。今天，迫于稿约我鼓足勇气，记下我对费老的一鳞半爪之见。

一、费老晚年的“补课”

记得2006年4月下旬，费老逝世一周年之际，在北京大学举办的费孝通先生逝世周年座谈会上，我向出席会议的香港中文大学教授李沛良先生提了一个问题，大意是请他谈谈费老在上世纪80年代恢复、重建我国社会学以来是怎么看待社会学理论研究和社会实地调查之间的关系的。问题一提出来，我就听到小会场里发出了一小片嗤笑声，一下子使得我怀疑起自己问的问题是不是有些太幼稚了，真不知道李先生会有什么反应。

费孝通在专心写作

没想到李沛良先生一开口就肯定了这是一个好问题，而且他像钻进了我的心里一样完全洞悉了我没有表达出来的意思。当时，我主观地认为我国社会学恢复重建以来过于偏重搞社会调研而在社会学理论研究方面投入不足，特别是费老很少谈到该怎么样对待当时正风靡国内的一些西方社会学后现代理论，所以我特别想知道费老的真实想法。而作为大陆恢复社会学之初就被邀请讲授社会调查和统计研究方法的教授之一，李先生毫无疑问是我最想请教该问题的人。

肯定了我的问题后，李先生回忆了他和费老之间的一次谈话，在那次谈话中，费老说他之所以在恢复重建社会学之始，特别注重社会学实地调查，是因为实地调查能够更快地出有社会影响力的成果，确立社会学的学科地位。但李先生紧接着强调，费老重建之初的做法并不意味着费老不重视社会学理论的研究，他不仅重视，而且身体力行，不然他不会在快90高龄之时还决心“补课”，费老虽然谦虚地称“补课”是自己想要重新补一补社会学的基础课，但实际上“补课”包含着他对时下社会学研究理论基础薄弱的不满，也包含着他对未来社会学发展的殷切期待和对年轻一代学者的具体要求。最后，李先生建议我认真地学习一下费老有关“补课”的文章。

后来，我不但认真地读了费老“补课”的文章，也时断时续地读完了费老的大部分著述，虽然我对费老的理解不时地发生着变化，但费老晚年的“补课”却一直萦绕在我的心头，不能淡去。

1998年，北大社会学系借纪念建校100周年的东风，从国外和港台邀请了一批比较活跃的学者，相继举办了一系列学术演讲并开办了第三届“社会文化人类学高级研讨班”。或许是受到当时学术新进们演讲的触动，研讨班结束时，费老在一次即席发言中，提出了“补课”的说法。当时，费老将近90高龄，社会学、人类学与民族学的恢复重建在他的带领下已经初步完成，各高校和社科院的教研也基本步入正轨，相关学科也不断地在开拓新的研究领域，应该说社会学正处于一个高速发展时期。而费老却在此时提出“补课”主张，似乎与当时的气氛不太合拍。

非但如此，费老还以身作则，撰写了《补课札记——重温派克社会学》一文，其中，他写道：“我越来越感到自己在学术上需要好好地补补课。”并认为自己对时代提出的有意义的大题目“只能说掠得一点影子。为什么总是抓不住，吃不透？关键还是在自己能力不足。能力不足是由于自己一生里投下的功夫不够。这方面我有自知之明，总结一句是求知之心还不够迫切和踏实，常满足于浅尝辄止，难逃不深不透”。费老还毫不避讳地谈到，由于他是在1930年从东吴大学预科直接转入燕京大学社会学系三年级学习的，所以他并没有学习过诸如社会学概论等的入门课，对于不少关于社会的基本概念，他是自学的，“不系统、不结实”。所以，费老开始重新复习他最早接触社会学时的课本，并为我们留下了实实在在130多页的《补课札记》。

每当我读到费老的这些论述时，我总觉得费老过于谦虚了。从费老的社会学、人类学求学经历来看，他接受的教育和训练是当时世界一流的，从吴文藻先生“开风气、育人才”的精心培养，到亲聆社会学一代宗师派克的耳提面命，到史禄国门下的系统训练，再到马林诺夫斯基“席明纳”的潜移默化，费老的际遇可谓独一无二。从费老早年著述来看，即使就可能还略显稚嫩的论文《派克及季亭史二家社会学学说几个根本的分歧点》而言，他说自己对社会学基本概念的学习不系统也只能视为一种谦虚。

不过当我读到费老对自己的定位和期许时，我能理解费老的苦心。费老常说他清华的老师史禄国本来是给他规定了三个学习阶段：体质人类学、语言学和文化人类学，但由于各种原因费老只完成了体质人类学的学习，所以训练并不完整。费老也曾轻松地把自己的博士考试称为“一种形式”和一幕“喜剧”，并戏谑自己对人类学的领悟是“躲在墙角里喷烟，喷喷就慢慢喷得懂了一些，也觉得它的味道不薄了”。费老还慨叹过自己没能像老师吴文藻那样“对于哪一个学生，去哪一个国家、哪一个学校，跟谁为师和吸收哪一派理论和方法等问题，都大体做出了具体的、有针对性的安排”。这些讲述看似不经意，但我越读越觉着其中透着费老希望自己能够游走于人类体质、语言、社会及文化研究而游刃有余的自我期许，透着期望未能实现的无奈与遗憾，也透着他殷切期待后学能够弥补这些遗憾的复杂心情。而晚年的他，已经不可能再“披挂上阵”了，所能寄望的只是自己能够像老师那般“但开风气不为师”，给后学们再指一条道而已。

此时再来看费老晚年的“补课”主张，可说是用心良苦。费老并不满足社会学、人类学的发展现状，也不以自己的成绩而沾沾自喜，他心中忧虑的是学科的长远发展，眼里看到的是学科基础还不扎实。在他看来，中国社会学在解放前并没有打下结实的基础，本身就先天不足，中断二十多年后，社会学又不得不采取“速成”方式恢复重建。现在，虽然在学科建设和人才培养上有了一些成绩，虽然针对我国国情做了大量的调查研究，但在社会学和人类学的基本方法和基础知识上，仍“缺的不少，需要补课”。

更难能可贵的是，费老并没有居高临下地去批评或是指摘什么，反而从对自己毫不留情面地自揭其短开始，身体力行地拿起了最基本的社会学著作，以“身教重于言教”的行动为我们上了一课。

费老倡导的“补课”，不搞玄虚的形式，所用教材不过是派克编著的《社会学这门科学的引论》、《城市论》和一本《派克传记》，但针对性很强，因为派克是费老终生践履的“社区研究”的学术源头，无论是在学术旨趣上还是在做学问的态度方式上，派克都曾经深刻影响过费老。费老的“补课”，也不人云亦云，对于开口闭口讲“后现代”的流行思潮，费老只是语重心长地讲：“我还认为当前我们一下就想学会‘后现代’恐怕还不太实际，我们还是向世界上其他先进地区的‘现代化’过程多学习学习为好。”

费老的“补课”，表面上是通过搞清楚派克的人生经历去理解派克思想发生和发展的全过程，实际上，费老更希望通过温习一个处于美国机械化和城市化早期，并创建了一个社会学学派的人物的社会学思想，来为“重建中国的社会学”提供养料。

二、社会学的第二次创业

费老晚年总是说自己还没有如愿完成“重建中国的社会学”的承诺，并一再强调即使自己再有 20 年，诺言还是难于实践。所以，他一方面希望通过自己补课的表率，促进大家去检查和提高自己基础不够扎实、力量比较薄弱的地方，营造一种共同学习、相互交流的氛围；另一方面，他又提出了进行社会学的第二次创业的号召。

在论文《重建社会学与人类学经过的回顾和体会》中，费老把恢复重建社会学的前二十年视为为学科建设奠定初步基础的阶段，至上世纪末这一阶段已算大致完成。而在新的世纪来临之际，社会学既要完成从他这一辈到下一辈的代际交替，更要抓住我国正面临深刻社会转型的历史机遇，把社会学的学科建设大大地向前推进。费老以为，要完成这个任务，客观要求社会学从业者必须既能够抓住也能够吃透时代为之提出的大问题，否则，社会学必将丧失对社会的影响力而沦为边缘。越是晚年他越是不断地感到这种紧迫感，也一再寄希望于年轻一辈不要画地为牢、划界自守，而要开拓创新，进行第二次创业。为此，他多次谈到了学术传承和知识分子的正气问题。

先生常说一个学科挥之即去一时是做得到的，要呼之即来却不那么容易。学术必须依靠学人来传承和开拓，因此一门学科需要代代相传才能存在。中国社会学的二次创业，既是年轻一代的社会学人类学者对新局面的开拓，也是对老一辈学人的精神继承。其中，费老最为忧虑的问题是当今的知识分子群里“正气”不够。

费老生前经常讲他最敬佩的人是像梁漱溟、曾昭抡和汤佩松先生那样的人，在梁先生身上，费老看到了知识分子的骨气和正气；在曾先生和汤先生身上，费老感受到了知识分子一心一意致力于事业、学科的志向和忘我精神。这种正气和精神，费老认为，他在解放初期至“反右”以前确实感受到和体验过，然而由于“反右”和“文化大革命”，“知识分子受伤了……精神被扭曲了，灵魂被挫伤了，一般治疗不行”。所以，社会学的第二次创业，需要参与其间的人“有一口气、一股劲、一种精神”。然而，在当今的知识分子群里，费老并没感觉到有这样一股“气”，倒是在新一代的企业家那里，他感觉到了近于他魁阁时期的知识分子的那股劲。

先生的这些论断，至今读来仍使人羞惭。这些年来，我国新建的社会学教学研究机构、培养的社会学人才和开展的调查研究不可谓不多，引进的各种思潮和方法也不可谓不新。不过，我国社会学研究的格局却越来越小，近于费老“小城镇研究”和“中华民族多元一体格局”水平的研究和论文也越来越少，社会学对社会思潮的解释力和影响也越来越弱，而各种学术抄袭和学界的假冒伪劣现象却越曝越多。

因此,如果说费老提出“补课”还只是就社会学人类学从事者知识层面来立论,那么费老谈社会学的第二次创业就是对社会学人类学从事者的道德境界提出了严肃拷问。即使先生没有明言,但了解先生大致经历的人,也不难揣摩出其中的意思。纵览费老一生,在战火频仍的 1938 年,作为一个“学成归乡的留学生”,刚抵达昆明两个星期,费老就一头钻入了离昆明有 100 多公里的禄丰县的农村进行社会学调查。而晚年即使位居高位,费老念兹在兹的仍然是“行行重行行”,说自己“这十年尽管至少有一半的时间在跑在写,但所见所闻,所思所记还只似蜻蜓点水而已”。支撑他的,勉励他的,无非是“这里有一股劲,一股追求知识的劲。这股劲是极其宝贵的”。

不得不说,费老要求社会学人类学者要发挥正气、讲真话、做实事,某种意义上,是他在为社会学的第二次创业招魂。

三、为了前行的纪念

我常想,以费老的性格,他肯定看不起我们每年只是为了纪念的纪念。我也常思量,“费孝通”这个名字对我而言,到底意味着什么?这个问题虽然我还不能作答,但我知道,“费孝通”这三个字是我在人生的每一个岔路口时,都可以抬头仰望的一个路标。

每当我抱怨现在社会大环境太过浮躁、功利时,我会想费老前半生的时代有过之而无不及,仅从费老《留英记》中所述“留学回来的人，官运亨通，洋翰林比土翰林更吃香。学而优则仕，原是当时知识分子的守则，留学回来有官可当，群焉趋之"就可见一斑。然而，它并不能妨碍费老一回国就去做当时社会上没有人会叫好的社会调查的决心。

每当我觉得时代给我的学术条件不好时，我总是想到费老在昆明呈贡搞"社区研究"时的魁阁，想到"这座破败的三层古庙外面风景很美，内部却陈旧不堪。地板踩上去嘎吱作响，墙缝里藏着小虫，叮得人浑身发痒"的简陋条件，想到就是在这样的环境下，费老带领着社会学工作站的研究人员写成了《云南三村》、《昆厂劳工》等杰作。

而每当我叫苦、叫穷和倦怠之时，费老的音容笑貌总是不断地浮现在我脑海里，仿佛他在对我低声呢喃："战时内地知识分子的生活条件是够严酷的了。但是谁也没有叫过苦，叫过穷，总觉得自己在做着有意义的事。吃得了苦，耐得了穷，才值得骄傲和自负。"

清明时节忆费老

张蓉兰

记得20世纪50年代,费孝通先生曾任中央民族学院(今中央民族大学)副院长。我是1955年进入中央民族学院学习的。才上了一年多的课就赶上1957年的“反右”。费老没有直接给我们上过课,但是“反右”时,因为他的那篇《知识分子的早春天气》一文而掀起的铺天盖地的大字报,给我留下了深刻印象。其次就是潘光旦潘老的大字报,民族学家吴文藻先生(给我们讲过民族志)的大字报。回想当年那些大字报的阵势,真有乌云压城、风雨满楼之势,如果没有点坚定的信心、坚强的意志非跳楼自杀不可。而我那时也不过才是大二的学生,还是个乳臭未干的毛孩子,对于来势这么猛烈的政治运动,让这些从小在城里长大的学生们真有点莫名其妙,何况“反右”在我们学生中也展开了。当时的我们正在为教我们的一位古汉语老师被划成右派而大声疾呼,我们这些初出茅庐的毛孩子,竟敢在当时那种严峻形势下直截了当地贴出“×××老师不是右派!”这样针对性极强的大字报。为此我们这个只有14个人的班中竟然被划出了两个右派、五个右倾分子，本人也差一点当上了“右派”，幸好同班党支部的一位“好心人”告诉我赶快在团支部会上做深刻检查，无奈下，我只好把自己臭骂了一顿，那位好心人又替我开脱，说我年幼无知，政治上幼稚，才总算躲过了这一关。处于这种状态，当然也就无暇顾及费老、潘老和吴文藻等老教授们的状况了，只是看看大字报又揪出了谁，又把谁划成右派了。而我对费老的大字报之所以印象深刻，是因为他这篇文章的标题引起了我的注意，才多看了几眼，因为当时我没看过原文，不知所云，也就无所谓观点、倾向的形成。

在我加入民盟之后才知道费老曾是盟的领导之一，所以也为民盟有这样一位经历过政治风云考验的老知识分子，以及他的为人而更加敬佩和自豪。今天，当我再次翻开费老的这篇《知识分子的早春天气》反复阅读了两三遍，却怎么也找不出他当时被划成“右派”的“右”在何处。相反却看出了一个老知识分子对共产党的一片赤诚。作为一个知识分子的代表，向当时的领导层反映一些知识分子（主要还是高校的师资行列中的知识分子）中存在的一些问题，应该是很正常的。特别是建国初期，一切都是重新开始，从全国角度来说，建立了新式的人民的国家，任何领导都是没有经验的，如何搞好新的国家，建立新的教育体制更是无经验可谈。就在从来都“不敢为天下先”的中国旧知识分子中，出来这么一个“敢为天下先”的人，想反映一下当时知识分子的状况，反映一下他们的要求和意见，应该没有什么可大惊小怪的。其反映的方式只不过是采取了费老所习惯用的手法——写散文的方式。既然称之为散文，那就要用散文的手法来写，用上几个文学上的词语和比喻词又有什么可震惊的呢？文中首先提到说："周总理关于知识分子问题的报告，像春雷般起了惊蛰作用，接着百家争鸣的和风一吹，知识分子的积极因素应时而动了起来。但是对一般老知识分子来说，现在好像还是早春天气。他们的生气正在冒头，但还有点腼腆，自信力不那么强，顾虑似乎不少。早春天气，未免乍寒乍暖，这原是最难将息的时节。逼近一看，问题还是不少的。当然，问题总是有的，但当前的问题毕竟和过去的不同了。"这一段话，记得就是当年大字报攻击费老的重点。在这段话中，首先充分肯定了党的知识分子政策给老知识分子带来了新生，尽管如此，在实际操作上还有不尽人意之处，因此还有些似"早春天气"。这就被一些人掐头去尾（这是整人者的一贯手法），记得大意是说费老把新政权比喻成"早春天气"、"乍寒乍暖"，因此，"问题不少"。这就是费老这篇所谓"大毒草"的"要害"之处，因此，"大右派"的帽子就被结结实实地扣在了费老头上。

但凡有点知识的人都知道，散文不是理论性文章，它是文学作品之一，是指除了诗歌、戏剧、小说之外的文学作品，是不押韵的文章，文章内用几个文学用语、比喻之词又有什么好奇怪的呢？如果散文也像写理论文章一样去判断、推理，还能称之为散文吗？事实上，在当时知识分子中的"早春天气"、"乍寒乍暖"又是有前因与后果的，值得没碴儿找碴地去大做文章吗？如果这样，不管什么文章，掐头去尾，总是可以从中随便找出无数个可做文章的词语来整人的。真是欲加之罪何患无辞，有嘴难辩啊！

记得费老被攻击的第二个要害之处，好像是说他鼓吹并支持知识分子“两耳不闻窗外事，一心只读圣闲书”的所谓反动观点。这又是指什么呢？费老在经过调查之后了解到，一些知识分子在听了周总理关于知识分子问题的报告后“对于那些心怀寂寞的朋友们所起的鼓舞作用是难以言喻的，甚至有人用了‘再度解放’来形容自己的心情。知识分子在新社会里的地位是肯定了，心跟着落了窠，安了。心安了，眼睛会向前看，要看出自己的前途，因此，对自己也提出了新的要求。有的敢于申请入党了，有的私下计议，有余钱要买些大部头的书，搞点基本建设。这种长期打算的念头正反映那些老知识分子心情的转变”。正因为心安了，有盼头了，一些老知识分子提出来，希望能有“一间房、两本书”来“静静地做做功课”。这不正反映了新中国成立后，知识分子的政策落实了，他们渴望用自己的才能为祖国贡献一份力量的殷殷之心吗？但是在新的形势之下，他们感觉到自己的不足，需要坐下来补充一些新鲜血液，以便更好地为国家效力，这又何错之有呢？而“一间房、两本书”的意思，就是要有一个安静的环境，认认真真地补充一下自己的不足之处，使自己成为一个名副其实的“知识分子”，而不是表面光滑的驴粪蛋，这是一个真正知识分子的起码要求，华而不实者能配得上知识分子的名分吗？那么这“一间房、两本书”又怎么会是“两耳不闻窗外事”，不关心政治的代名词了呢？中国的知识分子是爱国的，只不过对新建立起来的国家政权还不十分了解，对一些政策还不十分适应。适应，总要有个过程吧！他们渴望为自己的国家效力，但又感到自己的不足，需要再学习。这是好事嘛！笔者倒认为：以此作文章者才真是华而不实者！无真才实学者！不配挂

"知识分子"的名号者！而当时这些却都成了费老的几大罪状。难道像今天的那些论文的冒名顶替者、剽窃他人文章者，才能是他们所期望的知识分子吗？当时那些闹的最欢、跳得最高，不愿坐下来做学问者，今天回头来看，有几个是真正的真才实学者呢！难道知识分子队伍中需要这样的人吗？用这些人能建成社会主义吗？

费老被攻击的第三个要害问题是说当时的"向科学进军真像一阵风，只'吹皱了一池春水'"。费老说当时那种情况"没有一点真才实学，教书这个行道是不容易搞了"。因此当时这些教师们"对自己提高业务的要求也是积极的"，"他们要求开展科学研究"，但是实际情况是"并没有满足教师们的要求"。教师们的业务时间得不到保证，而"这些业务时间得不到保证的人又多是有能力搞科学研究的"。其主要问题在于领导，因为这些领导们"没有把科学研究工作认真领导起来……有些学校把'向科学进军'当运动来搞，做了号召性的动员报告之后，发表格要教师们填题目，造计划，甚至过了一个时候就伸手要成果"。费老说："我就遇到过已经填过几次科学研究计划表的朋友，见了我还是说科学界研究方向不明，题目难找，甚至有些连自己表上填过些什么都不大清楚了。对于这些朋友，向科学进军真像一阵风，只'吹皱了一池春水'。"是啊！科学研究，就是要踏踏实实地做学问，踏踏实实的态度就是老实，科学是来不得半点虚假的，怎么可以把科学当做运动来搞呢？像"吹皱了一池春水"似的搞科学、做学问，能培养出真正的科学家吗？能做出真正的学问来吗？在建国初期，政治运动也确实不少，"三反"、"五反"、"镇反"、"公私合营"等等，当时，连我们这些中学生们都被拉进去了，就更不用说那些旧知识分子了，哪有时间坐下来做学问呢？再说，知识分子不做学问，还叫什么知识分子呢？费老这虽然是一种批评，更是一种关心，他又错在何处呢？作为一个老知识分子，这种批评不应该吗？站在关心国家未来前途和命运的角度，为国家的富强考虑，为培养国家未来的栋梁考虑，又何罪之有呢？说起来，上述费老提的这些问题，与今天人大代表、政协委员们提的意见比较，又算什么了不起的问题呢？今天教育改革中提的一些问题，不仍然是五十年代未彻底解决的遗留问题吗？知识分子中的一些认识问题，不仍然或多或少地存在吗？不更说明了费老的先见之明吗？

当时这些都成了费老的罪名，当然其罪名还不仅仅是这些，例如还有“百家争鸣”问题等等。这里就不一一赘述了。

总之，费老这一生多坎坷，不平凡；多贡献、不一般。费老是知识分子的楷模，是榜样，榜样的力量是无穷的，楷模的力量是光辉的。尽管“反右”对他来说是冤屈的，耗损了他的黄金时代，而平反后的他，没有任何怨言，仍然是忠实于他热爱的祖国，用他自己的话说：八十五岁以前仍然是“不知老之将至”，他对国人“知恩图报”，图的就是“志在富民”。他“自觉地把自己放到农民里边去”，这种态度使他陆续完成了从《江村经济》一书开始，到反映禄村、易村、玉村的《云南三村》一书的伟大调查与写作工作。他为中国的人类学，应该说是为世界的人类学做出了伟大的贡献。费老！安息吧！放心吧！费老，知国恩图富民者相继而来！人类学在我国是不会断档的！

费孝通在呈贡

陈　华

1940 年秋的一天，呈贡县城南边的古城村，来了一对三十来岁的年轻夫妇和一位小佣人，租住在村子西南角的农民家里。这对夫妇就是当时国际知名的社会学、人类学家费孝通博士和夫人孟吟女士，以及他们的佣人许凤。

费孝通，江苏吴江县松陵镇富家桥人，生于 1910 年 11 月 2 日。父亲费璞安曾留学日本，攻读教育。回国后，他提倡新学，在家乡吴江开办新式中等学校。母亲杨纫兰毕业于上海务本女学，亦受到良好教育，她配合丈夫的工作，开办了吴江的第一个幼儿园（当时叫蒙养院）。费孝通上有四个哥哥姐姐，排行第五，自幼受到良好正规的教育和严格充

1930 年，在燕京大学攻读社会学专业时的费孝通

分的学术训练,立志要治学育人济世。1928 年,他考入东吴大学医学预科,读了一年多后,他觉得来自社会的病痛比来自个人的病痛更需要有人关心和医治,遂于 1930 年转入燕京大学社会学系,师从吴文藻教授(作家冰心的先生)攻读社会学三年,后又考入清华研究院,在著名俄国学者史国禄门下继续攻读社会人类学。1935 年从清华研究院毕业后,接受老师的建议,出国留学前先在国内作一年实地考察。当年,他和新婚爱妻王同惠(燕京大学同系不同班的校友)受广西省政府的邀请,到广西大瑶山区徒步作特种民族之人种及社会组织调查。调查异常艰苦,山高林密,野草蔓生,不辨道路,不能骑马,只可步行,村疏人稀。俩人只能风餐露宿,吃尽苦头。更为不幸的是,12 月 16 日,他们在由象县古陈村至平南县罗运的乡间险峻山道上迷了路,在一个竹林的竹篱门中,费孝通误踏进瑶民设置的虎阱中,一时木石齐下,把他压砸在下面,王同惠奋不顾身,把木石逐一移开,但费已腰足俱伤,不能起立。王同惠安慰丈夫后,赶紧出林找人救援,不料一去未返。次日晨,费孝通忍痛向外爬行,直到日暮,才遇瑶民,请了上下古陈两村的青壮年,全体出动四处搜寻,直到第七天,才在一山涧急流中发现王同惠的遗体。王同惠,这位我国第一位作民族考查工作的女学者已经殉职,面对爱妻的不幸去世,费孝通强忍悲痛,在广西省梧州市的白鹤山安葬了她,并亲笔书写了墓碑碑文,表达了自己对王的"紧紧追赶"之情。料理完后事,费孝通又含着泪水,继续工作,终于完成了调查,写出了《花蓝瑶社会组织》的调查文章。这之后,费孝通又到胞姐费达生在江苏吴江县开弦弓村创办的生丝精制运销合作社丝厂作社会调查，积累了大量资料素材。接着，他又远涉重洋，到英国伦敦经济学院继续深造，1938 年在该院取得博士学位。毕业时，他以开弦弓村的调查为基础，写出博士论文《江村调查》，这个著述，被他的导师马林诺夫斯基教授称为“人类学实地调查和理论工作发展中的一个里程碑”，在国际引起轰动。

在英国取得博士学位的当年，即 1938 年，费孝通报国心切，不顾日寇侵略，中华涂炭，毅然决然地决定回国，经越南海防、河内乘滇越铁路的窄轨火车来到昆明，执教于云南大学。1939 年与从印尼回来的孟吟女士结了婚。后因日机轰炸，1940 年迁到呈贡县古城村居住，并在云大社会系主任吴文藻（费在燕京大学的导师）的支持下，在古城村的魁阁里设立了“云南大学社会学系研究室”，和张之毅、陶云逵、田汝康、史国衡、谷苞、张宗颖、胡庆钧、许烺光、李有义等教授学者开展研究工作。除授课、搞研究、写文章外，费孝通等还深入到邻近的禄丰、易门、玉溪等地农村（即“三村”）搞社会调查。在昆明和呈贡期间，他写出了《禄村农田》、《内地农村》、《乡土中国》、《乡土重建》、《生育制度》等调查报告，研究成果达 119 部（篇），还有不少政论、时评。这一时期是他一生中的第一个学术丰收期。

费孝通在古城村租住的房子，房东叫李加荣。李家的房子是一幢三间四耳倒八尺的坐北朝南的小宅院。费家租住了两间大房和一间耳房，有时别的教授也来此借住。宅院门前是一片竹林和大片菜地，环境很是幽静。

费孝通除到昆明和呈贡中学讲课或外出调查外就在魁阁和同事们搞研究、写文章，家里由太太和小佣人操持。

费家和村民们相处极好。工作之余，费孝通常和村民们谈话聊天，了解村情民风。房东李加荣有三个儿子，大儿子十三四岁，叫李兆祥，费孝通亲昵地叫他“老大”。“老大”经常为费家做点家务，看到费家缸里水不多，就打井水挑来灌满。费家也很关心李家，费家做了好吃的菜，如红烧肉等，都要舀一碗给李家送来。费孝通看到“老大”衣裳单薄，就送了一套白色西服和一件衬衣给他。费太太一次还半开玩笑半认真地对“老大”说，要把小佣人许凤介绍给他作媳妇，后因小佣人家中有事，她父亲来领走了，此事只有作罢。1944 年，“老大”当兵去了印度，学会几句英语，因知道费太太乐于助人，为检验自己的书写能力，写家信时就试着用英文，信到后，李父再请费太太译成中文，念给家人听。

费孝通平易近人，经常为村里人说话办事。有一次，“老大”被呈贡国民党空军仓库的一个军官叫去为他们擦子弹，李父不放心，把“老大”叫回来。这个军官发觉后找上门来，要他家交钱才可不去擦。费孝通看见后，向军官讲道理，不让还是孩子的“老大”去。由于费的话在理，军官只有悻悻而去，以后也没再来纠缠。又一次，房东李加荣农闲时与几个朋友打牌玩，被县上的兵抓去要敲诈钱财。费孝通知道后，把一张自己的名片交给李家去找县长。看到名片，慑于费孝通的威望，县长只有对李说：“你没事了，回去吧。”

作为一位社会学家，费孝通对民间风俗是极为尊重的。按照呈贡农村的风俗习惯，外来人是不能在农民家中生小孩的。1940 年，费太太快要临产生毛毛（即费宗慧），费家就主动搬到县城三台山上费孝通的老师吴文藻教授和夫人冰心寓居的“默庐”中去住。孩子满月后，费家搬回李加荣家时，还按当地风俗习惯买了红糖给李家，并在大门上挂了红布，以示吉祥。

费孝通一家在古城一直住了五六年，直到抗战胜利后才离开。但却一直惦念着呈贡、古城、魁阁和李家。

经历了数十年的风雨沧桑、艰苦奋斗和曲折磨难，费孝通终于和全国人民一道迎来了改革开放的大好时光。身居高位的费老两次因公来昆明，都专程到呈贡旧地重访。

一次是1986年6月，时任全国人大常委会副委员长的费孝通，在与胡耀邦总书记访问西欧四国于24日回到昆明后，不顾旅途的疲惫，第二天(即6月25日)一早，就赶来呈贡看望乡亲。刚踏进呈贡县委会议室，他就高兴地对大家说：“我是老呈贡，今天回来了。”并深情地说：“我的事业是在呈贡发展的，我永远也忘不了这个地方。”落座后，他兴致勃勃地听了县委领导的县情汇报，对这个县取得的成绩表示高兴和赞叹，也提出一些问题来和大家探讨。随后，他即兴挥毫为呈贡县写了“远望滇池一片水，水明山秀是呈贡”的横幅和“振兴呈贡”的题词，还为呈贡一中题写了校名。从县委出来，一行人来到三台山上的“默庐”，这是一幢三间四耳的小宅院。进了门，费老对大家说：“这是女作家冰心抗日期间在呈贡的旧居，我家也曾在此借住过，女儿毛毛就出生在这里。”并指着身旁的一位女士说：“这就是毛毛。”毛毛叫费宗慧，这年46岁，在北京一所建工学校任教。她接过父亲的话说：“爸爸早就说要带我来呈贡，今天如愿以偿了。”父女回忆了当年在呈贡的一些往事、趣事，古朴的“默庐”里笑声不断。接着，他们来到当年的“清华大学国情普查研究所”的驻地文庙参观。随后，大家又来到与县城连在一起的古城村，仔细查看了费老创办的“云南大学社会系研究室”旧址的“魁阁”。这是一座三层的宝塔式古建筑，由于数十年的风雨沧桑，有些残旧了。费老在阁前感慨万千，和同行的干部群众合影留念。随后，大家沿着费老当年熟悉的小路，走到他租住过的农房门前。已经60多岁的李兆祥知道后赶紧走出门来迎接，他激动地握着费孝通的手说：“费先生，我是‘老大’呀，您离开这里40多年了，想不到还来看我们。”看到费老身边的费宗慧，李兆祥猜道：“您是毛毛吧？还记得我吗？小时候我曾背着你在村里玩耍呢！”进屋后，客人询问了李家的情况，知道房主人李加荣早已去世，现在李家生活不错，叙了不少家常后，费老还抱着“老大”的孙子和李全家合了影。出村路上，费老不断向村民们打招呼问好，对有的人还可呼出小名。当费老和刚从地里回来的78岁的老农李自能打招呼时，李已认不出费老了，旁人告知后，李想起来了，高兴地说：“您就是费先生呀，当年您常来我家喝水聊天，现在还没有忘记我们！”一位满口已无一颗牙齿的老大妈跑过来拉着费老的手，要他到她家去“请饭”。80多岁的李世英老人，曾为“云大社会系研究室”送过“龙节水”（呈贡县城西面的一种矿泉水），这天闻讯赶来时，费老已走了，老人嗟叹不已：“多好的费先生啊！”

第二次是2000年8月18日，费孝通应邀来昆明参加“云南省建设民族文化大省研讨会”后，又专程来到与古村相邻的呈贡斗南花卉市场参观。在花市里，他仔细向花农们询问了花卉生产、销售情况和效益后，深情地对陪同人员说：“昆明和呈贡是我的第二故乡，回到这里，就像回到自己家里一样，我女儿费宗慧是在呈贡生的嘛!”一些花农知道来的老者是费孝通后，个个手里捧着美丽的鲜花，争着要送给这位呈贡人民的“老乡”和亲人，衷心祝福这位耄耋之年的白发老人健康长寿，希望他“常回家看看”。

想不到5年后的2005年4月14日，他却乘鹤西去了，享年95岁。呈贡县人民，特别是古城村人民一直在思念着他，回忆起他抗日时期在呈贡工作、生活的难忘岁月和建国后两次回呈看望乡亲的日子……

“志在富民”的践行者

李　猛

在这个世界上，毫无疑问，费老属于那种具有大胸怀、大境界、大志向、大智慧的人。纵观他波澜壮阔、起伏跌宕的一生，追寻他生命的足迹，品味他生活中的细节，不难发现，无论是学者的他，还是政治家的他，角色如何转换，地位如何升迁，费老都始终保持着中国知识分子的良心，心系天下，行为苍生，真正做到了范仲淹所说的“先天下之忧而忧，后天下之乐而乐”。诚然，“志在富民”是他思想的内核，也是他行动的出发点。费老从吴江出发到生命的终点，近一个世纪的岁月，他走遍了祖国的山山水水，大江南北，用自己的足和笔书写出了生命中最辉煌的篇章！他达到的高度，让人仰望。“行行重行行”是他专著的标题，也是他一生的写照。他是“志在富民”的践行者。

“志在富民”——费老早年不畏山高路险偕同新婚妻子深入广西大瑶山进行调查，写出《花蓝瑶社会组织》，之后，又漂洋过海赴英留学，师从现代应用人类学奠基人之一的马林诺夫斯基教授，完成了他的博士论文《江村经济》。他的导师在序言中评价:“我敢预言,费孝通博士的这本书将是人类学实地调查和理论工作发展中的一个里程碑……它让我们注意的并不是一个小小的微不足道的部落,而是世界上一个最伟大的国家。”也许正是在深入乡村的调查中,让费老真正认识到在中国要“富民强国”,首先要解决的是农村和农民的问题,由此,他目光向下,坚定了做学问的方向,写出了若干寻求富民之路的作品,如《云南三村》、《乡土中国》等等。

“志在富民”——让费老在被打成“右派”及“文革”中被定为“牛鬼蛇神”,处境极其艰难的情况下,也没有放弃自己的志向和追求,在“五·七”干校,他抓住一切机会接触社会,了解下层,进行调查研究,为日后学术研究作准备。党的十一届三中全会以后,他迎来了“学术的第二个春天”,可谓一发不可收拾,又是作专题调研,又是写文章,决心要把失去的20年时间夺回来,为“富民强国”奔走忙碌。

“志在富民”——费老在主政民盟期间,提出了“出主意、想办法,做好事、做实事”的工作方针,并带领广大盟员积极参政议政,投身社会服务。他不顾自己年事已高,出行不便的实际,七下甘肃最贫困地区之一的定西,为老百姓脱贫致富出谋划策。

“志在富民”——晚年的费老,在全球经济一体化的大背景下,面对世界风云变幻,视野更开阔,思考得更深远,由此提出了“各美其美,美人之美,美美与共,天下大同”的重要构想,把“和而不同”的思想发挥得淋漓尽致,他告诉我们不同文化背景的民族能“共存共荣”,共谋人类福祉。

高山仰止,精神永存。作为晚辈,每当想起费老,心中升腾的是对他的无限崇敬,我们仿佛看见一位步履蹒跚的老人在曲折的山路上行走,费老的生命与乡土结合,与人民结合。他为后人留下了一份宝贵的遗产。他的精神将化为永恒。

仰望星空　学习费老精神

何　伶

我很喜欢温家宝总理的一首诗:“……我仰望星空,它是那样庄严而圣洁;那凛然的正义,让我充满热爱、感到敬畏……”今天,当我仰望中国民主同盟这片浩瀚的星空,我看到了一颗璀璨的明星:著名社会学家、人类学家费孝通先生。

费老是中国民主同盟的卓越领导人,是同中国共产党长期亲密合作的典范。他有淡泊高远、真诚坦荡的道德风骨,他有光明磊落、深厚雄浑的大家风范,他有“志在富民”、矢志不渝的伟大人格。对他而言,五四之子、人文学者、学界巨擘、政治性学者这些高度评价,绝不是溢美之词。

费老曾经说过,知识分子心里总要有个着落,一生做什么要明白。作为一个盟员,对照费老,我也在思考,如何学习他的崇高境界和博大胸襟,不断砥砺品格,提升修养,做一个对国家、对社会有益的人。

我们要学习费老忠贞不渝的爱国主义精神。他从来就将个人的命运与国家、与民族的命运紧密地连在一起。自 20 世纪 30

年代起，费老就致力于中国社会调查。从风华正茂的青年学子，到声名卓著的学界泰斗，他在中国田野里行走了75年，寻找着富国富民之路。费老说过，一个中国知识分子应当为国家贡献自己的知识，为国家的建设出主意，想办法、做好事、做实事。他用自己辉煌的一生证明了这一点。

我们要学习费老始终坚持党的领导，为社会主义事业奋斗终生的坚定信念。他说过："共产党的诞生，使中国人民在追求真理、争取幸福的道路上有了方向，在长期的、艰苦卓绝的斗争中有了坚强的依靠力量。"透过历史的风烟，越过岁月的沧桑，我们清楚地看到，费孝通和民盟组织，走过了和中国共产党半个多世纪风雨同舟、患难与共的历程，为中国共产党领导的多党合作和政治协商制度的巩固发展作出了不懈努力。在坚持和完善中国共产党领导的多党合作和政治协商制度，在建设中国特色的社会主义政党制度方面，费老真正做到了有理论，有实践，有思想，有创见。

我们要学习费老忧国忧民、敢为天下先的崇高思想境界。1990年，在朋友们为费孝通庆祝八十大寿的宴会上，有人突然问："您能否总结一下，一生想做到的是哪件事？"费孝通未加思索，脱口而出："志在富民。"他说："这是我一生的追求。"解放前，他关注民主，是"志在富民"；解放后，他关心民生，还是"志在富民"；改革开放后，他做乡镇企业和小城镇建设的调查和研究，是"志在富民"；晚年，他提出文化自觉的问题，认为追求物质丰富的同时，要追求文化上的出路，要有自我思想，这还是"志在富民"。费孝通为国家和民族贡献自己的智慧，把自己的命运和国家民族的命运连在一起,为我们积累了宝贵的政治财富和精神财富,赢得一个国家和民族的最高尊重。

“我仰望星空,它是那样壮丽而光辉;那永恒的炽热,让我心中燃起希望的烈焰、响起春雷。”今天,仰望星空,我仿佛听到费孝通在对我们阐释他对未来的理想:“各美其美,美人之美,美美与共,天下大同。”我坚信,有了像费孝通这样一大批把国家和民族的利益置于首位的民族精英,中华民族实现伟大复兴的理想必将实现!

费孝通的呈贡情结

段家政

费孝通在清华研究生班毕业后，到英国伦敦大学留学。学成之时，正值抗日战争最艰苦的岁月。于是，他从伦敦乘船到海防，经河内来到抗日大后方昆明。当时，他的原燕京大学的老师吴文藻，正巧也在云大社会学系任系主任。他就到云南大学与吴老师共事，在云大社会学系任教授。自此之后，费老与云南、与呈贡结下了很深的情缘。

1938 年秋，日寇飞机开始轰炸昆明，昆明一些学校及西南联大的一些教授、学者如：陈达、戴世光、沈从文、孙福熙、杨荫浏等文化名流，都纷纷疏散到呈贡来，冰心一家也来到呈贡。费孝通也在此前后来到呈贡，并应聘到呈贡中学、简师兼课。1939 年 10 月，他在昆明重新组成家庭，就把家安在呈贡大古城一户农民家里。呈贡大古城魁星阁，也就成为云大社会学系研究室办公的处所。他们研究室的教授、学者，如：陶云逵、许烺光、史国衡等都在魁星阁办公，他们中的多数人也在呈贡中学、简师兼课。陶云逵的妻子林亭玉，还为冰心作词的呈贡中学、简师校歌谱曲。

后来林亭玉、陶云逵都先后英年早逝，费老曾为文表达其深切怀念之情。

费老在呈贡期间，还到过禄丰、玉溪等地进行农村调查。也曾以西南联大教授、学者的身份，到过大理部队干训团作学术报告，宣传抗战，鼓舞官兵抗日决心。并就此到巍山、宾川、凤仪等地作社会调查。费老和他的同事们，把当时采访得来的材料，在呈贡古城魁星阁整理写成论文。他们把呈贡魁星阁很多科研成果，叫做魁星阁的成就。此外，费老对云南有着很深厚的感情，他还多次说他的女儿就是生于呈贡的，呈贡是他的第二故乡。正因为如此，他的女儿费宗惠曾陪费老几次回到呈贡，表现了他们对云南、对呈贡深厚的情和爱。

新中国成立后，费孝通任政务院专家局副局长，兼任中央民族学院副院长。此后，费孝通还多次来到云南。一次是在1956年大理白族自治州成立时，他以中央代表团成员的身份前往祝贺。庆祝活动结束，曾任大理县县长的李一夫，还陪同费老到弥渡、巍山、剑川等地考察，进一步了解滇西民风民俗。1986年6月，他又以全国人大副委员长、民盟中央主席的身份，与胡耀邦同志出访，借此良机来到呈贡故地重游。他来到曾寄居过的大古城一户农民家里走访，也到了西南联大国情普查所旧址，还来到了他的老师吴文藻一家居住过的“冰心默庐”。古城魁星阁自然是必去的，那时古城古柏荫翳的道路还在，那绿荷丛中一阁立的胜景尚存。荷田中美丽的芙蓉花仙亭亭玉立，那淡淡的荷叶不时泛着清香，这自然与人的和谐使费老十分惬意。于是他吟出了“远看滇池一片水，水明山秀是呈贡”的句子。去年8月，他又到了大理、德宏、丽江，为开发云南献计献策。费老既然来滇，他自然也会来呈贡看看。可惜大古城绿荷丛中一阁立的景致，还有那翠柏荫翳的道路已成为以往。尤其是魁星阁上微风吹着枯草，似乎给人一种萧瑟之感！面对眼前的一切，客人是多可喜亦多可忧。我在想，费老一定会如其他外地来客一样，希望呈贡在发展经济的同时，对那些不可再生的文化资源，诸如三台山的"冰心默庐"、古城魁星阁云大社会学研究室旧址等，进行认真保护和修复，并以之作为对年轻人的教育基地。

西部大开发的号角声中，费老以90多岁的高龄不辞劳苦再次来云南故地重游。他对云南的开发提出了新见，这是费老的跨世纪的云南情结，也是他所说的第二故乡呈贡的情结。此种情、此种爱是弥足珍贵的，我们感到费老对云南实在是情有独钟。

永远的费孝通

钱 勇

很想写些什么来纪念费孝通先生，但一直难以下笔，因为我不知道要怎么来写费孝通先生。为此，我看了很多写费孝通的文章，也看了部分费孝通的书，可我还是不知道怎么来写。这就像一本浩瀚博大的书一样，耐人寻味，不深刻体会他的精妙，就无法抓住中心。

但一联系到我们现在正在做的新农村建设工作，对费老一生所矢志不移的事业，虽冰山一角，窥一斑而知全貌。先贤已逝，精神永存。穷费孝通一生，无论是搞学术研究，还是作为民盟中央主席参政议政，他的理想只有一个，那就是找到一条富民的道路，怎么让我们的农村经济社会发展起来，怎么让我们的农民富裕起来，尽管他为此历经人间沧桑苦难，而终不悔。

时至今日，三农问题仍然是我国各项工作之首，农村经济社会的发展仍然是中国经济社会发展的重大课题。对农村经济、社会的研究和探索已成为盛行不衰的热点，从 2006 年开始的中国社会主义新农村建设更是在不断取得新进展，农村面貌日新月异。但谁又会知道，早在75年前，一个仅25岁的年轻学者为探索中国的农业农村社会情况，携新婚妻子深入广西瑶山搞调查，误入虎阱受伤，新婚妻子王同惠为救他只身求援误坠山崖遇难。悲痛欲绝的他被送到家乡吴江县一个默默无闻的小村庄——开弦弓村养伤。短短两个月内，拄着双拐的费孝通走田头，进工厂，坐航船，观商埠，由此，一部影响世界人类学走向的著作《江村经济》问世。现代应用人类学奠基人之一的马林诺夫斯基教授在1938年《江村经济》出版序言中评价："它让我们注意的并不是一个小小的微不足道的部落，而是世界上一个最伟大的国家。"这个年轻人就是二十世纪三十年代时的费孝通。

《江村经济》里提出了一个创造性的观点："以恢复中国农村企业（副业），增加农民收入来解决中国当时的农村和土地问题。"费孝通总结为"人多地少，农工相辅"。费孝通把人类学的

费孝通在工作中

研究对象从“异域”转向了“本土”,从“原始文化”转向了“经济生活”。

来自田野的呼唤和村民的殷切始终如一地伴随着费孝通,并成为他一生扭扯不断的情结。费孝通自 1981 年三访江村后,每年都要回到这个村落,直到他生命逝去。事实上,费孝通一直认为,致富的路子就在百姓中间。他是用社会学家的眼光来发现、思考农民摆脱贫困的办法。费孝通的社会学其实就是中国的乡土社会学,是深深扎根于中国这块土地的。事实上,为中国农民找一条出路,“志在富民”,一直是他大半个世纪苦苦追寻之所在。

在马不停蹄的考察探索中,费孝通提出了苏南模式、珠江模式、温州模式等各具特色的地区发展模式;在研究一个个以当地传统为基础的地区性农村发展模式的基础上,上世纪 80 年代后期,他又提出了区域发展的构想,包括黄河上游、黄河三角洲、长江三角洲、长江经济带、珠江三角洲等影响重大的区域发展问题。

费孝通虽已离去,但精神“不朽”,在 2005 年 4 月逝世之前,他认为自己应该死过三次:第一次,1935 年瑶山遇险,碰巧有人发现,背他离开绝境,他应该死而没有死。第二次,1946 年在昆明,国民党打算杀他,有朋友把他从特务枪口下救出。有人要他死而没有死。第三次,文革期间受“四人帮”迫害,考虑过自杀,但没有去做。是什么支撑费孝通走过人生坎坷磨难的呢?用他的话来讲就是“知识分子心里总有个着落,有个寄托。‘三军可以夺帅,匹夫不可夺志。’志是知识分子比较关键的一个东西”。

正是这个致力于强国富民的志向,使费孝通从清华园到西柏坡,作为中国民主同盟的卓越领导人之一,亲身经历了中国的发展从曲折走向坦途,从动荡走向稳定,从贫弱走向富强的历程。

费孝通重游故地看乡亲

李兆祥 口述　郭润章 整理

1986年,出访西欧回国的全国人大副委员长费孝通6月24日回到昆明后,不顾旅途的疲劳,25日一早便到呈贡,看望40年代一同生活的乡亲们。

一大早,费孝通在省、市领导人的陪同下,乘坐旅行车来到呈贡,故地重游。76岁高龄的费老格外高兴。一踏进呈贡县委会议室,费老对前来欢迎的人们说:"我是老呈贡,我没有忘记呈贡,今天我又回来了。"在座的人们高兴地笑了。费老告诉大家,他是1938年抗日战争时期随学校从北京来到昆明的,在昆明西南联大教书,1940年呈贡办了一个高中班,他在这里任教三年。费老深情地说:"我的事业是从呈贡起步的。我永远也忘不了这个地方。"接着费老兴致勃勃地听取了县委领导介绍呈贡近年来的情况。当他听到现在已有9所中学,90所小学,在校学生有3万多人时,感慨万千,他应邀为呈贡一中题写校名,提笔写下"呈贡一中"四个大字。又即兴写了一幅"远望滇池一片水,水明山秀是呈贡"的横幅,赠送呈贡县委。

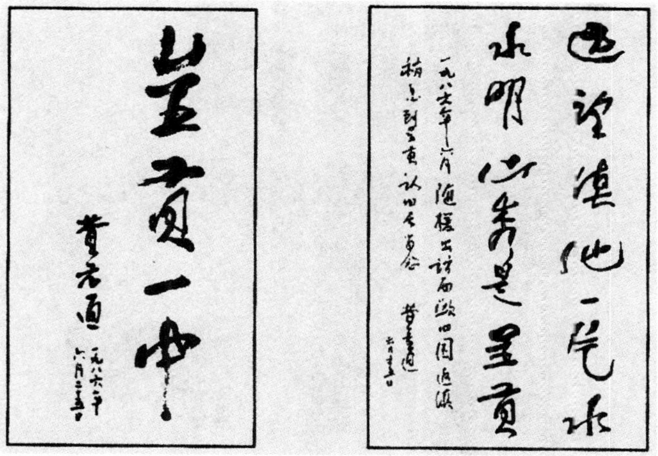

费孝通题词

接着费老来到当年的旧居华家祠堂(即冰心称为“默庐”的房子)参观。费老向大家介绍说:“这间房子作家谢冰心住过,我的女儿毛毛也就是在这间房子里出生的。”1940 年,费老在呈贡中学教书时,住在一户老乡家里。爱人临产时,按当地风俗,不能在老乡家里生孩子,他们便搬到了这里。费老指着身边的一位女同志说:“这就是毛毛,今年已经是 46 岁了。”毛毛叫费宗慧,现在北京建筑工程学校任教,这次她是第一次到昆明来。费女士笑着对大家说:“我的籍贯就是云南呈贡。爸爸早就说要带我到呈贡看看,今天如愿以偿了。”费老指着一个石头台子,对女儿说:“毛毛,当年你不读书,我还在这个地方揍你,你还记得吗?”费宗慧回答说:“记不清了。”父女俩的对话,引来一阵阵欢笑。

走出默庐,费老兴致勃勃地又参观了当年做过教室的文庙。

1986年6月25日在古城魁阁留影

之后又沿着他熟悉的村中小道走进古城办事处和八社。屋里走出来的是60岁的农民李兆祥。同费老握手后，他一眼就看出了费老身后的毛毛。他高兴地说："毛毛，还认得我吗？小时候我抱着你到处玩，想不到你长得这么大了。"接着便陪着费老和女儿来到家中。费老对大家说："这就是我们的邻居。"费老把李兆祥的孙子抱在怀里，同他们一家人合影留念。

走出李兆祥家，一位满口没牙的老大妈迎上来，拉着费老的手，要费老到家中"请饭"。费老向沿路的乡亲们问好，并亲切地喊着许多老人的小名。离村的时候，他同下地归来的78岁的农民李自能打招呼时，李自能已认不出费老了。当村干部告诉他时，他想起来了。他对村里人说："这就是40多年前来这里教书的费先生，以前他常来我家要水喝，到现在还没有忘记我们……"

费孝通当年租住的李加荣家的大房子和厨房。图中老人即费孝通昵称“老大”的李兆祥。(陈华摄)

(此文原载《呈贡文史资料》)

追忆费老　志在富民

袁　庆

“脚踏实地,胸怀全局,志在富民,皓首不移”是费老在1993年写的一首诗,也是费老对自己一生精辟的总结。

作为一个70年代出生的人,在我加入中国民主同盟之前,就听说过费老,听说过费老的《江村经济》,当中记忆很深刻的一句话就是费老导师的评价:“它让我们注意的并不是一个小小的微不足道的部落,而是世界上一个最伟大的国家。”

八年前95岁的费老安详地离开了我们,他的辞世是中国民主同盟的一大损失,是中国社会学界的一大损失,中国又失去了一位大师。然而,费老却从此可以沉沉地睡去,为了农村,为了人民,他已经太累了。

费老从开始学习社会学,目的就很明确:“志在富民。”他研究社会学,发展社会学到后来支持领导重建中国社会学,目标始终定在“志在富民”上。他不是为研究而研究,为学术而学术,而是把学习研究社会学作为一种武器、一种手段、一种方法用以实现改造社会、服务国家、富裕民众的目的。晚年身居高位,甚至

费孝通在江村考察

93岁高龄，仍走南闯北，东西穿梭，几乎走遍全中国，到农村去，到边区去，到少数民族聚居的地方去调查研究，探索强国之道，富民之途。

回首费老富于传奇色彩和充满独特学术魅力的一生，我们应该记住许多东西。尤其是他对中国社会发展进步所作的贡献，随着时间的推移将会日益显现出不朽的光辉。费老的学术成就已经超越了他所从事的社会学和人类学专业的研究范畴，而其辐射所及，已然深入民众植根的沃土之中。

回首费老"志在富民，高瞻远瞩，脚踏实地"地为祖国、为人民所做的一切，历历在目。

上世纪30年代末期，费老以江苏南部的开弦弓村为蓝本，写下其社会人类学的奠基之作《江村经济》，被称为"人类学实地调查和理论工作发展上的一个里程碑"。《江村经济》里，费老没有关注开弦弓农民的祭祀、仪式等人类学的热门问题，而是试图弄清楚当地人经济生活的逻辑。《江村经济》里，费老提出仅仅实行土地改革、减收地租、平均地权是不够的。中国的实际是人多地少，作为现代化“弃儿”的中国农村和农民，一直在衰败和危机中挣扎。农民的收入降到了不足以维持最低生活水平所需要的程度，而“中国农村真正的问题是人民的饥饿问题”。费老推而广之，中国“成千个村庄，像开弦弓一样，事实上已经被入侵者破坏”。而当时有人把目光盯在土地问题上，认为农民问题的核心是不合理的地权关系。经过调查，费老在《江村经济》里提出了一个创造性的观点：以恢复中国农村企业（副业），增加农民收入来解决中国的农村和土地问题。费老总结为“人多地少，农工相辅”。

然而到了 1957 年，当费老再次来到开弦弓村时，从村干部那里得知，虽然农业增产了 60%，但由于忽略了副业生产，总的算下来，农民的收入是下降的，有人感觉日子没有 21 年前好过了。目击的事实使费老不得不重申自己的观点：要增加农民收入，光靠农业增产是不行的。转眼间，费孝通被指责为“恶毒攻击政府忽视副业生产”。这一次，他因此饱受了人间屈辱。这一指责使费老失去了关注开弦弓村的机会，直到 1981 年。在此期间，费老没发表过任何学术作品，费老也从不愿意向外人提及“文革”的遭遇。

到了二十世纪八十年代，费老发表了《小城镇　大问题》一文，影响巨大。提出小城镇是农村政治、经济、文化中心，小城镇建设是发展农村经济、解决人口出路的一个大问题。离土不离乡、离乡不背井这两种方式，应该作为解决我国人口问题的具体途径来进行研究。今天，在中国的江南，星罗棋布的小城镇已经成为具有中国特色的城市化模式之一，这应该是费老留给我们的一份巨大财富。

此后,费老在《小城镇　再探索》一文中指出,在苏南地区,城市工业、乡镇工业和农副业这三种不同层次的生产力浑然一体,构成了一个区域经济的大系统,呈现了中国工业化的新模式。在人口这样众多的国家,多种多样的企业不应当都集中在少数都市里,而应当尽可能地分散到广大的农村里云,可称之为"工业下乡"。这可能是中国的工业化进程不同于西方工业国家发展模式的一个基本区别,也是适合中国国情的可行道路。

1984年,费孝通教授首先提出了"苏南模式"这一概念,费孝通教授对苏南的调查总结了四条:无农不稳,即没有农业,经济站不稳;无工不富,即没有工业富不起来;无商不活,即没有商业经济活不起来;无才不兴,即没有教育和科学文化就不能继续前进。实际上,这就是"苏南模式"。费孝通教授不久又提出了"温州模式"的概念,用"个体所有制"、"家庭所有制"界定温州模式的特征。他还提出了"珠江模式"的概念,认为由香港工业扩散发展"三来一补"企业是其主要特征。对于这些"模式",他主张不能一成不变地看待,否则就会远离各地经济发展的实际。他通过对苏南模式的再认识,认为中国农村的发展应是避免强制不同条件的农村仿效一个样板。

1990年,费老听取了江、浙全国人大代表的意见,根据自己的调查研究,形成了建立长江三角洲经济开发区的设想,作为民盟的建议提交中共中央参考。他认为,长江三角洲作为一个整体,从一系列改革中得到适当的重视与扶持,不仅自身能迅速强盛,而且具有强大的能量,可以拉动广大腹地的发展。费老对上海浦东开放寄予厚望，提出上海应该更上一层楼，在更高层次上成为全国的贸易、金融、信息、运输、科技的中心。今天，从长江三角洲的发展回望，费老的倡议无疑是其先声。

此外费老通过在各地进行调查和考察，在深入社会实践的基础上，经过研讨，向中共中央、国务院提出许多很有价值的意见和建议。

随着社会经济的迅猛发展，费老开始思考中国进入小康社会将出现怎样的剧变，尤其是人与自然和人与人的关系将会怎样变化，世界各国之间怎样和睦相处。对此，费老从"文化自觉"的角度，指出国与国和人与人之间如何共存共荣的关系问题，并由此提出了他的著名论断，即"各美其美，美人之美，美美与共，天下大同"。

然而就中国来说，天下和谐，首先还是要重在富民。而这也正是这位学贯中西的老人一生孜孜以求的理想，而且越到晚年，他的这种心情也就越加迫切。虽历经磨难坎坷，仍坚韧不拔，矢志不移，毕生为之奋斗。但"荣辱任来去"，已往的一切终不能动摇他所抱定的信念。

费老曾说过：逝者如斯而未尝往也。人一代代地劳动生产，把时间变成了积累的基础，并在人文的世界里，留住了岁月流光……生命和乡土结合在一起，就不会怕时间的冲洗了。费老留下的宝贵精神财富，是对后人十分重要的借鉴和启迪，将激励我们为坚持和完善中国共产党领导的多党合作和政治协商制度，建设中国特色社会主义民主政治，为国为民，为实现全面建设小康社会的目标而不懈努力。

“乡下媳妇”与效率

——读费孝通先生《论效率》有感

褚俊青

“乡下媳妇”与效率看似风马牛不相及。可在费孝通先生撰写的题为《论效率》这篇文章中，却成了巧妙关联的新组合，读来令人耳目一新，耐人寻味。

1945年3月27日，中国民主同盟云南省支部创办的机关刊物《民主周刊》(公开发行)第一卷第十四期出刊，采用了时年35岁的“民主教授”费孝通先生撰写的《论效率》。该文5000字，分4个部分。主要研究分析的问题是，现代工业工厂的工人“效率锐减”的现象。文章在第一部分发现并提出“在现代工厂里要找出一些对于工作乐而忘倦的工人似乎近于不可能”，“若是现代工厂里的工人也能像乡下媳妇一般日夜高高兴兴地工作，效率一定可以更大”。在这里，“乡下媳妇”与“效率”结缘。第二部分，以美国工业界对工人的“疲乏”和“效率”所进行的反复的、多方面的实验研究的方法、结果为据，说明“新的社会环境”和“在这新的情境里所养成的工人的工作态度，一种合作的态度”，“心理上的改变才是引起效率上进的主要原因”。第三部分，指出“若是有一群人做一件共同的事，各人并不把这件事的完成认作自己的事，工作的效率必然很低”。“一个乡下媳妇之所以克勤克俭，朝斯夕斯的工作”，“因为她明白喂孩子，纺纱织布，是有具体的目的，维持家庭。家庭是她们自己的”。“因之，她的工作可以有高度的效率”。“人生愿‘为’的时候，他的‘能’是可以惊人的”。第四部分，进一步明确指出“决定我们‘为不为’的是我们所处的社会情境”。“没有人会怀疑我们中国具有伟大的生产力”，“我们是否已预备下了大家愿意‘有为’的社会情境。对于这个问题我并不太乐观。”

全文以一位睿智哲人的慧眼，对“乡下媳妇”高效率劳作的精神大加赞赏，且明确点出效率高的关键在于“把这件事的完成认作自己的事”。至于为什么现代工厂的工人不把工作“认作自己的事”，为什么工厂里没有工人愿“为”的社会情境，作者把悬念留给了读者，让人读来不由思绪万千。众所周知，抗战时期，中华大地硝烟弥漫，工人同全国人民一样，生活在水深火热之中，根本不可能有安全生产的“社会情境”。在当时的中国，凡是有良知的中国人，都认同一件事，那就是抗日救国，挽救中华民族危亡。在这样的大背景下，作者最为难能可贵的是，已经洞察到了工人“效率锐减”的成因，向工人所处的“社会情境”提出质疑，至于要怎样从根本上解决问题并未作答，而是在实际的工作生活中采取了从个人知识层面向社会公众深入的方法，围绕人类学、社会学教授的职责范围和教育、教学、教研的需要拓展思路，把下乡搞实地调查“认作自己的事”，跑禄丰，下玉溪，住“魁阁”,在二十世纪三十年代末四十年代初一段特定的历史时期,拿出了作为第一手资料的《云南三村》调查报告集,为边疆少数民族地区的云南留下了弥足珍贵的精神财富。也是在这样的大背景下,作者以爱国民主知识分子的远见卓识,把团结抗日救国,呼吁抗日、民主、平等、自由,继之把反内战、反分裂,建立民主联合政府等等关乎中华民族生死存亡的大事,“认作自己的事”,课余积极参加“西南文化研究会”活动;积极参加“七七”抗战7周年时事报告晚会、“反内战呼吁和平时事报告会”等等大会演讲,置生命危险于不顾;积极参加著名的“一二·一”爱国民主学生运动,且亲自主编进步刊物《时代评论》,连续不断地为《民主周刊》撰文立言,用“惊人”的“能”力尽匹夫之责,赢得了公认的“民主教授”美誉。

解放了,新中国成立了,改革开放了,“社会情境”变了。当年的作者费老和他笔下众多的“乡下媳妇”、“工人”早都已成为新中国的新主人。国家是自己的,国家的事就是自己的事。当家作主,“志在富民”。他说:“一个中国知识分子应当为国家贡献自己的知识,为国家的建设出主意、想办法,做好事、做实事。”他要夺回失去的时间,“十年做二十年的工作”。为此,他老当益壮,不辞劳苦,唯恐落后,马不停蹄,下基层,搞调研,做课题,发文章,提建议,出书籍,高效率地描绘出一幅行行重行行的新画卷,将毕生精力贡献给了人类历史上壮丽辉煌的中国特色社会主义建设事业,在民盟同仁及广大知识分子面前,树立起一座高山仰止的丰碑。

费老对我一生的影响

官　龙

费孝通是著名社会学家、人类学家和社会活动家，中国民主同盟的卓越领导人，中国共产党的挚友、亲密朋友，众所周知，费老的一生是不平凡的一生，是坎坷曲折的一生，是光明磊落的一生，也是为真理奋斗和与中国共产党亲密合作的一生，当然也是光荣、幸福、成功的一生。

费老学贯中西，著述等身。既品格高尚又平易近人。最使我难忘的也是使我感动至深的是，我曾经亲自聆听过费老在民盟中央举办的专职干部培训班上的一次讲话（当时叫茶叙会）。地点是在当时的民盟中央机关，时间是1986年10月上旬，讲话的主题是关于知识分子的问题。其背景是针对民盟的专职干部中尚存在着一些对本职工作认识不到位，对本身就是短程分子的专干如何全心全意地为民盟成员服务的问题理解不深等等。所以费老着重论述了为盟员服务是光荣，为盟员服务也是科学的道理。他还谈到，他在那个剧烈变动着的年代里（指抗日战争和解放战争时期），他能始终跟着全国人民一起在前进的道路上坚持下来,这不能不感激民盟对他在政治上的启蒙和指引。他认为实际上这也就是中国共产党通过民盟这个组织对知识分子的领导,离开了这个当代中国历史的领导力量,他就不可能有今天这样的日子。他号召全盟各级组织和全盟同志要在爱国主义和社会主义旗帜下,为推进民主政治和改革开放出谋献策,为建设有中国特色的社会主义奋斗终生。

会后,费老及其他盟中央领导如叶笃义、高天、吴修平等同我们合影留念。

在费老的启发和教诲下,我安心了专职干部这个工作。还写下了《盟务工作是科学,为盟员服务是光荣》的心得文章,并获得培训班领导和学员们的好评。后来此文还在云南盟讯第182期上刊载。

光阴荏苒,眷思难收,不觉已经过了二十余年。我要再一次地感谢费老和盟中央对我的关怀与栽培,并以本文作为对费老的纪念。

呈贡古城魁阁、冰心默庐得到保护利用

李志敏　李艳梅

2003 年新昆明建设伊始，省委、省政府提出“一湖四环、一湖四片”建设新昆明的战略规划以来，为做好呈贡新区文物古迹、历史文化遗产的保护利用工作，县文物管理所在省、市文物部门的关心支持下，在县委县政府的正确领导下积极努力、服务大局，以科学发展观为指导，创新思维，先后对古城魁阁、冰心默庐进行了维修利用，为呈贡新区建设作出了贡献。

一、呈贡古城魁阁修缮利用

魁阁位于呈贡县龙城街道古城社区中部，为三重檐四角攒尖土木结构琉璃瓦屋面建筑，始建于清嘉庆二十三年（1818 年），民国十一年（1922 年）重修。其屋顶造型独特，宛若古代武士头盔，为云南少见。古城，西汉时属益州郡所辖谷昌县中呈贡镇（城），元至元十二年（1275 年）所置呈贡县治亦在此。据《大古城重修魁阁碑记》载:“起一乡之文锋,并以固一乡之民气”,“自是此乡之间中式文武魁者代不乏人,而人民和乐,咸敦礼让。”这里人杰地灵,明末清初曾出了一位誉满江南,以诗、书、画三绝名世并著有《南来堂诗集》的高僧读彻(赵苍雪,墓葬苏州支硎山中锋寺)。抗日战争时期,1938~1946年,魁阁曾是费孝通主持的云南大学社会系研究室旧址,费孝通、陶云逵、张之毅等学人深入呈贡、禄丰、易门、玉溪、大理等地调查后在此进行研究工作,并取得了一批丰硕的社会学成果。其中,以费老及其带领的研究者所完成的《乡土中国》和《云南三村》等尤为显著。费老曾诙谐地追忆说:“这是魁阁的成果。”并深情地感慨道:“云南是我学术生命、政治生命和家庭生活的新起点。所以,我把云南(实指魁阁)当作我的第二故乡。”这就是费老1986年以来多次回访魁阁挥毫题词的缘由。他时时心系呈贡,关注魁阁。2002年8月,又为呈贡题写了“大古城魁阁”、“云南大学社会系研究室旧址”、“冰心默庐”三条字幅,现由县文管所收藏。

魁阁具有极高历史文物价值和抗战文物学术价值,1986年,被呈贡县人民政府公布为第一批重点文物保护单位。2002年1月19日,由泰国清迈大学、省社科院、省民院民族研究所、省地理研究所等联合组成的中国社会学课题调查组,在费孝通当年于魁阁工作的同事田汝康教授的带领下,前来魁阁作实地调查并合影留念。2002年7月,县政府以《呈贡县人民政府关于成立“古城魁阁”、“冰心默庐”修复建设工作领导小组的通知》(呈政发[2002]47号),批准对魁阁进行修缮。2002年12月至2003年3月投入16.4万元进行了维修。魁阁维修后,县文管所抓紧设计布展工作，奔波于省市图书馆、档案馆和到各大专院校进行资料征集、调查访问。于2004年春节前，在魁阁一楼布置陈列了“古城与魁阁历史展”，重点介绍了古城为汉代至元代呈贡城址的历史渊源，魁阁历经沧桑得以维修保护和抗战时期成为文化名人聚集研究的旧址状况，并展出了读彻生平及其部分诗文等。二楼陈列了“云南大学社会系研究室旧址成果展”，宣传介绍了费孝通抗战时期在魁阁主持云南大学社会系研究室工作八年来所取得的丰硕成果，分别对费孝通、陶云逵、田汝康等学人的生平作了简介。同时展出了部分有史料价值的图片、作品和重要题词。魁阁的维修和展出，无论是维修的质量和展出的效果，在同年春节和“两会”期间，深得县人民代表、政协委员和社会各界人士的好评，前来参观者达5000人次。展览过程中，一些省内外从事社会学研究的专业学者和学术团体纷至沓来。2004年4月24日，受费孝通老师的嘱托，学生刘豪兴（上海复旦大学社会系教授）专程前来魁阁考察并收集资料；同年6月17日，云南大学老领导、老校友吴道源（原云大党委书记）、陈年榜（抗战时就读龙街育侨中学，原在泰国侨联，现云大教授）、李作新（原云大党委书记、在昆清华大学学生）等一行20余人到魁阁和龙街育侨中学旧址参观考察后认为：“作为抗战时期中国社会学研究刚刚起步，比起费孝通之前研究江村经济的成果，魁阁的研究成果要比它丰硕得多，这里应当是中国社会学研究最重要的发源地。”陈年榜当即赠送县文管所他珍藏多年的张之毅所著《易村手工业》书一本。6月25日，昆明市老干部诗词协会30余人到呈贡采风，到魁阁参观时，著名书法家赵翼荣题写了“魁阁文采”和

“大匠风范”两幅字幅，抒发了自己对文化前辈的敬仰之情。2005年4月11日，经陈年榜引荐，云南大学社会系老校友分会刀世勋（原省政协副主席）、王裕昆（原省经济管理学院党委书记）、周康（原省交通厅处长）等一行26人，因编写云大社会系史料亦前来实地考察、摄像采访并合影留念。2010年10月26、27日，协助县政府做好云南大学在呈贡古城魁阁举办的“纪念费孝通诞辰100周年暨‘魁阁’精神学术研讨会”等工作。协助拍摄《魁阁往昔》（云南大学）、大型新闻行动纪实《重走费老路》、《重返魁阁缅怀费老》（吴江电视台）、《魁阁聚群英》（吴江电视台）等。

二、冰心默庐修缮利用

冰心默庐位于呈贡县县城三台山南麓，原名“华氏墓庐”，为呈贡斗南村华氏家族民国初年修建用于守坟和追祭先辈时歇息地，坐西向东，为三间六耳民居建筑。抗日战争时期，著名女作家冰心和丈夫吴文藻（应云南大学校长熊庆来聘请任社会系主任）携儿吴平，女吴冰、吴青于1938～1940年在此居住。时有梅贻琦（西南联大校长）、罗常培、杨振声等名人学者也曾前来与在呈贡的费孝通、陈达、戴世光等人及冰心的学生们在此聚会；冰心应呈贡中学校长昌景光邀请义务任教，创作了《呈贡县立中学校歌》并题写了“谨信弘毅”的校训。作家巧取“墓”的谐音字“默”，于1940年2月28日在香港《大公报》发表散文《默庐试笔》赞美呈贡的风光景物，“默庐”雅号流传至今。为纪念冰心对呈贡人民的深情厚谊，人们将此地誉为“冰心默庐”。2003年5月23日，昆明市人民政府公布为市级重点文物保护单位。

县政府于2002年以《呈贡县人民政府关于成立“古城魁阁”、“冰心默庐”修复建设工作领导小组的通知》（呈政发[2002]47号）批准同意，2005年6月至9月投入37万元，由县文体局、县文管所组织进行了修缮。默庐修好后，县文管所在其内布置陈列了“抗战时期冰心在呈贡”、“抗战时期文化名人在呈贡”以及“石碾下的抗战烙印”三个图片展览。县委、县政府于国庆节在默庐隆重举行了“呈贡县纪念抗日战争胜利60周年暨‘冰心默庐’维修竣工仪式”，县长张之亮发表了重要讲话，中共昆明市委宣传部部长张红苹、市文化局副局长李安民出席仪式并为费孝通所题“冰心默庐”匾额揭牌。在国庆、春节长假期间前来参观者达5000人次，县广电局作了专题报道。冰心的呈贡籍学生和老校友们评价说：“这是县委、县政府高度重视，为呈贡人民做的一件大好事、大实事。”冰心默庐陈列展览对外开放后，收到了良好的社会效益，极大地丰富了新昆明呈贡新城建设的文化内涵。2009年，被昆明市文化局挂牌列为“冰心默庐纪念馆”，开放参观。

魁阁、默庐开放参观，收到了良好的社会效益，极大地丰富呈贡新区的文化内涵，现已成为知名度高、社会影响力强的文化亮点。

魁阁往昔

——田汝康教授访魁阁

李艳梅

2002年12月至2003年3月，县级重点文物保护单位“大古城魁阁”，即抗战时期，费孝通先生1940～1946年主持云南大学社会系研究室工作时的旧址得到了保护维修。2010年春节前夕，县文物管理所在魁阁举办了抗战时期“云南大学社会系研究室旧址”陈列展览。在筹展过程中，为查找资料，我有幸打电话并到昆明登门拜访了当年曾与费孝通先生一道在魁阁工作过的另一位社会学专家田汝康教授①,从而加深了对他们那一代专家学者、文化名人的了解和认识。最近,在收集整理云大社会系研究室资料的过程中,我不由想起了2002年1月19日田汝康教授来呈贡魁阁考察的那一幕。

那天,年过八旬的田汝康教授神采焕发,在泰国清迈大学教授乌来望女士、研究生何俊、云南省社科院杜娟博士、云南省地理研究所民族文化与自然保护中心蔡葵博士、云南民族学院民族研究所刘江女士等人的陪同下驱车来魁阁实地拍摄抗战时期云南大学社会系研究室进行社会调查的线路和当时的情况,为田教授应邀前往清迈大学作社会学授课作准备。来之前,蔡葵电话与我们取得联系,单位领导与当地村委会取得联系后,安排我去接待他们。一至魁阁,田教授的目光立即就被这个他曾经工作、生活和奋斗过的地方吸引住了,他的目光久久地凝视着魁

---

① 田汝康,1916年生于昆明。1935~1937年就读于北京师范大学,因抗日战争,转入在昆明的国立西南联合大学求学。1940年毕业,获文学学士学位,期间,与费孝通先生在云南呈贡魁阁云南大学社会系研究室工作,著《芒市边民的摆》、《内地女工》等作品。1945年选赴英国进入伦敦大学政治经济学院深造,1948年获哲学博士学位。毕业后,1948年9月至1949年10月受英国殖民地社会科学研究理事会之委任,前往砂拉越从事《砂拉越华人社会结构的研究》的田野调查工作,调查报告 *A Report on the Organization of the Chinese Community in Sarawak* 为最早一本系统研究砂拉越华人社会的专著。1950年回国后,先后任浙江大学人类学系教授、上海复旦大学历史系教授。“文革”中蒙受屈辱,文革结束后,他在学术上非常活跃。担任过英、美、日、澳等国名牌大学的客座研究员、访问教授。曾任中国社会学副会长、中国华侨历史学会副会长等职务。

阁,像看到了久别的老朋友那样似有千言万语欲作诉说。他站在魁阁下,抬头仰望,思绪万千,无限深情地对大家说:“当年,我们就在这里搞研究。”我向他询问当年研究室其他成员的情况时,他说:“当年,先后来魁阁的研究室成员有:吴文藻、费孝通、张之毅、史国衡、陶云逵、许烺光、胡庆钧、李有义、张宗颖、谷苞、王康等,现在健在的只有费孝通、谷苞和我了。吴文藻、陶云逵已故,其余的情况不太清楚。”说着,他在同行学者们的搀扶下兴致勃勃地登上了二楼,站在窗前,向远处眺望,用手轻轻地摇动着窗板说:“我们那时的条件真艰苦啊!我和史国衡住在三楼,费孝通他们住在老百姓家,二楼办公,一楼做饭。到了晚上,风把窗板吹得直响,可大家仍然坚持在一起调查研究的情景,我至今难忘!”

后来我从档案资料中了解到,当年他们先后深入呈贡、禄丰、易门、玉溪、大理等地调查,后在此研究了一批丰硕的社会学成果。费孝通著有《禄村农田》,张之毅著《易村手工业》、《玉村农业和商业》,史国衡著《昆厂劳工》、《个旧矿工》,谷苞著《化城镇的基层行政》,胡庆钧著《呈贡基层权力结构》等学术文章,尤以1943年费孝通赴美讲学翻译改写的《云南三村》、《乡土中国》成效显著。

费孝通先生与弥渡

中国民主同盟弥渡县支部

费孝通先生与弥渡结缘已经55年了。

1956年11月22日，中央政府派时任中央民族委员会委员的费孝通先生到大理参加大理白族自治州成立庆典活动。庆典活动结束后，费孝通先生提出到大理州各属地察访历史的要求。州领导非常支持费老的要求，并及时作了考察安排。

据欧阳明老先生回忆，当时，弥渡县人民委员会接到大理州人民政府电话通知，中央、省、州几位贵宾最近将到弥渡考察，要立即动手，做好一切准备工作。当天晚上，县委书记张志成对县人委白族干部欧阳明说，客人来后由你负责接待工作，由舒飞同志全程陪同考察。县委领导提出七点要求：一是切实做到热情款待远道而来的贵宾；二是服务周到；三是做好安全保卫工作；四是动员各科室全体干部打扫环境卫生；五是认真搞好食宿准备；六是准备四匹骡马作交通工具；七是虚心听取贵宾意见，妥善安排考察日程。26日下午，费老一行乘坐州政府的小轿车，经过几个小时的颠簸才来到弥城。舒飞和欧阳明在弥城西街县人委门口同贵宾一一握手，然后接进财委办公室招待室。费先生当时身穿蓝色咔叽布棉大衣。陪同费先生来考察的人员有省历史博物馆馆员李辑伍同志。州政府派大理县县长李一夫同志陪同考察。当晚宾主一同在招待室召开会议，首先听取李一夫同志的介绍。李一夫同志说明费老一行来意后，宾主共同研究确定了考察日程。双方商议后决定考察期间，食宿都在县人民委员会。次日早餐后，弥渡县派县人委通讯员雷兴旺，县委机关通讯员秦登宏、白春藻、王孝宗等四位同志，每人牵一匹马，由舒飞同志做领队随行。考察的第一站是前往红岩化城和白崖古城遗址考察。第二天也骑马到南诏铁柱庙考察。第三天徒步在弥城附近西大桥、城隍庙、青螺山、东嶽宫考察。在接待贵宾期间，负责接待的同志了解到费先生解放前曾在昆明西南联合大学任历史学教授多年，对云南少数民族各个支系的发展历史比较熟悉。费老一行在深入考察少数民族历史过程中，收集掌握了一定的弥渡县史实资料。这在费老离开云南回北京后，于 1957 年在《考古通讯》第三期上发表的题为《云南大理历史文物的初步察访》的文章中有较为详细的论述。李一夫先生在《大理文物工作亲历二三事》一文中回忆时记述说："陪先生先后到过弥渡、巍山、邓川、洱源、剑川，同时也到达丽江。每到一地，费老都要与知名老人就当地有关历史、民族方面的情况座谈。"

在有条有理的短期考察期间，由中共弥渡县委、县人委主办，专门为客人在中山礼堂举办了文艺晚会。在前排陪同贵宾就座的有弥渡县委书记张志成，副书记王志福，县各族各界人民代表会议副主席舒飞，副县长王发盛等党政领导。二、三排就座的有县人委各科科长、副科长和县级各系统的负责人。弥渡县中学师生、县工商联和弥城各公私合营全体职工以及城镇居民等数百人参加了晚会。在晚会上，弥渡县花灯团青年演员杨庆和、吴丽华、王莲珍、夏友珍、熊丽琴、陈惠仙、李兰芳、尹凤仙、李菊香、熊文泽、宋芳、王煜贵、阮加兴、苏富等为欢迎中央、省、州各级来弥贵宾，表演了精彩的弥渡花灯节目。其中有传统花灯《十大姐》、《包二回门》、《垂金扇》、《绣荷包》、《三访亲》、《大舜耕田》、《瞎子观灯》、《补缸调》和新编花灯《规划到乡》等节目。这些年轻活泼、能歌善舞的小姑娘、小伙子们，动作优美，唱腔自如，加之音乐悦耳动听，赢得了观众一阵又一阵的热烈掌声，得到贵宾们的高度赞赏。

费老与弥渡的渊源还不止如此。费老的英名将与弥渡县南诏铁柱庙一样彪炳千秋。南诏铁柱庙位于弥渡县城西北侧约5公里，占地5800平方米，建筑面积达2000多平方米。南诏铁柱庙因柱而得名，该柱铸于唐南诏时期（公元872年），是大理州境内和崇圣寺三塔并存且蜚声海内外的唐代国家级重点珍贵文物，也是研究中国西部地区的大理南诏时期地方少数民族政权发展的历史、民族文化、民俗现象、科学技术的实物见证。上世纪末的1999年，南诏铁柱庙第三期维修工程实施，当时恰逢“99昆明世界园艺博览会”筹备阶段，铁柱庙被世博会筹备指挥部和云南省旅游局确定为“世博会定点接待单位”。费孝通先生欣然答应了弥渡县县委、县政府的请求，挥毫题写了铁柱庙大门上的“南诏铁柱”匾额和由弥渡县清代著名学者李菊村先生所撰的铁柱庙长联：“芦笙赛祖，毡帽踏歌，当年柱号天尊，金镂翔环遗旧垒；盟石掩埋，诏碑苔蚀，几字文留唐物，彩云深处有荒词。”

白崖城遗址、城隍庙、青螺山和铁柱庙将承载弥渡人民对费老的绵延不绝的怀念！

学术研究

费孝通学术贡献的意义

张　跃

费孝通是我国著名的社会学家、人类学家、民族学家。费孝通的一生见证了中国社会近一个世纪的风云变幻，也亲历了中国社会学、人类学发展的坎坷历程，他的学术生命与中国现当代史紧紧相连。

今天，深切缅怀费孝通先生的光辉业绩，学习他高尚的品德，追思他的学术风范，无疑是有意义的。

费孝通的学术轨迹大体上可分为三个时期：20 世纪 30 年代至 80 年代，以出版《江村经济》、《乡土中国》、《生育制度》等调查研究和理论著述，形成了费孝通的第一个学术高峰期。而从“反右”运动到“文化大革命”结束，由于政治运动、社会动荡、学科调整、恢复重建社会学等外在因素的影响，尽管他对学术的思考和论述一直没有中断过，但在客观上失去了系统深入进行实证研究的条件。

“文革”结束，给中国学术界带来了春天。1979 年春节过后，中央委托费孝通出面主持恢复中国社会学的工作。费孝通重新焕发出学术生命的活力，他被推举为中国社会学研究会会长，先后担任中国社会科学院社会学研究所所长和民族研究所副所长、国家民委顾问、中央民族大学名誉校长等职务，并受命主持重建北京大学社会学系。他在1980年曾经说过："这一年我70岁，估计还能再活10年，这10年的时间，希望能够用在我一生倾心的学术研究上，所以从1980年开始，我就一次一次地出去跑，到全国各地的农村、工厂、小城镇去看，去看那些地方的人们是怎样生活的，他们的生活有什么变化。"香港中文大学前校长金耀基指出："费孝通先生的第二次学术生命，是在中国改革开放的新时期开始的。当时，他已是七十古稀之年。但他不言老，不言倦，精神抖擞。一方面为社会学的重建劳心劳力，从学科的设计、教学人才的培育到研究课题的开拓，积极推动，不遗余力；另一方面则展开了个人第二次长达20年的学术之旅。这一次学术之旅，他更扣紧时代的脉搏，更贴近中国社会经济的变化。"

费孝通在88岁到95岁时，有了"第三次学术生命"。晚年的他将研究重点转回到思想观念上来，思考的是"全球化"的话题，多次提出"和而不同"的概念，还提出了"文化自觉"的问题。

在近70年的治学生涯中，费孝通先生著述浩繁，其中的《乡土中国》、《生育制度》和《江村经济》是研究中国经济、社会和文化的必读之书。1999年至2004年相继出版的《费孝通文集》(16卷本)，是他一生重要学术成就的集纳，也是我国社会科学的丰硕成果。而在他留给我们丰富的学术遗产中，并不仅仅指著作与论文、随笔等作品，也包含了意义更为重大的学术品格。

第一，将个人命运与报效国家紧紧联系在一起。

1936年秋天，费孝通登上"白公爵"号邮轮从上海赴英留学，师从现代应用人类学奠基人之一的马林诺夫斯基教授。从那时起，费孝通就认定自己一生的目标是了解中国的社会，依靠自己观察的最可靠的资料进行科学研究，去治疗来自社会的病痛。

1938年，费孝通在伦敦大学经济政治学院完成了他的博士论文《江村经济》，英文名叫《中国农民的生活》。马林诺夫斯基教授在序言中评价："我敢预言，费孝通博士的这本书将是人类学实地调查和理论发展上的一个里程碑。它让我们注意的并不是一个小小的微不足道的部落，而是世界上一个最伟大的国家。"《江村经济》很快成为欧洲人类学学生的必读参考书，费孝通也因此步入世界人类学著名学者行列。一个普通的中国村寨的故事，之所以能获得如此高的评价，原因是传统的人类学或文化人类学把人与人、民族与民族区别为文明与野蛮、先进与落后，以研究所谓"野蛮"、"未开化"之民为己任。费孝通则把人类学的研究对象从"异域"转向了"本土"，从"原始文化"转向了"经济生活"。更重要的是，他把尊重人及其所持有的文化放到了非常重要的地位。

1938年夏，费孝通回到中国。1938～1946年任云南大学社会学系副教授、教授（期间还担任了第二任系主任），主持云南大学和燕京大学合办的社会学研究室。继续在内地农村开展社会调查，研究农村、工厂、少数民族地区各种不同类型的社区。

"道德"与"文章"相提并论似乎是我国文化的传统，"铁肩担道义，妙手著文章"更是为这传统下了绝好的注脚。从费孝通的经历看，他在"道德"上至少有两件事会被历史记住。第一件事发生于1945年11月25日晚，费孝通、钱端升、伍启元和潘大逵四位教授在西南联大的民主草坪上参加6000余人与会的“反内战讲演”，当演讲轮到费孝通的时候，枪声响了。面对着专制者的残暴，他没有退缩，而是发出了比枪声更为响亮的呼声：“不但在黑暗中我们要呼吁和平，在枪声中我们还要呼吁和平！”“我们要用正义的呼声压倒枪声！”第二件事发生在次年7月，李公朴、闻一多被暗杀后，费孝通面临的局势十分危险，在美国领事馆的帮助下，费孝通及其家人避到了领事馆内。但是他并没有因此就放弃对专制的批判，他在《这是什么世界》一文中写道：“一个国家怎能使人人都觉得自己随时可以被杀！人类全部历史里从来就没有过这种事。我们现在活在什么样的世界里！”这两段叙述让世人感觉到了费孝通作为民主斗士坚定激进的一面。也正是这种“道德”意识，使他于1945年在昆明加入了中国民主同盟，投身于民主爱国运动。而从学术层面看，费孝通学术地位的奠定以其《江村经济》的出版为标志。在之后的1947年和1948年又相继出版了《生育制度》、《乡土中国》和《乡土重建》。1957年，47岁的费孝通被错划为中国著名的大右派，他的学术生涯从此发生了巨变，无法进行正常的研究和教学。费孝通读不到新出版的人类学和社会学的书，只能以读历史书和翻译老书度日。即使如此，也未能放弃他的爱国之情。

他的学生曾经这样评价他：“费老他们这一代知识分子读书是为了救国。他到国外留学时，国内正处于水深火热之中，学成之后，他毫不考虑吃英国的太平饭，一心回来报国。解放前，他关心民主；解放后，他关心民生。”1990年，在朋友们为费孝通庆祝八十大寿的宴会上，有人突然问："您能否总结一下，一生想做到的是哪件事？"费孝通未加思索，脱口而出："志在富民。"

总结起来看，他的世界从加入民盟后就发生了变化，被分为了两个世界：政治性或社会性的世界，新中国建立后先后担任的中国民主同盟中央主席与名誉主席、全国人大常委会副委员长、全国政协副主席等众多职务使他成为公众性人物；学术性的世界，这是一个沿袭半个多世纪的个人世界，卓越的学术贡献使他成为学术大家而享誉社会。

第二，将国外的理论与中国的实际结合成为"本土化"的典范。

费孝通从马林诺夫斯基那里学到了许多社会学的新理论和新方法。结合中国实际情况，费孝通开创了一套先进的、有特色的社会学研究方法，其核心就是中西结合，注重实践；解剖麻雀，以小见大。

马林诺夫斯基早期研究的是无文字的简单社会，而费孝通的《江村经济》做的是有文字的复杂社会。尽管研究对象和视角有别，但师徒二人都得到了国际学术界的公认。

社会学有两种研究方式：一种是运用资料进行分析，一种是实地调查，费孝通选择的是后者。他早年的名著《江村经济》、《乡土中国》、《生育制度》都是通过实地调查研究写出来的。在所做的社会研究中，均涉及到了中国现实社会重要的问题，甚至在民间很多人认为他是经济学家，他提出的小城镇建设、乡镇企业、苏南模式、温州模式等理论，对社会经济发展有很大的影响。西方学术界对他的评价是人类学家，而社会学界又把他视为同道。

费孝通曾告诉自己的弟子:学者要用老百姓明白的话告诉他们还不明白的道理。所以在他的著述中,每个社会学科都能读到自己需要的东西,但却没有一个专业术语。费孝通最喜欢的是把事实摆出来,从不说"你该怎么做",这让他的观点极易被基层接受。

正因为他将学科理论运用到中国实际,1980 年他获得了国际应用人类学会"马林诺夫斯基名誉奖"。1981 年获英国皇家人类学会授予的人类学界最高奖——"赫胥黎奖"。1982 年被选为伦敦大学政治经济学院荣誉院士,同年获"大英百科全书奖"。

韩国首尔大学教授全景秀将他称为"本土人类学的始祖",这样的评价是十分中肯的。

第三,将实际经验升华并不断进行理论创新。

费孝通是进行社区实地研究的积极倡导者和实践者。通过对迅速变迁着的中国社会长达半个多世纪的考察思索,他提出了具有中国特色的社会学、人类学的一系列理论观点,开创和发展了社会人类学的中国社区研究学派。

人类学、社会学的研究必须反映时代的变化,并帮助人们适应这种变化,这是费孝通的一贯主张。他认为从事学术研究不应当是为"学术"而"学术",而是为了认识社会、解释时代和解决实际问题。他要建立的就是这样"一门为人民服务的人类学"。费孝通从开始学习社会学直到 20 世纪 80 年代末期,一个中心任务就是通过社会学、人类学的调查研究,帮助中国找到实现工业化使广大农民摆脱贫困的"富民"之路。中国实行经济改革和对外开放的富民政策初见成效后，费孝通关注的领域转向了更广阔的外部世界，尤其是经济全球化带来的文化冲击问题。“人类要适应这种变化，就要能解释这种变化，知道它如何变化和走到哪里去，这应该是社会学者的任务和责任。”

费孝通认为，中华文化在新世纪面临的一个迫切课题是实现自身的推陈出新、继续发展问题。这也就是他提出的通过文化自觉方式，为中华文化在新世纪进行定位，这就需要研究它的四个主要方面，即“来历、形成的过程、所具有的特色和它发展的趋势”。他在20世纪80年代曾进行过认真仔细的梳理，其主要成果是1988年完成的、引起广泛共鸣的《中华民族的多元一体格局》一文。

鉴于中华文化的悠久历史，费孝通根据社会生产方式的变化把中华文化分为三个大的时期，即他自己总结的“三级两跳”。“三级”是指农业社会、工业社会和信息社会三种基本社会形态，“两跳”是指同时经历的从农业社会向工业社会，又从工业社会向信息社会的社会变迁过程。在他的一系列著作中，可以看出对乡土文化一些基本特征的概括，诸如乡土本色、差序格局、家族依赖、世代继替、礼制秩序、长老统治、名实分离、道统政统分离等。

新中国建立后，费孝通关于中国如何从农业社会转变为工业化国家的研究，由于各种条件的限制，不像前一个时期的社会人类学调查那样深入和具有实证性，但他仍然利用各种可能进行力所能及的实地调查，几乎走遍了从沿海到边区的山山水水，从个案分析到类型比较，写出了相当数量的文章。与前一时期的研究相比，费孝通不是单纯地进行文化理论的分析，而是希望能从中华文化的传统中找出对现代中华文化建设和世界文化建设仍然有价值的成分，作为中国乃至世界各国人民都能接受的一些“共同规则”。他在1998年同台湾学者李亦园先生的对话中，明确提到了要研究指导中国改革开放的“中国特色的社会主义理论”背后的“中国文化特色”问题，并概要地归纳了一些主要的文化特色。一是中国文化的继承性和世代传承的力量；二是中华文化的包容性；三是强调“平衡和谐”、讲人己关系，提倡“中和位育”和“天人合一”。通过存异求同，化解矛盾，消除文化中心主义，使各种文化能够共存共处，进而达到“各美其美”和“美人之美”的境界。

应当指出，费孝通在20世纪90年代末期提出全球性文化的“多元一体”格局思想，借鉴了中华民族文化形成过程的经验。中华民族多元一体格局的形成过程，“也许是世界各地民族形成的共同过程”。只不过今天世界多元一体的全球性文化的范围更大，也更加复杂，还处于形成的初期。

21世纪世界一体的发展趋势日益强烈。费孝通不仅看到了这种趋势，更希望人类学、社会学认真研究全球化背景下文化的功能及其动态变化，这是时代赋予人类学和社会学的重要任务。因为人类学、社会学要从本质上研究“人与人、族与族、国与国怎样共处的问题”。

从研究中华民族经过几千年融合形成多元一体的“中华文化”经验出发，费孝通对全球化时代的文化发展提出了自己的独到见解。首先，全球性文化是“多元的”；其次，全球性文化将来会是“一体的”；再次，全球性文化的一体化趋势及多元化共存是“统一的”和并行发展的。为此，他提出了“文化自觉”和“文化相容”的全球性文化发展途径。从民族文化自身来说，民族国家及其文化的分化格局面临着如何在一个全球化的世纪中更新自己的使命。实现这个使命需要“文化自觉”，即生活在一定文化中的人对其文化有“自知之明”，对其发展历程和未来有充分的认识；同时生活在不同文化中的人，在对自身文化有“自知之明”的基础上，还要了解其他文化及其与自身文化的关系。通过相互接触提高自我认识，达到相互理解、相互宽容和多元并存，使不同文化能够“各美其美、美人之美、美美与共、天下大同”。

进入 20 世纪 90 年代之后，费孝通把学术反思作为一个重点。1996 年出版的《学术自述与反思》收录了他 15 篇关于学术自述性质的文章。他在这些论述中强调了人文世界与自然世界的连接。生活是活人的活动，文化是活着的人文世界。人是体、文化是用。经过反思，费孝通已经从人是“生物人”还是“社会人”，是“神”是“兽”的二律背反的矛盾中解脱出来。这是费孝通关于文化问题的学术思想的发展，同时为他从静态的“文化功能论”转向动态的“文化变迁论”打通了关节。

第四，将个人的学术之路与团队力量紧密结合并开创出“中国现代学术集团的雏形”。

1939 年初，云南大学成立了社会学研究室，由费孝通主持。为躲避日本飞机轰炸，1940 年初研究室搬到离昆明约 30 公里的呈贡魁阁。在这里荟萃了当时中国顶尖的一批社会学家和人类学家。在艰苦的条件下，他们通过不断深入进行的社区调查和经常性的“席明纳”(seminar,即小型研讨会),推动中国社会学、人类学、民族学的发展进步。期间,在小小的“魁阁”中,完成了迄今仍然是中国社会学、人类学、民族学经典的大批著作。费孝通的《内地农村》、《乡土中国》、《生育制度》等名著也在此期间完成。

魁阁不仅成为了一个历史记忆,更重要的是成为了一处学术圣殿、一个学术符号、一张学术名片、一种学术精神。按照学者谢泳的说法,这里更是成为了“中国现代学术集团的雏形”。

云南大学的社会学系于1954年被停办,直到1995年才恢复。但从吴文藻、费孝通创建的社会学延伸发展出来的民族学和人类学,现在已经成了云南大学实力最强、影响最大的全国重点学科。这里不仅有民族学一级学科博士学位授权点,也是教育部重点研究基地——西南边疆少数民族研究中心所在地。老一辈学者的学术传统、学术成果、研究方法,今天仍影响着云大的后辈学人。可以说,今天云南大学民族学学科能够在全国民族学学科排名中名列前茅,凝聚着费孝通等老一辈学者们的智慧和心血。云南大学的师生永远铭记费孝通做出的贡献和给予我们下一代人的深厚的宝贵财富。

费孝通的学术思想,始终贯穿着“从实求知”精神。正因为他较好地解决了理论和实际、学术和应用、高深和普及的关系,才使他成为名副其实的一代学术大师。

云大促成费孝通走向学术辉煌

刘兴育　朱　军

费孝通 1938 年来到昆明云南大学工作，1946 年离开昆明，这期间担任云大社会学研究室负责人、社会学系教授、社会学系主任。在云大任教期间，费孝通从事内地农村社会调查，取得辉煌成就。这在于他具有“从实求知”的研究精神、改变中国“志在富民”的远大胸襟及坚实的学术功底。但是在不同环境下，一个人取得的成就会有所差异。正因为云大为费孝通作社会研究提供了广阔舞台，才令费孝通取得别具特色、卓绝斐然的学术成就。作为云大的教授，云大为他的学术研究给予极力的支持和各方面的保障，使他能深入、广泛地开展实地研究、田野调查。费孝通的学术成就中凝聚着云大艰辛的付出，从某种程度上讲是云大促成了费孝通在云南的学术辉煌。本文拟从五个方面阐述云大是如何促成费孝通取得辉煌学术成就。

一、云大壮大了费孝通领导的学术队伍

费孝通的《江村经济》虽然在英国获得很高的评价，但他认为“这个村子作为在中国工业变迁过程中有代表性的例子。主要变化是工厂代替了家庭手工业系统，并从而产生的社会问题”。他敏锐地认识到中国农村社会问题很多，土地问题是最突出的问题，而“土地问题决不能视作一个独立问题”，其中有土地权、土地制度等问题尚未得到合理解决。他认为“中国版图的西南角里一定很容易找到一个和现代工商业发达的都市较隔膜的农村。在这种农村中可以得到我搁置着的那一套问题的答案了”。[①] 费孝通怀着这样一个信念，于 1938 年 11 月 7 日抵达昆明。

抵达昆明不久，热情洋溢的费孝通就带着问题与李有义风尘仆仆地赶往禄村做调查。因为人少，许多研究调查无法开展。1939 年费孝通到联大兼课，接触到一批青年才俊，他的人格魅力深深吸引着张之毅、田汝康等青年学子，他们希望投其门下从事研究，但云大对教师的聘用和教员人数（文法学院各系专任教员人数标准规定了社会学系助教 2 到 3 名[②]）有着严格的规定。当时云大社会学系刚成立，学生人数极少，按照规定无法聘用这批青年学者来校从事研究工作。但云大为支持费孝通的研究，破

---

① 费孝通，张之毅：《云南三村》，社会科学文献出版社 2006 年版，第 10 页。

② 云南省档案馆 1016－1－201/2。

例聘用多名青年学子。1940 年社会学系聘用张之毅、薛观涛、史国衡、田汝康、郑安纶等 5 人为助教或助理研究员。这种现象在其他系是罕见的。这批青年学子的到来壮大了研究队伍，为费孝通广泛、深入地作实地研究、田野调查提供了人员上的保障。

二、云大为费孝通营造良好的研究环境

1940 年，社会学研究室从昆明迁往呈贡魁阁。隐藏在松林深处的魁阁虽然破旧，但比起惨遭敌机轰炸的昆明，不仅安全，而且幽静。费孝通及其所领导的团队在这里研究、生活，开“席明纳”。在战火纷飞的年代，费孝通及其领导的团队在如此良好的研究环境中做出了蜚声中外的学术成果，被马林诺夫斯基赞誉为“社会学的中国学派”。

费孝通在魁阁研究室几年间是学术生涯中最活跃、成就最突出的时期，先后在《当代评论》、《今日评论》等刊物发表学术报告、研究成果达 119 部（篇）。[①] 几部极有代表性的著述，如《内地农村》（1946）、《乡土中国》（1947 年）、《生育制度》（1947 年）、《乡土重建》（1948 年）等，此时已开始撰写部分内容。[②]

不少学者谈及云大社会学研究室疏散到魁阁的原因，仅提到日机的轰炸。实际还有另外一个重要原因，云大对社会学研

---

① 陈华：《费孝通在呈贡　成就学术基业》，载于《昆明日报》，2005 年 5 月 1 日。

② 张冠生：《费孝通传》，群言出版社 2000 年版。

究室相当重视。1939年，日军频繁轰炸昆明，云大着手准备疏散师生到乡下办学。限于经费支绌，首先安排有贵重物资的理、工两学院迁往嵩明、会泽，医学院按照教育部的规定，需留在昆明参加战时救护工作，文法学院暂留昆明。社会学研究室作为文法学院的一个附属研究机构，按照学校规定，应留在昆明。但学校最终决定将其迁往呈贡，这鉴于三个方面的考虑：(一)社会学研究工作的需要。当时社会学研究室正研究政府亟须解决的抗战建国重大问题。另外，社会学研究需要作实地调查工作，当时云大在呈贡设立了一个工作站，搬到魁阁便于田野调查。(二)学术交流方便。清华大学国情研究所已迁往呈贡文庙，所从事的研究工作与云大社会学研究室类似，便于两个学术机构的交流与合作。(三)交通便利。滇越铁路经过呈贡，往返昆明和呈贡之间方便，利于物资运输。所以云大以学校名义向呈贡县租借魁阁作为社会学研究室的办公地点。

我们在研究费孝通学术成就时，不容忽视云大为其提供良好环境的作用。

三、云大为费孝通提供充足的经费保障

费孝通来昆之前，他的老师吴文藻已在云大任教。他回国之际，恰逢中英庚款董事会资助有为青年以科学工作人员名义在内地开展社会调查。吴文藻为费孝通申请了一个名额，中英

庚款董事会每月给予费孝通协助款120元。[①]

抗日战争爆发后,国民经济濒临崩溃,国家财政拮据,政府对教育的经费投入微乎其微。为维持大学教育,社会团体、企业、银行等纷纷给予研究经费上的资助。1939年至1942期间,云大社会学系获得了农民银行1.5万元的资助,费孝通利用这笔钱到禄丰、易门、玉溪等县做调查。然而,这笔经费远不足以维系费孝通及其所领导的团队实地调查的开支。为保障费孝通实地调查不因经费支绌而中断,云大通过向教育部申请专项经费、函请相关部门减免开支、促成合作项目等方式筹集经费。

1938年11月15日至12月23日,费孝通在禄村进行了为期38天的调查,往返的车旅费占了很大的一笔开支。为节省开支,12月8日,云大校长熊庆来分别致函西南运输处、滇缅铁路工程局、全省公路总局、光学器材厂等4家单位申请减免费孝通车旅费,信函中说道:"敝校副教授费孝通先生、研究员李有义先生由昆往返禄丰调查,纯为学术研究,跋涉风尘,极为劳苦,旅行费用牺牲尤多。贵处(局)对于文化工作者向极优待,请准予免费或半费乘车,以视保护提携之至意。"[②]为使费孝通及其领导的团队在研究经费上有长期的保障,1942年云大校长熊庆来又同云南新富滇银行行长、云南全省经济委员会委员缪云台进行沟通,请求资助。熊庆来致函缪云台说:"该室研究员不避生活之困难,专心工作,略有成绩,亦堪告慰。该研究室经费最初曾受中国农

① 云南省档案馆,16-4-519/27。

② 云南省档案馆,16-1-343/421。

民银行之资助,惟自今年起资助合同已届期满,该行对本省研究工作之资助计划亦中止。故前由该原系主任吴文藻先生恳商台端鼎力为助,俾研究工作得以继续,并荷俞允感激实深。现已届年终,拟请早日规定补助数目,并恳予考虑较长时期之办法,非惟本校之惠,亦本省学术事业之幸也。”[①]缪云台同情云南大学社会学系的处境,愿长期资助社会学研究室。为此,云南全省经济委员会与云南大学签订了《云南全省经济委员会、国立云南大学合组社会学研究室的办法》,其中第四条规定:“该研究室经费自民国三十二年起,由会方每年担负国币十万元,其余所需经费概由校方担负,该十万元经费之支配由该研究室主任编定预算,经双方同意后,于每年年初一次拨给,年终将该室经费决算情形报告双方备案。”[②]当时教育部拨给云大的全年经常费仅 300 万元,而省经济委员会每年拨付社会学系的研究经费就有 10 万元,可见资助的力度相当大。没有充足的资金作保障,费孝通及其领导的团队是难以开展社会学调查和研究。

四、云大为费孝通调研协调各方关系

如今,昆明至禄丰、易门、玉溪三县,交通畅达,乘车一两个小时就能抵达,而费孝通当年去此三县调查,行程艰难,跋山涉水,间有公路,亦为蜿蜒陡峭的土路,行程往往耗费大量时间。

---

① 云南省档案馆,16 - 2 - 98/116。

② 云南省档案馆,16 - 2 - 98/137。

《易村手工业》一书中提到，费孝通与张之毅等人翻山越岭，骑马进入易村。刚进村时，因为和当地居民之间沟通困难，只能栖身山上的一个破庙里。当时不仅交通不便，还会遇土匪打劫。为使费孝通顺利开展调查研究，云大迭次出面协调地方关系。每当费孝通及其领导的团队赴各地做实地调查时，学校皆函请民政厅、教育厅发文令当地政府协助。

1938年11月11日，费孝通和李有义到禄丰调查，熊庆来致函教育厅："本校副教授费孝通先生及李有义先生（协助费孝通做调查，时为燕京大学社会学系研究生）日内将赴禄丰县调查社会经济，以作研究之资，约需住三四月之久。速函请教厅查核，令禄丰县政府于该员到县时，特予保护并协助一切，俾利进行。"[①]教厅允准熊庆来的呈函，于11月28日给禄丰县政府发了公函，令该县保护和协助费孝通等人的实地调查。

1938年12月23日，费孝通、李有义搭车返回昆明，在西站下车时遭车站工作人员盘查，将费孝通随身携带的一支小手枪扣留。费孝通返校后求助熊庆来讨回枪支。熊庆来知道他们做实地调查的地方往往比较偏僻，时有土匪打劫，猛兽出没，须携带枪支防身，行为正当。12月28日，熊庆来致函[②]云南汽车西站检查处，为其讨要手枪。

敬启者。兹以敝校教授费孝通、李有义两先生前赴禄

① 云南省档案馆，16－1－343/404。

② 云南省档案馆，16－3－343/408。

丰调查社会经济，深入民间，诚恐道路不靖，发生意外，曾携带小枪一支，藉以自卫。现已调查完竣，搭车返省，经贵处检查，将所携带小枪扣留。查两君所带小枪纯系自卫起见，敝校尽可证明，特请仍将枪支交还。实为感荷！

此致

云南汽车西站检查处

熊庆来　启

十二月二十八日

在云大极力协调下，地方政府、企业单位给予协助和优待，为费孝通实地调查营造了有利的条件。

五、云大选派费孝通赴美访问

1941年，美国对日宣战，中国成为同盟国。从1942年起美国政府连续四年以同盟国的身份邀请中国知名大学派遣教授赴美访问，进行学术研究，文化交流。1942年，教育部要求云大选派一名教授赴美访问。当时云大人才济济，有资格入选的教授不在少数，选派谁去存在争议。理学院某教授，30年代留学法国，在天文学方面取得杰出成就，亦极力想到美国做进一步的研究。经学校反复讨论，最终选派费孝通赴美访问。

1943年6月5日，费孝通以云南大学派送的应邀教授身份出访美国，是他第一次出访美国，于1944年8月25日返昆。在美期间，费孝通将云大社会学研究室的研究成果编译成书，《禄村农田》编译为 *Earthbound China*(《乡土中国》)一书的第一篇,张之毅的《易村手工业》和《玉村农业和商业》编译为第二、三两篇,该书中文版称《云南三村》,1988 年由天津人民出版社出版。1944 年 2 月至 3 月,费孝通将史国衡的《昆厂劳工》编译成 *China Enters the Machine Age*(《中国进入机械时代》)一书。回国后,费孝通又将访问期间所写的通讯加以汇编,书名为《人情与邦交》,于 1945 年 1 月出版,8 月,他的《初访美国》由美国新闻出版,后由中国生活书店出版。

费孝通初访美国,将云大社会学系研究成果介绍到欧美,引起世界人类学、社会学同仁关注,也让美国人民认识了费孝通,认识了云南农村问题,认识了云南大学。

以上事实清晰地说明云大为费孝通实地研究、田野调查做了许多不可或缺的工作。究其根源,云大在社会学系创立之初,已认识到云南特殊的人文地理环境为社会学人类学研究提供了丰富资源,其研究成果对巩固边防、加强民族团结有着重要的意义。1938 年,云大制定的省立改国立之后的《四年发展计划》中提出:云南大学社会学系"以云南少数民族为对象,研究人类文化发展之过程,进而探讨如何做好少数民族工作,以期得到巩固边防之途径"。[①] 据此,云大格外支持费孝通的研究工作,从而成就了费孝通学术上的辉煌。对费孝通而言,在云大工作的 8 年,是他学术生涯中最为重要的时期,其著述丰富,成果累累。正因如此,费孝通把云南称为他的"第二故乡"。

---

① 云南省档案馆,16-2-63/24。

费孝通民族研究思想对我国民族和谐发展的几点启示

杨志玲　杨松禄

一、民族和谐发展概念的提出

2005年5月27日，在《中央民族工作会议暨国务院第四次全国民族团结进步表彰大会的讲话》中，胡锦涛同志指出："坚持巩固和发展平等、团结、互助、和谐的社会主义民族关系。"[①]自此，"和谐"作为我国社会主义民族关系的一个基本特征被提了出来。和谐以承认差异、多样性为前提，讲究相互关系的合理调处，讲究不同个体之间、局部与整体之间的利益调试。"和谐"要素的提出，是对我国民族个体、民族文化、民族利益多元性的承认和尊重，也是在共同利益和目标基础上各民族和睦、协调、合

① 胡锦涛：《在中央民族工作会议暨国务院第四次全国民族团结进步表彰大会的讲话》，《人民日报》2005年05月28日第一版。

作等统一性的强调。因此，和谐不是对平等、团结、互助的取代，也不是对它们的重复，而是对这些要素的补充完善和综合反映，是促进民族平等、团结、互助的重要因素。[①] 在我国社会主义民族关系基本特征中加入“和谐”的要素，是中国共产党从现阶段构建社会主义和谐社会总体目标出发，基于现实民族问题的特点和规律对我国民族关系认识的重要发展和新的理论突破，具有重要的理论意义和现实意义。

所谓民族和谐是指：“民族共同体内部及民族共同体与外部不同要素之间处于一种相互依存、相互协调、相互促进的理想状态。”[②]民族和谐是一个多层次、立体型的概念，既是一个目标概念，也是一个过程概念。从民族和谐的动态来考量，民族和谐的目标是实现民族和谐发展。[③] 民族和谐发展是指民族共同体内部各要素及民族共同体与外部各要素之间的全方位发展。民族和谐发展着眼于更加全面协调、长远持续、整体共同的发展，强调民族与民族、社会、自然和谐共进，既是“在民族自身因素、民族所处的自然因素、社会因素的综合协调作用下，民族自身的整个内部结构、素质和诸种外在特征以及民族之间社会关系的不断调整更新、协调适应，推进民族纵向质的演进和横向量的扩

---

① 金炳镐著：《民族理论与民族政策概论（修订本）》，中央民族大学出版社2006年版，第147页。

② 张银花著：《民族和谐发展理论与实证》，内蒙古教育出版社2008年版，第17页。

③ 张银花著：《民族和谐发展理论与实证》，内蒙古教育出版社2008年版，第17页。

展，综合实现民族的民族性发展、社会性发展、人的发展的过程，本质上是民族生存和演进的质和量的提高”。[①] 民族和谐发展的基本内容包括：

1. 民族自身的全面发展。民族的全面发展，不同于单纯追求物欲满足的片面发展，而是在逐步提高民族的物质水平和其他生活基础的同时，注重提高民族的文化生活水平、政治生活水平、社会参与能力，不断提高民族的整体素质，达到民族结构协调、民族素质优化。

2. 民族与民族的共同发展。我国各个民族之间是相互依存的，汉族离不开少数民族，少数民族离不开汉族，少数民族之间也互相离不开。发展始终是各民族追求的目标，民族与民族的和平共存、利益均等、权利公平，拥有相等的发展机遇、同等的发展条件，和而不同，和衷共济，互惠互利，在相互影响、相互促进中才能实现各民族的发展和民族与民族的共同发展。

3. 民族与社会的协调发展。实现民族的全面发展，是社会经济发展的主要目标，也是人类社会发展进步的主要标志。协调发展就是要统筹区域发展，统筹城乡发展，统筹发达地区与民族地区的发展，统筹民族与社会发展的各方面的问题，推进各地区、各民族、各方面相协调，实现民族与社会和合共进。

4. 民族与生态的持续发展。生态包括自然生态与人文生态。实现民族与生态的持续发展，即在追求自身快速发展的同时，既要维护自身利益，又要合理有效地利用各种生态资源，有

---

① 金炳镐：《民族理论通论》，中央民族大学出版社 1994 年版，第 148 页。

效地保护赖以生存的生态环境;既要追求民族发展的近期利益,也要保证民族发展的长期利益,实现民族与生态协调有序的良性循环关系,从而实现可持续发展。

二、费孝通民族研究思想与我国民族和谐发展

费孝通的学术思想始终贯穿着他“志在富民”的理念,强调理论研究密切结合社会需要。民族和谐发展是实现民族全面、共同、协调、持续发展的必由之路,也是费孝通民族研究力求达到并孜孜以求的目标。

1. 费孝通致力民族研究的目的就是帮助各民族实现共同发展

费孝通在美国丹佛接受马林诺夫斯基奖时谈道:“我们研究各民族的社会历史目的是在帮助各民族发展起来……”,“我们并不是为了解而了解,为提出一些理论而去研究,我们是为了实际的目的,为少数民族进行社会改革提供科学的事实根据和符合少数民族利益的意见。”[①]这是费孝通研究民族问题的一贯态度。费孝通在他民族研究生涯的任何一个时期,对少数民族和汉族在经济文化发展上的差距都极其关注。费孝通认为,中国现代化面临两个差距,一是中国和世界发达国家的差距;一是中国内部的东西部或者大体上说是汉族同少数民族经济文化发展

---

① 费孝通:《论人类学与文化自觉》,华夏出版社 2004 年版,第 19 页。

上的差距。这是中国现代化课题中不可分的两个部分。作为社会主义国家的中国,要坚决防止重演大民族压迫和剥削小民族的悲剧。因而,开发边区必须注意那里的少数民族自身的发展问题。面对与新世纪一起到来的西部大开发战略行动,费孝通备受鼓舞,他总结道:“现在,民族工作又迎来了第二次发展机遇,这就是西部大开发。这次的主要任务是发展少数民族和民族地区的经济文化,逐步消除事实上的不平等和缩小发展差距,最终实现共同发展和共同繁荣。”[①]他认为,在西部大开发的过程中,不仅要时刻想到世代生长在那里的少数民族,同时还必须扶持和帮助他们,力争使少数民族和汉族、边区和内地在现代化过程中同步前进。美国学者阿古什在他所著的《费孝通传》中说,“他同大多数人类学家一样,总是想保护自己研究的土著居民免受高度文明民族的欺凌和轻视。”[②]其实,更准确地说,费孝通时刻思考着如何让少数民族尽快地发展起来,达到各民族事实上的平等,促进各民族的团结合作和各民族的共同繁荣与发展。[③]

2. 民族地区的发展首先是少数民族自身的全面发展

费孝通认为,在发展民族地区经济时,不能忽视少数民族自身的发展,那种认为少数民族问题只是给几个钱的观点,费孝通

---

① 参见徐平:《追忆一代大师的足迹——费孝通的民族研究思想》,《中国民族》2005 年第 7 期。

② 大卫·阿古什著,董天民译《费孝通传》,时事出版社 1985 年版,第 183 页。

③ 参见徐平:《追忆一代大师的足迹——费孝通的民族研究思想》,《中国民族》2005 年第 7 期。

尤其反对。他指出:“这一问题从表面上看不存在压迫和歧视,但这种不重视少数民族如何发展的思想,搞不好会发生严重的后果。”[①]费孝通一向认为:“一个民族,无论大小,要发展和繁荣起来,必须有一个坚实的经济基础。一个民族要在发展中保持其民族特点,那就必须利用其民族特有的优势来发展经济,不然的话,这个民族难免要衰亡或失去其原有特点而名存实亡。”[②]因此,我们在思考民族地区社会经济发展时,必须着眼于当地少数民族自身的发展。为此,费孝通提出,要实现民族自身全面发展,首先要变革不宜于民族地区发展的思想观念,搞好民族教育,提高各民族文化素质,在保持和发扬本民族优秀文化的基础上,大量吸收先进民族文化科学技术知识;同时,要继续防止和批判大民族主义思想,不能简单地把民族宗教和生活习俗看作愚昧落后的表现,不能忽视了这些现象后面还包含有保存民族文化和凝聚民族心理的作用。其次,要充分发挥各民族的特长和优势,充分利用外在条件,注意结合各民族的文化传统,寻找适合本地区发展的道路。既不能盲目模仿,也不能依赖国家,更不能等待帮助,要走自身经济发展之路。第三,要因地制宜发展民族经济。第四,民族地区只靠少数民族自己是不可能实现现代化的,还必须取得汉族的帮助,但帮助不是救济,要使外力内化,让少数民族用自己的腿走路,“保而不护”,在商品经济的大风浪中接受锻炼。具体说来,除了国家应有意识地在人、财、物

---

① 费孝通:《发挥民族优势,开拓民族经济》,《经济日报》,1987年4月11日。

② 费孝通:《话说呼伦贝尔森林》,《瞭望》,1988年第14、15期。

上继续支持民族地区建设外，还必须发展平等互利的经济互助关系。①

费孝通考察少数民族地区

3. 实现各民族平等、团结和共同发展，是费孝通民族研究思想的基本立场

在费孝通看来，“当前地球上各地的居民，尽管由于地理与历史条件的差别，经济文化发展的程度有所不同，所采取的生活方式有所殊异，但是他们都是人，都具有人所共有的发明创造的才能，都具有发展进步的资质。他们都是通情达理、有思想、有感情的人。在人和人、民族和民族之间划下具有质的差异的不

① 参见徐平：《追忆一代大师的足迹——费孝通的民族研究思想》，《中国民族》2005 年第 7 期。

可逾越的鸿沟,是完全出于一些人的偏见、臆度或别有用心,和客观事实绝不相符,所以是不科学的”。[①] 在中华民族形成的长期历史中,我国各族人民共同缔造了伟大的祖国,形成了不可分离的血肉关系。费孝通指出:“中华民族,作为一个自觉的民族实体,是近百年来中国和西方列强对抗中出现的,但作为一个自在的民族实体则是几千年的历史过程所形成的。它的主流是由许许多多分散孤立存在的民族单位,经过接触、混杂、联结和融和,同时也有分裂和消亡,形成一个你来我往,我来你去,我中有你,你中有我,而又各具个性的多元统一体。”[②]所以,只有全面坚持贯彻民族政策,重视各兄弟民族的共同发展,使各兄弟民族在现代化中走上繁荣发达富强的发展道路,才会有整个中华民族的振兴和繁荣。[③]

4. 寻求“多元一体”与社会和谐的平衡及发展

在一体和谐与多元多样的关系问题上,一个极大的困惑与挑战是,要寻求一体与和谐,那么,文化的独特性如何保留?具体到中国的民族问题上有人提出,少数民族的现代化是否意味着更大程度的汉化?各民族的共同繁荣是否指向更大的趋同而削弱多元个性?费孝通先生对此的回答是:“一个社会越是富

---

① 费孝通:《民族与社会》,天津人民出版社 1981 年版,第 67 页。

② 费孝通等著:《中华民族的多元一体格局》,中央民族学院出版社 1989 年版,第 1 页。

③ 徐平:《费孝通与民族研究》,《“魁阁”学术贡献的总结与反思暨纪念费孝通先生诞辰 100 周年学术研讨会》,2010 年 10 月 27 日。

裕,这个社会里的成员发展其个性的机会也越多;相反,一个社会越是贫困,其成员可以选择的生存方式也越有限。如果这个规律同样可以用到民族领域里的话,经济越发展,亦即越是现代化,各民族间凭各自的优势去发展民族特点的机会也越大。”[①]也就是说,一个和谐的社会,是一个“各美其美,美人之美,美美与共,天下大同”的社会。“‘多元一体’的思想就是要能够从别人和自己不同的东西中发现出美的地方,才能真正的美人之美,形成一个发自内心的、感情深处的认知和欣赏,而不是为了一个短期的目的或一个什么利益。只能这样才能相互容纳,产生凝聚力,做到民族间和国家间的‘和而不同’的和平共处,共存共荣的结合。”[②]“承认不同,但是要‘和’,这是世界多元文化必须要走的一条道路,否则就要出现纷争。只强调‘同’而不能‘和’,那只能是毁灭。‘和而不同’就是人类共同生存的基本条件。”[③]

5. 文化多元共生与民族区域协调发展的可行性

在费孝通看来,如果区域平衡、民族平等构成了边区开发的必要性,那么“文化区域”就为边区开发提供了可行性。“中国社会的民族特征,从历史上开始就在不同民族的交错地带,建立了经济和文化的联系。久而久之形成具有地区特色的文化区域。人们在这个区域中,你来我往,互惠互利,形成一个多元文化共

① 张丽宁:《论费孝通的和谐社会思想》,《学海》,2005 年第 5 期。

② 费孝通:《论人类学与文化自觉》,华夏出版社 2004 年版,第 194 页。

③ 费孝通:《话说呼伦贝尔森林》,《瞭望》,1988 年第 14、15 期。

生的格局。”[1]因此,他认为可以利用历史文化资源推动区域经济协作。1992年11月,费孝通在北京召开的全国民族理论研究会上,从区域经济的视角提出,东西部协调发展要靠“东西合作,互惠互利”,“以东支西,以西资东”的方针来推动地区间的合作。1998年《瞭望》杂志特约中国知名人士笔谈“中国面向21世纪的机遇与挑战”,费孝通笔谈的题目就是《东西部社会的均衡发展:我的一个梦》,他说:“十年前我的梦想就是要把西部发展起来,使我国形成东西部经济和社会的均衡发展,实现全国各族人民的共同繁荣。”[2]

6. 切实解决边区开发中的自然生态与人文生态失衡问题

费孝通把东西部关系、汉族和少数民族的关系,放在中国现代化的整体上来考察,指出民族地区普遍存在自然和人文两方面的生态失衡。一方面,由于粗放的农业扩张使牧区生存空间缩小,导致农业与牧业之间的矛盾,再加之长期滥砍、滥伐、滥垦、滥采,自然生态严重失调;另一方面,计划经济时代遗留下来的“企业办社会”的制度痼疾是构成民族地区企业人文生态失衡的第一个动因。同时,西部智力资源不断流失,出现了所谓“孔雀东南飞”的现象,这是民族地区人文生态失衡的另一个动因。

---

① 费孝通:《创造一个和而不同的全球社会——在国际人类学与民族学联合会中期会议上的主旨发言》,《思想战线》,2001年第6期。

② 费孝通:《东西部社会的均衡发展:我的一个梦》,《中国人民大学复印报刊资料〈社会学〉》1998年第6期。

对此，费孝通分别提出了一些切实可行的对策建议。另外，费孝通还致力于人文资源的保护。“在西部开发的过程中，我们一定要大声疾呼，要注意对古代文物和传统文化的保护，要只是为了一点小的眼前的经济利益，而牺牲了我们几千年文化遗存下来的一些宝贵财富，那就得不偿失了。”[①]2000年8月，费孝通到昆明参加“云南民族文化大省建设第二次高级研讨会”的发言中，他谈到了如何保护、利用人文资源问题：“我们不能用主观主义的态度，也不能用行政命令去取消民族文化。但是，保护不是无选择的、原封不动的保存，要有鉴别、有取舍……把那些进步的、符合时代要求的、有益于民族发展的好东西总结出来，然后考虑用什么形式来宣传、展览和演出。我们要把好的东西拿给人家看，先要搞清楚什么是好的，要能够讲出来，这就需要培养一批高水平的、懂得自己民族文化的人才。”[②]

三、费孝通“中华民族多元一体格局”理论与我国民族和谐发展

“中华民族多元一体格局”是费孝通于1988年首次提出的。该理论一经提出，就在理论界、学术界引起广泛关注，同时，也引起中央的高度重视。直到现在，关于“中华民族多元一体格局”

① 费孝通：《论西部开发中的文化产业》，《费孝通文集》（第十五卷），群言出版社2001年版，第265页。

② 费孝通：《故地重游多新见》，《群言》，2000年第12期。

的讨论还在继续。在2005年中央民族工作会议上,胡锦涛同志指出:“在漫长的历史进程中,我国各族人民密切交往、相互依存、休戚与共,形成了中华民族多元一体的格局,共同推动了国家发展和社会进步。”[①]可见,“中华民族多元一体格局”理论是对我国统一的多民族国家历史发展规律的科学总结,这也是国家第一次从中央层面对费孝通“中华民族多元一体格局”理论的肯定。

总的来说,“中华民族多元一体格局”主要包括三个方面的内容:

第一,中华民族是包括中国境内56个民族的民族实体,这56个民族已结合成相互依存、统一而不可分割的整体。在这个民族实体里,所有归属的成分都已具有高一层次的民族认同意识,即共休戚、共存亡、共荣辱、共命运的感情和道义。在这个多元一体格局中,56个民族是基层,中华民族是高层。

第二,形成多元一体格局有一个从分散的多元结合成一体的过程。在这一过程中,必须有一个起凝聚作用的核心,汉族就是多元基层中的一元,由于它发挥凝聚作用把多元结合成一体,这一体不再是汉族而成了中华民族,一个高层次认同的民族。

第三,高层次的认同并不一定取代或排斥低层次的认同,不同层次可以并行不悖,在不同层次的认同基础上可以各自发展原有的特点,形成多语言、多文化的整体。高层次的民族实质上

① 胡锦涛:《在中央民族工作会议暨国务院第四次全国民族团结进步表彰大会的讲话》,《人民日报》2005年5月28日第一版。

是一个既一体又多元的复合体，其间存在着相对立的内部矛盾，是差异的一致，通过消长变化以适应多变不息的内外条件，从而获得这一共同体的生存和发展。①

“中华民族多元一体格局”理论是在坚持各民族平等和共同繁荣的原则上对现实民族关系的判断总结与升华。中华民族多元一体：“多元”是指各兄弟民族各有其起源、形成、发展的历史，文化、社会也各具特点而区别于其他民族；“一体”是指各民族的发展相互关联，相互补充，相互依存，与整体有不可分割的内在联系和共同的民族利益。这种一体性，集中表现为祖国的完全统一和整个中华民族的大团结；表现为共同关心与争取祖国的完全统一与繁荣富强，大陆上各民族坚持中国共产党的领导和坚定不移走社会主义道路。所以，中华民族的“一体”，是指各兄弟民族的“多元”中包含不可分割的整体性，而不是其他某个民族同化其他民族，更不是汉化，或者马上实行“民族融合”。② “中华民族多元一体格局”理论的提出，为我国各民族的认同以及中华民族的整体认同搭建了重要的平台，为我国正确处理民族关系、制定民族政策提供了理论指导，同时也验证了其正确性与合理性，“是对我国民族学发展的一个里程碑式的贡献”。③ 民族是

---

① 费孝通著：《简述我的民族研究经历和思考》，《北京大学学报（哲学社会科学版）》，1997 年第 2 期。

② 邸永君：《“中华民族多元一体”的内涵》，《学习时报》，第 189 期。

③ 陈连开：《中华民族多元一体理论体系的由来与影响》，马戎等编《费孝通先生与中国社会学人类学》，社会科学文献出版社 2009 年版，第 126 ~ 132 页。

长期存在的，民族差异也会长期存在。只有承认多元所产生的差异，一体的和谐才有可能实现。中华人民共和国成立60多年的经验总结说明了，只有全面贯彻民族政策，重视各兄弟民族的共同发展，使各兄弟民族在现代化中走上繁荣、发达、富强的发展道路，才能有各民族的全面和谐发展，才会有整个中华民族的振兴与繁荣。

费孝通的民族研究思想，始终贯穿着他自己倡导的“从实求知”精神。费孝通的一生，也是在认识中国和改造中国的基本精神下，从实求知、上下求索的奋斗过程。在晚年他总结为“志在富民”，将远大的理想和抱负落在这4个朴素无华的字上，而且用行动不断去实践，行行重行行。在我们全面构建社会主义和谐社会的今天，费孝通的民族研究思想，对建设和谐民族关系，实现民族和谐发展仍然具有重要的启示意义和实践价值。当然，费孝通的民族研究思想博大精深，中国的民族和谐发展之路依旧漫漫，这就还需要我们沿着他走过的足迹，继续努力地行行重行行。

社会学何用？

——读费孝通《禄村农田》

马雪峰　苏　敏

二十世纪五十年代，党和政府开始对旧中国学术体系进行改造，费孝通先生写了一篇《社会学系怎样改造》，为社会学进行辩解，在这篇文章中，费先生试图说明，社会学是可以被改造的，资产阶级的社会学可以改造成马克思主义的社会学。[①] 然而，作为一个学科的社会学仍然未能避免被取消的命运。当时取消社会学学科的一个主要理由在于，社会学"没用"。60年后的今天，社会学的研究者、教学者也仍然面临类似的诘问：社会学有什么用？晚近以来，学者们也在热烈地讨论所谓"应用社会学"的问题。近日读费先生《禄村农田》一书，颇受启发。从对禄村的研究，我们可窥见费先生对所谓社会学之应用的理解。

① 费孝通：《社会学系怎样改造》，载《新建设》第二卷（2），收入《费孝通文集》（第六卷），群言出版社1999年版，第38～49页。

一

1937 年“七七事变”之后，费先生的老师——燕京大学社会学系的负责人吴文藻先生打算离开被日军占领的北平。于是，他同云南大学联系，希望以中英庚款为资金支持，在云南大学设置学术讲座。吴氏向燕京大学告假，于 1938 年 9 月到达昆明。[①] 吴文藻先生是卓越的学者和爱国者，在战乱的年代，仍然试图推动学科的发展。为筹建云南大学社会学系，吴先生四处奔走，凭其学术地位、卓越的思想和领导能力，吴氏为云南大学社会学系的建立筹集了必需的资金[②]。

1938 年，费孝通先生自英国伦敦政治经济学院学成，绕道越南进入昆明，加入新创建的云南大学社会学系。并且，费氏在征得吴文藻先生同意后，在社会学系下附设了一个研究工作站，即“云南大学—燕京大学社会学实地调查工作站”（1940 ~ 1945）。1940 年，吴文藻离开云南去了重庆，系务和工作站均由费孝通主持。吴先生仍担任工作站的荣誉主任，并积极为其申请洛氏基金会的研究资助。[③] 由于日军的轰炸，该工作站只得从昆明市内

---

① 阎明：《中国社会学史——一门学科与一个时代》，清华大学出版社 2010 年版，第 178 页。

② 吴文藻先生筹集的资金主要来自四个方面：教育部、中英庚款委员会、国家农业银行，以及洛氏基金会。

③ 阎明：《中国社会学史——一门学科与一个时代》，清华大学出版社 2010 年版，第 178 页。

搬往郊县呈贡,落脚于魁星阁,从此得“魁阁”一称。

“魁阁”以简陋的物质陈设,搭建了20世纪中国最优秀的学术平台。费孝通、许烺光、田汝康等人在中国西南边地出色地完成了一系列重要研究,奠基了社会学的中国学派。在这一系列经典研究中,费孝通的《禄村农田》可谓社会学“应用”之典范。

二

正如费先生所指出的那样,对于二十世纪三四十年代的中国社会学而言,讲清楚中国社会究竟是一个什么样的社会,是其主要目标。而这一目标,他们试图通过社区分析(或称社区研究)来实现。而社区分析又多被诟病为只见局部不见整体,因此他们又提出了比较方法和理论与实际相结合的对策。抗战期间,魁阁研究室在云南的工作便是类型法与比较法的具体实践,《禄村农田》乃其代表。

究竟要建设一个怎样的国家?费孝通在《江村经济》一书的末尾即表明这是抗战后中国面临的更为严重的问题。对他而言,如他一样的许多人在抗日的战场上出力不多,其任务与责任便是:“用我所学到的知识,多做一些准备工作。那就是科学地去认识中国社会。”[①]所以,他从伦敦留学归来后,适逢在云南落脚,便马不停蹄地投入到一场新的社会调研中去。

从“江村”走出来的费孝通很明白,中国有千千万万个农村,

---

① 费孝通:《云南三村·序》,社会科学文献出版社2006年版,第3页。

而且还处在变革之中。不过,他又深信,农村的社会结构并不是万花筒,而是"在相同的条件下会发生相同的结构,不同的条件下会发生不同的结构。条件是可以比较的,结构因之也可以比较的",[①]总结出若干的模式来,这就是类型比较法。《云南三村》三部曲之《禄村农田》就是他自江村之后找到的第二种社区型式。

在现代工商业发达的过程中,工业化对农村造成了怎样的结果?这是费孝通一贯的关注点。禄村农田的研究也在其中。

《禄村农田》一书的主旨,是对土地制度的类型与比较研究。它是江村研究的延续与拓展。江村有很发达的手工业,来自农田的收入并不是江村居民维持生计的唯一来源。江村靠近周边的都市,代表着受现代工商业影响较深的农村社区形式。费孝通在分析江村的材料时,用手工业崩溃和现代工商业势力的侵入来解释江村土地制度的现象。但是,他亦深知,这一见解是否适合于中国的诸多农村,尚需要在不同形式的农村社区里加以考核。于是,他接着提出的问题便是:一个受现代工商业影响较浅的农村中,它的土地制度是什么样的呢?在大部分还是自给自足的农村中,它是否还会以土地权来吸收大量的市镇资金?农村土地权会不会集中到市镇而造成离地的大地主?[②] 带着这样的问题意识,费氏走进了一个"和现代工商业发达的都市相隔

① 费孝通:《云南三村·序》,社会科学文献出版社 2006 年版,第 7 页。

② 费孝通:《禄村农田》,见费孝通,张之毅《云南三村》,社会科学文献出版社 2006 年版,第 9 页。

膜”的内地农村——禄村。

从写作上而言，本书安排得紧凑密致，围绕其研究主题展开罗织，章节联系表达得很清楚。因此，要了解《禄村农田》的结构与分析，最好的方法是按照费孝通自行安排的章节序列来说明。

第一章曰“农作”，描述了与利用农田有关的基本材料，以此引导我们进入禄村农民耕作的年月节气与日常安排中。费孝通首先指出，所谓土地制度，是指禄村人民从利用农田而发生的一套社会关系。这一系列社会关系均与农田以及对农田的利用有关。而且，他还力图把土地放在更广阔的视野中进行考察，如禄村的自然与人文地理、现代工业化的进程，又如农民的经济态度等。也就是说，禄村土地制度，是在这个村落所处的自然环境、时间架构与人文脉络的整体社会情境下而存在的。禄村以农耕为主要的经济手段，农作安排受气候、农作物的特性以及该地自然地理之影响，以种植水稻与蚕豆为主，少有杂粮。禄村在昆明之西100公里，但海拔较低，为1650米。与昆明相比，禄村盆地温度转暖，水稻品种以掉谷为主，收获稻谷的农期可差出一个月，这对禄村农作劳力供给形成了极为重要的影响。除此之外，对劳力利用构成影响的还有农作参差期。农作活动除了根据当地的标准农期，即农村常用的二十四节气，各家又可根据自身实际情况来决定实际农期。劳力的利用也深刻地印记在禄村人农田单位的计算中。农田单位以功能基础为准，功能面积指的是需同样劳力，或是出同样产额。禄村的农田单位是工，一工田是指一个人工，一个人工是指一个人在一天之内普通认为应该供给的劳力。从禄村的整体情况来看，考察禄村土地利用中的劳力方面，费氏说明了禄村人多于地的比率和劳力供过于求的现实。相应地，对禄村人而言，劳力估计便成了雇工自营的人们所必有的知识。

第二章“劳力的利用”，具体讨论农业安排与耕种中具体的劳力使用情况。农村中有农忙和农闲之别。而农业里的忙闲是由农作物的性质所决定的。种田的每一步工作都有期限，播种非得到惊蛰之后不会长秧。从播谷到长秧，再插入农田，这在禄村需要 60 天左右的工期。诸如此类的农田耕种实情处处左右着劳力的利用。禄村的稻作，从播种到收获也就二百天左右的时间，若是只种稻，一年中就有近半年没有农事可做。若是收了谷子又种豆，地虽不会闲着，但种豆不需那么多劳作，农闲的日子还是没有多少减少，劳力无法得到充分的利用。劳力的利用在农作期间也是不一的。在农忙期间，要充分利用劳力，就要扩大每个人在每节农作活动中耕种的面积，也就是个人能耕面积。办法是，一方利用换工、雇工的办法，一方是利用农作参差性来拉长各人可以工作的农期。[①] 各家都有根据自身情况来定的农作日历，农作物生长有一定的过程，各家耕种安排可以错开，因此可以互相换工。同时，各家农作日历的参差性也是有一个时间限度的。任何一项农作，譬如插秧，最早在立夏，至迟不得过芒种，这个期限就是农作参差期。考虑到这诸种情况，费孝通总结，在一定的农田面积上，劳动者的数目不变，一年中必然会发

① 费孝通：《禄村农田》，见费孝通，张之毅《云南三村》，社会科学文献出版社 2006 年版，第 34 页。

生一个时期劳力不足，一个时期劳力过剩的情形。因此，我们不得不看禄村究竟有多少农田，多少人口。通过统计与实地考察，费孝通指出，若是按照人尽其用的假定，禄村是有能力靠自有劳力经营的，但是，事实上他们却雇佣了不少外来劳工。这一现象是如何发生的呢？于是，我们发现，禄村有一些人，无论是农忙还是农闲，都忙不到他们。追踪而论则是当地利用农田的社会形态，也就是说，“决定农村里劳力利用的不是农业的性质，而更直接的是农村的社会结构”。[①] 那些享有闲暇的人，不是没有工作的机会，而是因为掌握着土地所有权。在这一前提下，他们能够靠着不劳而获来维持生活。而那些没有田的，只能靠出卖劳力以求一饱。因此，所谓农民的忙闲之别，不由着农作物的节气安排，而刚好划在有田和没有田的界限上。耕田是一件受苦受累的事，这才是禄村人的看法。在禄村，依现行法律，劳动不是享受土地利益的必要条件，有田的土地所有者才是享受土地利益的人。不过，单有法律条件还不是解释这一不劳而获现象的独一原因。它还有社会的、经济的与心理的条件。要说明这些原因，费孝通在接下来的几章便逐一讨论：脱离劳动者在从事什么生产事业，家庭生计来源是什么，脱离劳动的人如何经营其田产，等等。

第三章“农田的负担”，力图说明禄村的职业分化与其他类别的营生，从而说明农田在禄村经济中的地位。禄村是一个连

① 费孝通：《禄村农田》，见费孝通，张之毅《云南三村》，社会科学文献出版社 2006 年版，第 42 页。

简单的手工业都不发达的内地农村,全部的人口压力都负担在农田之上。从职业划分来看,除了马店、杂货店、豆腐店、药店之外,其他的行业在外表上不易看出。而且,有的人是兼做其他,有的是隔三差五的行当。农民身兼多职,除了务农,有的人偶尔做些木匠或泥瓦匠的活儿。在禄村,只有四家人是专靠其职业而非农业来谋生的,他们是兼卖鸦片的杂货店、豆腐店,给人占卦归魂的女巫,以及四处去算命的瞎子。另外,由于禄村在区位上的地位,开马店渐渐成了一个重要的职业。但是,除了马店,禄村便没有其他重要的商店或作坊。大体来说,除了极少数职业能维持一家专门从事该职业者的生计外,禄村人民的生活差不多全靠农田来维系。而禄村职业分化如此简单,也源于他们的贸易机构。禄村人民常常可以做一些小买卖,在小商贩上得到的收入能减轻农田在禄村经济中的负担。禄村贸易机构的主要部分是街子,即买者和卖者定期集合发生贸易行为的场所。此外,替人运输货物获得工资,也是一项颇为发达的事业。除了贩卖和运输这两项,最普通的副业是养猪。这些便是禄村人民在农田经营之外的种种生产事业。我们看到,这里没有一项重要的家庭手工业,这些副业为他们带来了有限的额外收入,运输和贸易吸引了一些多余劳力。但是,总体来看,农田在禄村不但是维持农民生计的主要力量,也是给农民利用劳力的主要对象。农田的产出、生活程度的差别,都以农田的有无和所有的多少来决定。因此,费孝通在第四章讨论的是禄村"农田分配"的具体状况。禄村各家所有田总数 1800 工,约 690 亩。而在分配上来说,禄村大部分的田掌握在少数人手中,大部分的人不是没有田，就是有很少的田，无法单靠自由农田上的收入来维持生活。那么，私家田如此之少，田去了哪里？实际上，禄村团体所有田占有很大的比重，占总数的27%。所谓团体，譬如土主庙、洞经会、圣谕会等。团体所有田都是分散租给私家经营，只是所有权的集合，而非经营上的集合。这恰恰是禄村租营方式发达的基础。禄村农田分配不均，有些人不得不在农业里卖工来帮助维系生活，而另一些人则利用别人的劳力成了村里的有闲阶级。

第五章“劳力的出卖”，主要论述那些在农田上卖工的劳工。禄村有38家是没有田的，占全村户数的31%。除了4家从事专门职业者外，其他人都要设法在农业里寻工作机会，以谋生活。他们是禄村劳力供给中重要的一部分，其中包括迁来的新户、流浪的劳工。此外，由区域间农期参差期而得以雇来的外来季候性的劳工，也构成了禄村雇工的一部分。地域间生活程度的差异也促成了劳力的流动，相应形成劳力价格的下降，为有闲阶级提供了利用剩余劳动力的有效机会。

第六章“自营和雇工”，这一章接着讲述那些雇佣劳力的人。土地所有者如何经营自己的农田直接关系到劳力雇佣的市场。禄村农田经营主要有两种方式：一种是土地所有者自己经营，这叫做自营；一种是把农田租给佃户去经营，简称租营。自营土地并不能完全只靠自家劳力，农作活动有许多工作是集合性的。因此，换工成了农村选择的一种互助方式。对那些脱离劳动的有闲者而言，该如何换工呢？这涉及到家庭内劳力利用情况。脱离劳动的有闲者是不包括女人的，有田人家的女子是要劳动的，因此也要参加换工。她们只有以劳力来换取享受农作物的权利，而没有获得田地的权力。若是农忙时，换工也不够帮忙，则要借助于雇工。利用雇工自营农田，是禄村主要的农田经营方式。禄村的土地所有者仍居住在村子里，他们有自营的时间和可能性，而出租经营所得不及雇工自营的收益。从禄村的情况来看，考虑到有田者的农田面积和女工与雇工的利用，实际全部脱离农田劳动的男子，在30%之上，部分脱离劳动的为数更多。① 既然租营并不划算，而私家田显示数量有限，谁在出租土地呢？

第七章“租营”说的就是靠租田获得较大经营面积的事项。禄村佃户的地主大部分是团体，这是禄村租佃关系的特色。如前所述，团体所有田只是所有权的集合，并非经营的集合，所以所有的团体农田都是出租出去的。管理团体农田的是团体里的管事。在这一章，费孝通对《云南农村调查》一书做出评论，并以此讨论研究方法上的问题。他强调，一个社会学者去实地观察一社区的活动，他的任务在寻求人类社会生活中的基本原则。他不但是一种社会活动的记录者，而且是一个解释者。如果带着预定的假设去做研究、填表格、做统计、写报告，以机械的方式去调查，则是极为错误的。在禄村，雇佣和租佃两种经营关系也建立在一定的心理基础之上。这一基础与禄村农民的生计相关联，也建立在他们对劳动和人生的态度上。

第八章与第九章讨论“生计”，从生产、消费与支出的方面估

① 费孝通：《禄村农田》，见费孝通，张之毅《云南三村》，社会科学文献出版社2006年版，第93页。

计禄村农民的日常生活费用，各家自给程度以及农作经营的花费。而这一切均建基于禄村农民的传统经济态度之上。土地所有者脱离劳动的倾向是很明确的，即一种宁愿少得、不愿劳动的基本精神。

第八章首先就当地农民的经济态度进行分析，这是全文分析最为精彩的部分，也彰显了费孝通对人类学经济研究的重要贡献。所谓“经济”是很难定义的，这与当时当地的人生态度相同。他在文中指出第三种经济，即消遣经济。其一是人为利润而活动的经济，其二是人为享受而生产的经济。禄村的人则与二者均不同。他们以减少欲望为节源之始，以减少享受来摆脱劳动中的痛苦。经济学的对象限于对付物资的范围，因此不必消耗物资而消耗悠闲时间的农民的消遣便被忽略了。费氏认为，要了解中国农村中的传统经济，却非将这种消遣计算在内不可。厌恶劳动这种普遍态度造成了禄村土地所有者的经营方式。脱离劳动是有代价的，那么，什么样的代价是他们可以接受的，何种生活程度是他们愿意放弃一些物质享受的前提？这便要从当地人民的生活费用来看。费孝通以 5 家人家为例，说明了有田者与无田者的生活程度之差异，列出他们日常生活所需的各类花费，如生产费用与衣食住行的生活费用。

第九章接着讨论其他的消费类项，如门户捐等公担、养生送死的仪式费用、鸦片的消耗等。总之，在禄村人能得到他们认为过得去的生活程度前提下，他们很知足地脱离了劳动。脱离劳动可以免除劳动的痛苦。不过，脱离劳动也产生了时间太长该如何消遣的问题。因此，在烟价便宜时，抽鸦片成了最经济的消遣方法。雇工自营的地主最典型的生活方式就是,有闲而抽烟,抽烟而更不想劳动,不劳动而更有闲。[①] 在禄村的农村经济中,这一循环逐渐受到物价飞涨的影响。农民因物价上升而减少消费,同时将他们自产的物品出售于市场。其结果是,农民生活程度下降,但其收入的货币却增加了。在物价刺激下,禄村也加速了商业化。然而,对农田经营来说,上升了的人工工资还是比物价涨得慢,许多卖工的人离开了禄村。与此同时,雇工自营的地主又不肯按上涨后的工资水平来支付。因之,农村中的工资赶不上物价,使卖工脱离农村,那些小土地所有者开始亲自劳动了。[②] 农村经济因而发生了重要的变化,农村原有的经济秩序甚至都要重做安排。

在之前的九个章节中,我们通过禄村民族志可以观察到当地土地制度的基本结构和正在发生的秩序变迁。我们了解到当地农民的经济态度,以及禄村人生活程度的差异在于有田与没有田。在这样的生活循环下,没田的想获得田地,有田的想脱离劳动成为有闲地主。有闲的地主们当然也希望保持自己的权利。因此,第十章和第十一章着重论述农田所有权的转移。

第十章讨论亲属制度与社会结构背景下的农田承袭问题。在禄村,农田的继袭以亲族世袭为根据,这是禄村经济藉亲属结构而活动的主要部分。禄村的农田继承以单系为准,也就是在

---

① 费孝通:《禄村农田》,见费孝通,张之毅《云南三村》,社会科学文献出版社 2006 年版,第 141 页。

② 费孝通:《禄村农田》,见费孝通,张之毅《云南三村》,社会科学文献出版社 2006 年版,第 150 页。

父系的亲属联系中单方面承袭,女子得不到农田的所有权。换言之,农田是男性的财产。不过,女子得到田也有可能,那就是招婿。最后,分家这一民间的财产继袭方式也直接造成了农田的继承与分裂。

第十一章与第十二章讨论论述农田所有权转移的另一种方式,即农田买卖。农田买卖的前提是农村金融的调剂,即有人积蓄了充足的现金,而另有人到了万不得已要卖田的地步。因此,第十一章"农村金融"说明了农村人在急用现款的情况下,如何通过合賨、借贷、典质等办法获得款项,从而说明了,直接出卖农田的并不多。第十二章具体介绍两种情形下的"农田卖买"。其一为欠债却无力上利,债权人要求出卖抵押的田来清偿;第二是父亲死了,剩有养老田,儿子们卖田送葬。农田卖买虽然可以成立,不过也受制于农村的社会结构,受亲属关系的牵制。买田卖田都需要中间人。买田者无非几个原因。在禄村,有田才靠得住,买田是有钱人最好的投资。有多余的钱买田并不是件容易事,升官发财就是其中一个路子。

通过以上实地描述与分析,我们已经了解了禄村土地制度的各个方面。费孝通在第十二章的最后两节,具体分析了禄村的土地权模式,并对禄村经济作出展望,以作比较。他认为:"禄村这种以自营的小土地所有者为基本的农村结构,和我们在江村所见大部都是佃户的农村结构,给了我们一个很有力的对

费孝通在农村调查

比。”[1]通过比较，他指出，对江村这样有原有手工业的近都市农村来说，“农村土地权的外流，和都市资本的流入农村，是出于农村金融的竭蹶”。[2] 相比而言，像禄村这样原本就不靠手工业来维持的农村，当它遭遇到都市的威胁时，情况便不像江村那么严重。不过，现代工商业对禄村经济的影响，也并非不明显。只不过，在现代工商业发展过程中，禄村所发生的问题，不在金融而是在劳力。劳力问题是禄村经济的关键，也是造成其农耕形态的主要因素。因而，“若是劳力被吸收到了都市中去，禄村现有

① 费孝通：《禄村农田》，见费孝通，张之毅《云南三村》，社会科学文献出版社2006年版，第181页。

② 费孝通：《禄村农田》，见费孝通，张之毅《云南三村》，社会科学文献出版社2006年版，第182页。

形态决不能维持于不变。”[①]通过翔实论述禄村土地制度，比较分析江村与禄村的土地经济状况，费孝通总结道，“每一个农村经济的形式，有它一套特殊的结构，也有它一套特具的问题。”[②]

费氏此书，勾勒了以禄村为代表的内地农村之经济形态，考量了影响内地农村经济特别是土地制度之诸多因素，为当时人们有关内地农村，特别是内地农村土地制度的认知，提供了新的内容；与江村土地制度的类型比较，为当时人们理解现代工商业对农村经济的影响，提供了新的视角，也为制定适当的农村政策提供了更宽的眼界。

三

费先生一生的学术关怀都是应用性或实用性的，正如他自己所说“我早年自己提出的学习要求是了解中国人是怎样生活的，了解的目的是在改善中国人的生活”，[③]他正是怀着如上的目的选择社会学的。因此，费先生对社会学在中国之应用的定位，在于认知中国社会，进而谋求改善中国人生活之策略与手段。这是一种“大”应用，是在“学”这一层次上的应用。

---

① 费孝通：《禄村农田》，见费孝通，张之毅《云南三村》，社会科学文献出版社 2006 年版，第 185 页。

② 费孝通：《禄村农田》，见费孝通，张之毅《云南三村》，社会科学文献出版社 2006 年版，第 186 页。

③ 费孝通：《个人·群体·社会——一生学术历程的自我思考》，见《费孝通文集》（第十三卷），群言出版社 1999 年版，第 467～490 页。

然而，晚近以来，特别是1950年代以来，在机械论哲学的影响下，中国社会多从“术”的角度来考量学科之应用。在这种观念下，社会有关学科有用与否的衡量标准在于能否提供一门专门的实用技术。不仅对学科之要求如此，对大学之要求也如此。20世纪50年代之院系调整，其目的正在于将所有“大学”都改造成“高等专门学校”[1]。因此，在这一框架下，社会学显得很“没用”，大学也显得很“没用”。面对如此局面，费先生当年有如下辩解：

> 大学不能训练一项专门技术是不是说大学根本就没有用了么？不是的。大学里的教学是给能掌握技术并提高技术的人的理论基础和文化程度。论理并不是空谈，而是前人累计下来的经验。以往的弊病是把理论弄成了教条，现在的偏向是只求经验忽视理论。都不正确的。主要是在讲理论时和具体事实相结合，而不是不要理论只求学手艺。
>
> 因之在我们的讨论中有下面的结论：在这里要说明的就是我们认为大学和专科学校是有分别的，分别的要点是在大学应当着重综合性的训练，使一个大学生毕业之后，具有较高的理论基础及文化程度，使他们对所担任的业务，有能力可以起创造及提高作用。大学毕业生在专门业务训练

---

① 蔡子民先生曾言及：“鄙人以为治学者可谓之‘大学’，治术者可谓之‘高等专门学校’。”见蔡元培：《蔡子民先生言行录》，广西师范大学出版社2005年版，第109页。

上可能在初期内赶不上专科毕业生，正等于专科毕业生可能赶不上学徒，但是因为他们具有较高的理论修养及文化基础，在对业务的创造及提高方面，可以发挥出他们的长处，而这种长处，是学徒甚至专科学生所不易有的。[①]

费先生《禄村农田》之研究，正是定位于“学”层面上的应用。以期通过对内地农村经济特别是土地制度之妥当性理解，贡献于农村人民生活之改善，国家之富强。这是费先生所理解之应用社会学，或社会学之应用。

---

① 费孝通：《社会学系怎样改造》，载《新建设》（第2卷），收入《费孝通文集》（第六卷），群言出版社1999年版，第45页。

费孝通“中华民族多元一体格局”理论的形成及其影响研究*

朱映占

费先生的“中华民族多元一体格局”理论的提出对“中国多个民族之间究竟是什么关系”,“如何把多种民族统合在一个中央政权之下”等问题,给予了很好的理论解答。其也为中国民族工作的实践提供了总体的指导方向。当然,也有人担心强调“多元”对中国的统一格局不利,而强调“一体”容易走向汉族同化少数民族,人口较多民族同化人口较少民族之路。因而,为了避免歧义,有学者提出用国家行政设计的“一统”,来代替民族共同体的想象“一体”,即把“中华民族多元一体格局”修改为“中华民族多元一统格局”。无疑,这些讨论将对我国民族理论与民族政策的发展和完善起到促进作用。

---

* 该论文为云南大学“211 工程”三期民族学重点学科建设项目“民国时期中国西南民族的社会历史发展研究”(项目编号:21131011—0904)阶段性成果。

一、“中华民族多元一体格局”理论形成的基础与条件

自秦汉统一多民族国家形成以来，中国境内虽然时有混乱的局面出现，但大一统始终是历史发展的主流和天下体系中各民族追求的目标。时至近代，面对西方列强的入侵，在追求民族独立的过程中，中华民族从自在的存在向自觉的存在转变，中华民族的独立与富强成为时代的主题。中华人民共和国建立后，民族独立的目标已经完成，而如何实现统一多民族国家的富强则是接下来中国各民族的共同追求。在实现民族国家富强的道路上，在中国共产党的领导下，中国应该实施什么样的民族政策，从而团结各民族实现中华民族的复兴，是中国建设与发展过程中的重要问题之一。而“中华民族多元一体格局”理论适时提出，既是对统一多民族国家发展历史的总结，又是解决现实民族问题的理论探索。

（一）古代统一多民族国家的形成与发展

据考古学的研究，自新石器时代起，中国境内的文化就呈现了多元起源的特点，并且在经历了从古文化到古城再到古国的发展历程后，又呈现了从古国向方国再到帝国的发展进程，并且

在早期形成了秦汉统一多民族的大帝国。[①] 其后历经魏晋南北朝、隋唐、五代、宋、元、明、清，一些割据一方的地方政权又逐渐加入到中华帝国的大家庭当中，使得统一多民族国家得到不断发展壮大，也使得古代中国境内的民族在相互融合中不断发展演变。而在此过程中，有的民族消失或融合在其他民族当中，一些新的民族又诞生，但是中国大一统的政治格局始终得以维系。也就是说中华民族的多元存在与一体存在既是中国历史发展的动力，也是历史发展的结果。无疑，这是"中华民族多元一体格局"理论提出的历史前提和基础。

（二）近代民族国家建构的探索

历史发展到清末，随着西方资本主义工业国家的兴起，原为世界经济火车头的中国逐渐被落在了后面。而且随着帝国主义在世界范围内侵略、扩张活动的不断加剧，中国大一统的王朝体系，也不断面临着解体的危险，殖民危机不断加深。在国家危亡的紧要关头，政界人士和知识分子，纷纷开出了自己的药方。通过不断的斗争和摸索，推翻帝制，建立近代民族国家逐渐成为了引领近代中国转型之人士的共识。而在此基础上，民族国家的内涵如何，又如何建立一个能屹立于世界民族国家之林的中国，则是他们必须回答和解决的问题。

在清末，梁启超首先提出了"中华民族"这个概念，并且他认

---

① 苏秉琦：《中国文明起源新探》，北京三联书店，1999 年 6 月第 1 版，第 130 ~168 页。

为“现今之中华民族自始本非一族，实由多数混合而成”[①]。之后，在民族国家的建构方面，梁启超又提出了“虚君共和”的方案，企图在保留皇帝的情况下，来存续传统的呈现多元政治格局特点的天下体系，以维系国家的统一。然而，在西方列强入侵，民族主义情绪高涨的情形下，这样的方案是得不到认可的。于是以孙中山为代表的革命派就走到了时代的前台。而孙中山先生的民族主义思想“由辛亥革命前的‘排满’变为民国建立后的‘五族共和’，再进步一变成了‘民族同化’”[②]。其实质是从建设一个由汉族自己组成的“中华民族国家”，转变为建设一个包括中国国内各民族在内的“中华民族国家”[③]。而在其思想转变过程中有一个原则即必须按照一个国家一个民族的形式建设一个近代的“中华民族国家”，也就是说孙中山先生的“国族”思想虽然其内涵前后有所差异，但在形式上始终是一致的。[④] 可见，虽然孙先生多少看到了中国境内民族的多元性，但是在他的理论当中多元最终要变为一元，而其方法是民族同化，显然这对民族发展的客观规律认识不够充分。此后，在民族国家的建构上，虽有“联省自治”的呼声，用地方意识代替民族意识，但其往往成为

---

① 梁启超：《历史上中国民族之观察》，载《新民》第65、66号，1905年3、4月。

② ［日］王柯著，冯谊光译：《民族与国家：中国多民族统一国家思想的系谱》，中国社会科学出版社2001年4月第1版，第207页。

③ ［日］王柯著，冯谊光译：《民族与国家：中国多民族统一国家思想的系谱》，中国社会科学出版社2001年4月第1版，第207页。

④ ［日］王柯著，冯谊光译：《民族与国家：中国多民族统一国家思想的系谱》，中国社会科学出版社2001年4月第1版，第212页。

军阀割据一方、地方实力派扩充实力的借口，最终也没能解决中国的混乱局面。后来，上台执政的蒋介石面对中国的民族与国家的关系问题，又提出了“宗族论”，虽然在政界和知识界得到了许多人的支持，特别是在抗战时期，“民族”一词成为敏感话题之后，然而这种在民族关系方面的拟血缘关系论述，并没有对各个民族在国家的地位给予很好的解释，却给人一种民族取消和民族强制同化的印象。

也就是说，近代以来在民族意识与国家统一之间的张力上没有找到很好的平衡点，政府和知识界因担心各个民族的民族意识强烈，容易产生分离主义，因而尽量避免用具体的民族来表述，这种主观上的良好愿望，在客观上却否定了客观存在的各个民族。因此，其产生的效果也往往适得其反，也就没能很好地团结中国境内的各民族，完成中华民族完整独立的使命。这为思考中国的民族国家问题的费孝通提供了进一步思考的动力和契机。

（三）当代民族平等政策的实施

中华人民共和国建立前夕，中国人民政治协商会议制定的《共同纲领》规定：“中华人民共和国境内各民族一律平等，实行团结互助，反对帝国主义和各民族内部的人民公敌，使中华人民共和国成为各民族友爱合作的大家庭。反对大民族主义和狭隘民族主义，禁止民族间的歧视、压迫和分裂各民族团结的行为。”[①]其后，国家的宪法和相关法律继承和完善了关于民族政策的相关规定，民族平等在宪法和法律层面得到了保障。

而为了贯彻落实民族平等政策，20 世纪 50 年代以来，国家组织实施了民族识别工作，至 1979 年识别了 56 个民族，基本确定了当代中国民族多元格局。而学者在参与民族识别的过程中，对中国境内民族的多元性现实有了真切而深入的认识。而在多元共存的格局下，如何努力建构平等、团结、互助、合作的新型民族关系，是政府和从事民族研究的学者需要探讨和解决的问题。这为“中华民族多元一体格局”理论的提出提供了现实条件。

二、“中华民族多元一体格局”理论的形成过程

正如费先生自己所言：“我这篇‘多元一体格局’的根子可以追溯到 1935 年广西大瑶山的实地调查。同时我觉得只有实践也是不够的，还须从已有的理论中得到启发和指引。”[②]

1935 年大瑶山的调查，让费先生在瑶人当中看到了说不同语言的盘瑶、花蓝瑶、茶山瑶等，对中国民族的多元性有了初步的感性认识。而接下来的理论争论，则促使他思索中华境内民族多元与一体之间的关系。

---

① 《民族政策文件汇编》（第一编），人民出版社 1953 年版，第 1 页。

② 费孝通主编：《中华民族多元一体格局》（修订本）之《代序：民族研究——简述我的民族研究经历与思考》，中央民族大学出版社 2003 年版，第 14 页。

1939 年著名史学家顾颉刚在昆明发行的《益世报 · 边疆周刊》上撰写了《中华民族是一个》一文，提出应该慎用“民族”一词，并指出中国之内没有民族差异，只有地域和文教之不同。可以说在一定程度上，这与当时政界关于民族的“宗族论”相互呼应，成为当时的主流言论。而费孝通等从事过民族学实地调查的学者，则依据田野调查所得认为：“我们不必否认中国境内有不同的文化、语言、体质的团体。”[①]主要在西南边疆从事民族调查研究的江应樑在《抗战中的西南民族问题》一书中也指出：“辛亥革命成功时，定五色旗作中华民国的国旗，五色的意思，代表汉、满、蒙、回、藏五族共和，当时数千万的西南民族被遗弃共和之外，这是一种不必掩饰的错误，到今日，我们言全国民族团结，绝对不能再把西南民族遗漏在团结之外了！”[②]

显然，对当时中国境内民族的种类，民族之间的关系等问题，学者之间存在着分歧和争论。而这些分歧和争论为费孝通先生进一步思索中华民族问题埋下了伏笔。

中华人民共和国建立后，为了贯彻落实民族平等政策，首要的事情就是明确政策实施的主体。为此，从事民族研究的学者被赋予了到民族地区慰问，并进行民族识别的使命。而在民族识别的前期，虽然当时还没有明确的民族照顾政策，但各地区的人自己上报登记的民族名称仍多达 400 多个，这使费孝通等民族

---

① 周文玖：《从“一个”到“多元一体”——关于中国民族理论发展的史学史考察》，载《北京大学学报》（哲学社会科学版），2007 年第 4 期。

② 江应樑：《抗战中的西南民族问题》，中山文化教育馆 1938 年版，第 14 页。

学家意识到,中国境内的民族不仅从客观特征上看有多元性特点,而且从人群的主观认同上看也有多样化的特点,这就说明中国民族的多元性是一个不可否认的事实。而需要认真思索的问题是,如何在承认民族多元性事实的前提下,使得多元的民族群体在平等的基础上维系团结、互助、合作的关系。也就说如何超越具体的民族层面,在国家这个更高层面上取得一致的认同。经过对历史与现实的研究和思考,费孝通想到了中华民族这个概念。正如他所说:"中华民族作为一个自觉的民族实体,是近百年中国和西方列强对抗中出现的,但作为一个自在的民族实体则是几千年的历史过程形成的。"①

经过长期的思考,1988年,费孝通先生在香港中文大学作学术讲座时,正式提出了"中华民族多元一体格局"理论,依据该理论,他认为:"中华民族是包括中国境内56个民族的民族实体,并不是把56个民族加在一起的总称,因为这些加在一起的56个民族已结合成相互依存的、统一而不能分割的整体,在这个民族实体里所有归属的成分都已具有高一层次的民族认同意识,即共休戚、共存亡、共荣辱、共命运的感情和道义,这个论点我引申为民族认同意识的多层次论。多元一体格局中,56个民族是基层,中华民族是高层。"②并且费先生还认为,从分散的多元结合

---

① 费孝通主编:《中华民族多元一体格局》(修订本)之《代序:民族研究——简述我的民族研究经历与思考》,中央民族大学出版社2003年版,第3页。

② 费孝通主编:《中华民族多元一体格局》(修订本)之《代序:民族研究——简述我的民族研究经历与思考》,中央民族大学出版社2003年版,第13页。

成一体的过程中,汉族作为多元中的一元,发挥着凝聚作用,把多个民族凝聚成中华民族这个一体;而他认为中华民族认同与具体的民族认同可以并行不悖。

“中华民族多元一体格局”理论提出后,无疑对中国的民族和民族理论研究,以及民族政策的制定和实施都产生了深远的影响。

三、“中华民族多元一体格局”理论形成后对民族理论研究和民族工作的影响

从民族理论研究的角度看,费孝通的“中华民族多元一体格局”的理论提出,实际上是对构建具有中国特色的民族理论做了一次深入的尝试。国外的民族研究中,通常把 Nationality(民族)和 Nation(国家)相联系,把其看成一个政治实体,因此,在西方一些国家一个 Nation 既是指一个国家也是指与国家等大的一个民族,而用 ethnic group(族群)来指称具体的人群或团体。显然中国语境下的民族既不等同于 nationality 也不等同于 ethnic group。无论是中华民族、某某民族,还是某某民族支系,更多的是一个文化上的概念和认同实体。正是如此,即使是侨居国外的中国人,也被称为中华民族的一员。因而,可以说“中华民族多元一体格局”理论对中国人立体的、多层次的认同进行了形象的描述,建构了具有中国特色的民族国家理论。也就是说,随着“中华民族多元一体格局”理论的提出,中国逐步形成了与西方族群理论、民族国家理论相区别的,具有中国特色的民族理论体系。

即中华民族——某某民族——某某民族支系的立体框架，从理论上回答了中国的民族与国家的关系问题。

并且在“多元”与“一体”这两个概念中，“多元”指的是中华民族的组成是多元的，无论是在其起源时期，抑或是在形成时期，还是在现实社会中，都是如此。“一体”则并不是“一个”而是指：你去我来，你来我去，你中有我，我中有你，汉族离不开少数民族，少数民族离不开汉族，少数民族之间也相互离不开的一体感。也就是说“一体”指的是各个民族在政治、经济、文化，甚至包括血缘方面形成的相互依存，难分彼此的历史与现实状况。

换言之，多元和一体是中华民族的一体两面，强调多元是对中国境内多民族存在历史与现实的承认，是实现民族平等的前提；强调一体，就是强调中国境内各民族在统一多民族国家内团结、互助、合作的历史事实和基本底线。

在中华民族多元性进行深入探讨过程中，从事民族研究的学者发现各个民族在经济社会发展上存在着不平衡状况，少数民族与汉族之间、少数民族与少数民族之间都存在不小差距。因此，民族研究者认为，在实施民族区域自治政策的同时，对少数民族在经济、社会、文化等发展方面进行适当的政策照顾是缩小发展差距的重要方法；也是使得各个民族实现事实上的平等，从而保持“一体”感的必要之举。因此，可以说，“中华民族多元一体格局”理论，不仅是对中国民族识别工作进行的理论总结，而且也是实施民族照顾政策的重要理论依据。

四、关于“中华民族多元一体格局”理论的回应与讨论

目前,通过中国知识资源总库检索系统检索与“中华民族多元一体格局”理论相关的研究论文多达400多篇,另外还有多本著作涉及,并且相关研究还在继续展开。这些研究讨论的话题主要以下两个方面:

(一)中华民族的界定问题

有学者认为中华民族和民族概念都属政治范畴,因此,“针对多族群国家的内部结构框架,我们可以进一步提出‘政治一体,文化多元’的设想,以强化作为政治实体的民族(Nation)和国家,并把族群逐步地引导到主要代表不同文化群体的角色之中,把族群关系用‘文化多元主义’的思路来引导。同时在作为政治实体的‘民族—国家’的层面,强调所有公民在政治及宪法中规定的所有权利和义务方面的平等,包括维持和发展自己独特的文化(语言文字、宗教信仰、生活习俗等)的权利。这样一个大的框架结合了政治统一与族群平等两个方面”。[①]

而有的学者认为“中华民族”既属于政治范畴,也属于民族学范畴,“‘中华民族’与56个民族同样称谓‘民族’是不矛盾的,

① 谢立中主编:《理解少数民族关系的新思路:少数族群问题的去政治化》,社会科学文献出版社2010年5月第1版,第26页。

因此,‘中华民族’也可以是一个民族实体。众所周知,56个民族都具有其历史与文化的发展,有各自的民族特点,都是受到宪法保障的平等的成员;而‘中华民族’是指56个兄弟民族总体上的认同,大家都承认自己是中国人,是中华民族的一员”。[①]

虽然,关于“中华民族”概念和内涵的争论,并非始自费孝通先生的理论,但费先生的“多元一体理论”提出后,关于“中华民族”的讨论更加深入了。

(二)多元与一体的关系

在费孝通先生的“中华民族多元一体格局”理论中,多元与一体是相互依存,不可缺一的。而对此有学者也提出了质疑:中华民族的“多元”是指当代中国的56个兄弟民族,但中华民族还没有形成为一个民族,不能称为一体,因此“中华民族多元一体”应该改为“中华各民族的多元一体”或“中华各民族的多元一统”。[②]

台湾学者王明珂也进一步指出,即使“换一个方法来强化多元一体(如将各少数民族文化化、族群化),仍是发自核心、固化边缘的政治安排,它仍不能有力说明为何这是一个整体”。[③]

---

① 徐杰舜,韦小鹏:《“中华民族多元一体格局”理论研究述评》,《民族研究》2008年第2期。

② 徐杰舜,韦小鹏:《“中华民族多元一体格局”理论研究述评》,《民族研究》2008年第2期。

③ 谢立中主编:《理解少数民族关系的新思路:少数族群问题的去政治化》,社会科学文献出版社2010年5月第1版,第199页。

当然，在多元与一体的研究中也取得了一些共识，即“‘多元’是指各兄弟民族各有其起源、形成、发展的历史，文化、社会也各具特点而区别于其他民族；‘一体’是指各民族的发展相互关联，相互补充，相互依存，与整体有不可分割的内在联系和共同的民族利益。这种一体性，集中表现为祖国的完全统一和整个中华民族的大团结，表现为共同关心与争取祖国的完全统一与繁荣富强，大陆上各民族坚持党的领导和社会主义道路。所以，中华民族的‘一体’，是指各兄弟民族的‘多元’中包含不可分割的整体性，而不是其中某个民族同化其他民族，更不是汉化，或者马上实行‘民族融合’”。[1]

总体而言，关于“中华民族多元一体格局”理论的讨论并没有削弱其解释力，而围绕其展开的争论将还会继续下去，无疑这有助于进一步发展和完善中国的民族理论和民族政策。

五、对当前民族问题的一点思考

以发展的观点看，民族是一定历史时期形成的人们共同体。在历史的发展过程中，一些民族的消失和一些民族的产生都是正常的。因此，今后，中华民族的“多元性”如何发展，“一体感”如何保持是从事民族研究的人员必须思考的重要问题。

也就是说，在“多元”方面，虽然今天中国 56 个民族的多元

① 徐杰舜，韦小鹏：《“中华民族多元一体格局”理论研究述评》，《民族研究》2008 年第 2 期。

格局,很长时期是不会变的,那是否意味着多元格局中的56个民族就一直不变?并且,在从多元走向一体的过程中,今天的多元格局未来将如何发展演变?这些都是我们需要继续思考的问题。

关于"一体"方面,在现代化过程中,在强调各民族的文化价值的同时,如何使得各个民族的民族意识不超越国家的主权,而继续保持统一的一体局面,是民族政策和民族工作的目标,也是民族理论研究需要不断深入的问题。

费孝通的师承与人文价值反思

张美川

1990 年 7 月，在为费孝通庆贺 80 诞辰而举办的“东亚社会研究”讨论会上，费孝通作了题为“人的研究在中国——缺席的对话”的发言，其中他谈到这个发言缘起于老同学埃德蒙·利奇(Edmund Leach)对他的批评。利奇在他的《社会人类学》一书中认为，包括费孝通在内的中国人类学者以自己的社会为研究对象，但这是不可取的，很少有成功——唯一的例外是费孝通的《江村经济》。但即便是《江村经济》的成功也是在有限的意义上来说的，因为利奇提出的第二个批评恰恰指向了这部著作：个别社区的微型调查不足以达到对中国整体的认识。利奇以回护的方式帮费孝通避开了这个批评，即认为费孝通并没有冒称自己所描述的社会体系(江村)是整个国家的典型，而只是停留于对江村的微观考察。针对这个批评，费孝通的回应是只能接受一半：他承认对一个农村的解剖有其意义，但他实际上确实有了解中国全部农民的生活，乃至整个中国人民生活的雄心，江村调查只是他整个宏大的调查旅程的开端。后面他用“类型比较”和

"逐步接近"的提法,谈到他为了解中国全貌而作的努力。[1]

很显然,在费孝通那里,了解中国全貌是为了推动中国进步,他投身于现代的人类学、社会学研究,全部目的都在于此。由此我们也就可以理解费孝通对利奇的第一个批评的回应,即他认为中国人类学者不仅可以以自己的社会为研究对象,如他和利奇共同的老师马林诺夫斯基所言:如果自我认识是最难获得的,那么无疑地,研究自己人民的人类学是实地调查工作者最艰巨的,但也是最有价值的成就。[2] 而且事实上这本身就是出于"经世致用"目的而做出的价值选择。由此,我们应该特别注意到,费孝通在此已经开始了对自己的学术性格及价值立场的反思:费孝通认为自己的性格和选择中,存在中国知识分子的传统烙印,他总结了两条代表其为学的根本态度的格言:一是"天下兴亡,匹夫有责",二是"学以致用"。[3] 发言的结尾,费孝通以委婉的方式指出,他和利奇的分歧并不涉及谁是谁非的问题,而只是不同的传统和处境导致的认识差异。但这个问题再上升一步,就是文化的差异、隔阂可能威胁人类共同生存的问题。因此,对人文价值的问题加以思考,就是人类学者、社会学者的责任所在。

---

① 费孝通:《人的研究在中国》,载《费孝通文集》(第十二卷),群言出版社 1999 年版,第 41 ~ 50 页。

② 费孝通:《人的研究在中国》,载《费孝通文集》(第十二卷),群言出版社 1999 年版,第 42 页。

③ 费孝通:《人的研究在中国》,载《费孝通文集》(第十二卷),群言出版社 1999 年版,第 49 页。

事隔七年，在 1997 年的“中国文化与现代化”研讨会开幕式发言中，费孝通再次谈到利奇的批评，并在“人文价值再思考”的题目下，对其中所涉及的问题展开了进一步的探讨。首先，费孝通再次强调自己过去所做的是应用研究，这些研究自有其应用价值，同时也带有中国知识分子传统烙印（如儒家“学以致用”价值观）的影响。费孝通反对利奇“为学术而学术”的观点（如：人类学是纯粹的智慧演习），由此进一步反对韦伯的“valueless sociology”（与价值判定无涉的社会学），认为不产生社会影响的学术作品是不可能存在的。[①] 换言之，任何社会科学研究都带有研究者自身的文化积淀、现实视野以及价值判定，重要的是对其中种种文化和价值进行明白的解释和反思。

其次，为了对人文价值做进一步思考，费孝通先从反思自己一生的学术历程开始，而反思的重心则落在重新理解马林诺夫斯基为他的《江村经济》所写的序言上。他发现，马林诺夫斯基之所以对他这部著作高度肯定，原因有二：其一，马林诺夫斯基希望人类学研究跨越“文野之别”，即让研究人的科学离开所谓未开化状态的研究，进入主要民族较先进文化的研究。他认为只有如此才能面向人类社会、人类行为和人类本性，进行真正有效的科学分析。[②] 二战对西方文明的威胁更加强了他这一判断，而费孝通的研究正好是对其心愿的实现。显然，马林诺夫斯基

---

① 费孝通：《人文价值再思考》，载《费孝通文集》（第十四卷），群言出版社 1999 年版，第 183 ~ 186 页。

② 费孝通：《人文价值再思考》，载《费孝通文集》（第十四卷），群言出版社 1999 年版，第 188 页。

完全认同费孝通的家国情怀和“学以致用”的学术态度。其二，或许更为重要的是，马林诺夫斯基认为费孝通的观察是超脱且没有偏见的，相对而言，欧洲人更易怀有民族偏见和仇恨。他认为这种道德态度的差别源于中国和欧洲在文化上的差别。对此，费孝通通过对比中国的夷夏之别、“有教无类”和西方的“文野之别”，给予了肯定。此外，费孝通还补充了现实的世界文化格局对于自己清除偏见的作用：西方文化近代以来不断上升，居高临下的态势令其难以做到放低身段“虚心求教”；费孝通所处的则是被欺凌的文化一方，因而能够避开占支配地位的文化对其他文化的偏见。[①] 费孝通还借助对赛义德的“东方学”的讨论，指出了不平等的世界权力格局下，无论是东西关系还是传统与现代化的关系，都隐藏了“恃强凌弱”的危险，因而清除偏见、不落入本族中心主义、保持文化的兼容并蓄就显得尤为重要。麻烦在于，理想归理想，现实中的世界文化关系仍然是“适者生存”的冷酷事实，西方中心的世界体系事实上对非西方文化造成极大压力，如果东方社会拒绝进行现代性所要求的文化转型，而原有文化又难以满足人们的需要，那么它们如何保证自己的人民生存在这个物竞天择的世界？

这个历久不新的沉重问题把我们带到费孝通这篇发言中的最后一点反思。从学术对话（“席明纳”）中得到启发，费孝通认为，避免“东方学”色彩的现代化理论大行其道，避免东方落入欧

① 费孝通：《人文价值再思考》，载《费孝通文集》（第十四卷），群言出版社 1999 年版，第 189、192 页。

美文化霸权主义的陷阱，一个可能的途径就是文化对话。必须说明的是，这并不是单纯消极意义上的乌托邦式的应对方式。一方面，西方文明有其自身的弱点和危机，在费孝通看来，已经有西方学者在进行历史、现实的反思，明确生活的目的和意义——这正是费孝通所说的"文化自觉"的含义[①]，因此，他们无疑是有文化对话的要求的。费孝通甚至认为，文化自觉是当今世界共同的时代要求。另一方面，文化自觉要求人对其所处的文化有"自知之明"，但这既不是为了文化复归，也不是主张"全盘西化"或"全盘他化"，而是"为了加强对文化转型的自主能力，取得适应新环境、新时代时文化选择的自主地位"，换言之，文化自觉要有一个艰苦的过程，它要求人们在认识自身文化、理解所接触的多种文化的基础上，在多元文化的世界里确定自己的位置，经过自主的适应，和其他文化交融汇合，最终建立一个共同认可的基本秩序和一套与各种文化能够和平共处、各抒所长、联手发展的共处守则，也就是"美美与共，天下大同"的世界。[②] 这是费孝通"取法乎上"，从文化价值的根源处入手去思考和展望

---

① 费孝通：《人文价值再思考》，载《费孝通文集》（第十四卷），群言出版社1999年版，第195页。

② 从这个角度来看，费孝通确实是不同于韦伯看待文化价值问题时所持的"诸神之争"观点，他对韦伯单线式的文化转型观提出了相当尖锐的批评。但是，韦伯是否把文化转型当作现代化的前提，欧洲新教伦理是否就是他心目中的普遍主义（现代化）的思想意识？对此，有学者提出不同的看法。参见林端《依违于普遍主义与特殊主义之间》，载《儒家伦理与法律文化》，中国政法大学出版社，2002。

未来世界图景的努力。

以上概括使我们大致知道了费孝通的人文价值反思的进路。在此我们可以进一步思考一个问题:费孝通晚年的这些反思,其根本动力来自何处?

实际上,在“人文价值再思考”中,费孝通已经提到了自己最近的反思是始于阅读旧作,并写下新体会。具体是始于1993年重读《生育制度》写下的《个人·群体·社会》。[①] 而仔细考察该文,可以发现费孝通回应的是他的老师潘光旦于1946年为《生育制度》所作的序《派与汇》。潘光旦在这篇洋洋洒洒长达3万字的序言中,抱着老师对学生的殷切期望之心,直言不讳地表达了对《生育制度》的批评。他认为,书写得很好,但是过于囿于功能论的学派之见,不够汇通;用潘光旦的话来说,就是喜欢“一切我自家来”,不愿采纳吸收别的学派或解释中有益的观点。潘光旦从“派”与“汇”的视角出发,描述了中西方社会思潮分合聚散的过程,指出社会思想、社会理想的分派各有哪些弊端,最后提出往“汇”的方向努力的新人文思想,以此勉励费孝通投入真正的“所谓人的科学”中。然而,那时的费孝通正处在理论认识的

① 费孝通:《人文价值再思考》,载《费孝通文集》(第十四卷),群言出版社1999年版,第194页。

自我突破中，他从第一种对社会的理论看法①出发，逐渐过渡到对社会的第二种理解②；对于潘光旦的这个看似高远的批评，似乎并未接受。直到近半个世纪后，费孝通年过80时“才重新拾起这个似乎已尘灰堆积的思绪，触起了重新思考”，这其中还有一个重要因素即“文革”的经历。费孝通称“文革”是空前未有的人类社会“实验”③，对他产生了真正的影响。他在观察这个实验、体验实验效果时，一方面，“亲自感觉到涂尔干所说的‘集体表象’的威力”，即感受到了“超于个人的社会实体的存在”；另一方面，也“亲自感觉到有一个对抗着这个实体的‘个人’的存在”，即“出现了一个虽然按照社会指定的模式行动，但具有深层感情和思想的‘自我’”。自杀则是一个极端的对抗社会模式、自我表

---

① 即把人看作生物人，社会是由实体的、有各种需要的人所组成。费孝通认为自己早期所受的史禄国、马林诺夫斯基的理论训练，即功能学派的训练，也是从生物人出发，因为人的各种需要（基本需要及派生的需要）而关注到文化整体，这样一种社会结构的概念，所指向的是“必须满足人作为生物体所有全部需要，本身形成一个整体，其各部分是相互联系和配合的一个体系”（费孝通：《乡村中国，生育制度》，北京大学出版社1998年版，第330页）。这一对功能学派的理论主张的看法，和潘光旦的理解存在某种差异。

② 也是在功能学派中出现的。即涂尔干所持的社会本身即为实体的观点，他把社会和生物界的人体脱了钩。这个动摇过程，按费孝通后来的回忆，是逐渐体认到社会有一个先在的结构，生活于其中的人经历个人社会化过程后，按照结构所规定的角色的行为模式行事，但角色背后“个人的内在活动”则很难接触到。费孝通的瑶山、江村调查，即基于社会角色的行为模式而进行的观察，《生育制度》也在此范畴中。

③ 费孝通：《个人·群体·社会——一生学术历程的自我思考》，载《乡土中国，生育制度》北京大学出版社1998年版，第341页。

露的例子。也就是说,和集体表象对立的"自我感觉"也是个实体,因为不仅它已不是"社会的载体",而且可以是"社会的对立体"[1]。个人和社会由此成为并列的两个实体。在这个判断的基础上,费孝通终于领悟到潘光旦的新人文思想的要义:

> 社会之成为实体是不可否认的。但是社会的目的还是在使个人能得到生活,就是满足他不断增长的物质及精神的需要。而且分工合作体系是依靠个人的行为而发生效用的,能行为的个人是个有主观能动性的动物,他知道需要什么,希望什么,也知道需要是否得到了满足,还有什么希望。满足了才积极,不满足就是消极。所以他是个活的载体,可以发生主观作用的实体。社会和个人是相互配合的永远不能分离的实体。这种把人和社会结成一个辩证的统一体的看法也许正是潘光旦先生所说的新人文思想。[2]

按照潘光旦的研究者吕文浩的看法[3],潘光旦的新人文思想是一种在社会思想史研究基础上提出来的社会思想,而费孝通

---

① 费孝通:《个人·群体·社会——一生学术历程的自我思考》,载《乡土中国生育制度》,北京大学出版社 1998 年版,第 342 页。

② 费孝通:《个人·群体·社会——一生学术历程的自我思考》,载《乡土中国生育制度》,北京大学出版社 1998 年版,第 346 ~ 347 页。

③ 吕文浩:《费孝通与潘光旦》,载中华读书报网络版(2005 - 5 - 18),网页地址:http://www.gmw.cn/olds/2005 - 05/18/content_235392.htm,2011 年 3 月 16 日访问。

则是从社会学学科的基础理论出发,对其做出的新诠释。费孝通学术思想的这一新发展,固然有赖于他善于从社会生活经历中提炼社会学理论的悟性,也是与潘光旦早年在《派与汇》中的批评与期望播下的种子分不开的。他后来在谈到社会与个人关系时,已经不再像《生育制度》中那样"见社会不见人",而多少已经接受了潘光旦的批评意见。需要补充的是,潘光旦对费孝通的影响绝不仅仅是学术上的,或许更重要的是人格、境界上的影响。在纪念潘光旦的百年诞辰座谈会上,费孝通认为潘光旦能够做到儒家要求的"推己及人"和"一以贯之",这种人格之高度,足以令人仰望。他甚至谈到潘光旦哪怕在"文革"时也并未生怨,可以说从"己"字推出了超越一己荣辱的境界。[①] 他说,"造成他人格和境界的根本,我以为就是儒家思想。儒家思想的核心,就是推己及人"。[②] 或许,正是潘光旦的令人敬慕的儒家人格,对

① 探讨潘光旦、费孝通(以至那一代中国知识分子)在"文革"期间的遭遇和心态,是一个复杂而启人深思的课题。刘季伦在他的《自由主义与中国共产革命——两种理念的比较》一文中,考察了自由主义知识分子与革命政府在道德和政治问题上的碰撞,其结论是,道德从来无法节制权力,相反,权力却可以借助道德而全面扩展,直至人心最隐秘处,形成无孔不入的绝对权力。更为严重的是,本应该能克制权力的道德,在极端情况下反而可能成为权力的伥鬼。(刘季伦:《现代中国自由主义资料选辑》,台北:唐山出版社 2002 年版,第 189 页。)作为自由主义者的潘光旦、费孝通,对传统儒家道德某种程度的迷恋,对于保持"私"领域从而划出"社会"制衡国家的设想,可能阻碍了他们对于权力进行深入的认识。

② 费孝通:《推己及人》,载《费孝通文集》(第十五卷),群言出版社 2001 年版,第 83 ~ 87 页。

费孝通造成持久而深刻的感召，使他在晚年的学术反思中能够提出人文价值、跨文化对话以及“天下大同”等具有传统烙印的观点。

费孝通晚年念兹在兹的老师，除了潘光旦之外，还有一位，那就是派克（Robert Park）。2000 年，90 岁高龄的费孝通还为自己的这位老师写下了整整 100 页的学术札记，尤其值得注意的是，费孝通在札记的末尾，把派克和潘光旦放在一起，并列为他不能忘怀的好老师。可见，派克对费孝通的影响同样是多方面，并且深入到人格层面的。通观费孝通的补课札记，可以发现派克至少有如下几个方面对费孝通的影响：

其一，派克对社会的看法，费孝通认为，派克的《群众与公众》一文是他的社会学的出发点，同时也是从“社会学的最根本处破门而入”；其着眼点是想从人的心理层面探索人类从生物层演化到社会层的关键；群众是派克观察社会现象的原始或基本的形态，这个形态中人群所有的相互行为和共同心理状态，对社会的形成有促进作用。① 费孝通对布朗—涂尔干的社会实体论的接收，与此不无关系。其二，学习社会学的方法。派克认为，“社会学就在自己的生活里”，因此，要从实际的社会生活里学习社会学。② 费孝通谈到他对派克印象最深的教导，是派克把费孝通这批学生带到天桥，要他们不仅用眼睛看，用耳朵听，而且一

① 费孝通：《补课札记》，载《费孝通文集》（第十五卷），群言出版社 2001 年版，第 150 页。

② 费孝通：《补课札记》，载《费孝通文集》（第十五卷），群言出版社 2001 年版，第 172 页。

再教导要看出和听出动作和语言背后的意义来，也就是说去设身处地的体会，这和中国传统中的“将心比心”是一致的。费孝通认为派克把“知己”作为“知人”的根据，揭示出了人和人能够在社会中结合的关键。[①] 其三，反对空谈社会改良而崇尚理性。派克厌恶那些不去分析形成社会不正当行为的原因就妄作主张，唱高调做好事的人。因此，对派克而言，社会学不是盲目改良、头痛医头的应急治疗师，而是用理性来对待社会现象的科学。[②] 这使得费孝通的应用社会科学具备整体眼光，其反思也有向文化价值领域推进的可能。最后，派克的个人人格魅力对费孝通有强烈的影响。费孝通在札记中提到，派克早年师从杜威，喜欢读歌德的《浮士德》，这使得他拒绝走父母的现成道路，决心进入思想领域，去表达浮士德式喜怒无常、悲欢交织的人生，去理解芸芸众生的行动和感受。[③] 此外，十多年的新闻记者工作经历，也让派克阅历广泛，对人性有很深的理解，这些赋予了派克更强大的个人魅力。当年燕京大学的学生在编辑的《派克社会学论文集》的序言中讲到“先生在此短促的时间中，传给我们的绝非书本的死知识，而是一种大生命的鼓舞，听讲者受其陶冶诱导，无不油然沛然，尽发其蕴积的潜力，以从事于学问的探讨。

---

① 费孝通:《补课札记》，载《费孝通文集》(第十五卷)，群言出版社 2001 年版，第 175 页。

② 费孝通:《补课札记》，载《费孝通文集》(第十五卷)，群言出版社 2001 年版，第 192 页。

③ 费孝通:《补课札记》，载《费孝通文集》(第十五卷)，群言出版社 2001 年版，第 158 页。

我们今日之所以起始追求学问的意义和本相,可说完全是先生所启发的”。[1]

所有这些老师们在学术、思想、人格各方面对费孝通发生的影响,构成了费孝通晚年人文价值反思的源头。而费孝通的反思也提示我们,要扩展社会学的研究界限,必须在深入研究、借鉴西方理论的同时,培植本土化的理论关怀,重新激活中国社会学的思想传承,将社会学的研究界限扩展至文化和价值领域,如此才有可能让中国社会学有真正的突破。事实上,有学者认为,人文价值与心态研究的关联,对于理解今天中国的社会转型至为重要。[2] 或许,费孝通晚年对自己师承、文化价值的孜孜以求的反思,正在于给我们留下这样一个重要的启示。

① 孙平:《从派克到费孝通》,载《开放时代》2005年第4期。

② 应星:《中国社会的转型与中国社会学的复兴》,载法律思想网,网页地址:http://www.law-thinker.com/news.php?id=3378,2011年3月15日访问。

论费孝通《江村经济》的方法论贡献

陈立周

在社会人类学研究领域,费孝通先生的《江村经济》无疑是一部开拓性的著述,英国著名人类学家马林诺夫斯基将其誉为“人类学实地调查和理论工作发展中的一个里程碑”,之后亦被汉学人类学的领军人物弗里德曼视为“人类学中国时代”最具代表性的作品。之所以能有此种成就,借用台湾人类学家乔健先生的说法,乃是因为开创了新的风气,使人类学“从野蛮走向文明”。[①] 所谓新的风气,即是以费孝通先生为代表的社会学“中国学派”所运用的社区研究方法,也被称之为“微型社会学”。《江村经济》是这一研究方法最重要的成果之一。本文将对其方法论贡献进行分析。

① 乔健:《中国人类学发展的困境与前景》,《广西民族学院学报》1995 年第 1 期。

一、“一棵无心插的柳”

费孝通先生晚年不止一次说，当初写作《江村经济》，完全是无心插柳的结果。这一说法并非完全自谦，入江村调查，赴英伦求学，撰写博士论文，这个过程都充满偶然因素，①称其为“一棵无心插的柳”也不为过。然而这棵“无心插的柳”却在社会人类学界产生非凡影响，在西方被很多大学列为必读的人类学学术经典之一，这就不能简单的说是无意的结果了。后来费老在多个场合强调是“时势”所造，我们今天回头看费老的学术历程，逐渐对“时势”有了更多的理解。所谓时势，不外乎是学者自身怀有的学术使命，以及学术产生的社会条件。在评价派克的学术历程时，费老曾这样说道：“时势和英雄的合一其实也就是个人和社会的合一，或是主观和客观的合一。也可能就是所谓传统天人合一。”②这用来评价费老亦是合适的，因此说《江村经济》是“一棵无心插的柳”，不如说是特殊时代背景下的必然产物。

在20世纪初期的特殊时代，费孝通先生那一代知识分子普遍抱有的理想是为国家民族寻找出路，“这条道路，最初以要求民族独立、政治民主、探索人生为内容，继而在广泛接受新思潮

① 这一段故事在费孝通先生1985年为《江村经济》译著撰写的“前言”中有清楚的交代。参见费孝通：《江村经济：中国农民的生活》，戴可景译，商务印书馆2005年版：著者前言。

② 费孝通：《补课札记：派克来华》，载于《费孝通文集》第15卷，群言出版社2001年版，第24页。

的过程中,形成了对中国社会改造的全面探讨和追求"。[1] 在这种理想的感召下,费老从东吴转学清华,从医学转攻社会学,"因为,那时我自觉的认识到'为万民造福'比'为个人治病'更有意义"。[2] 1990 年,在回答里奇(E. Leach)的批评时,费老依旧坚持:"如果说我学人类学的志愿是为了解中国,最终目的是改造中国","我的确有了解中国全部农民生活,甚至整个中国人民的雄心。"[3]认识中国社会,然后改造中国社会,几乎成为费先生一生奋斗的目标。但是如何才能认识中国社会呢? 1932 年美国社会学家派克受邀来燕京大学讲学,开设"社会学研究方法"课程,明确告诫学生"从生活的具体事实中去取得对社会的认识",并鼓励大家"大胆提出假设,然后用生活中观察到的社会事实来肯定或否定这些假设",派克的这些思想对费孝通等人影响甚大,"把我们这批学生带入了一个新的境界。以我个人来说,不能不承认这句话为我这一生的学术经历开出了一条新路子"。[4] 这条新路子就是通过具体的社区研究认识中国,改造中国。在著名社会学家吴文藻的带领下,青年学生们纷纷走入田野,运用社区研究方法开展田野调查,并撰写出包括《江村经济》在内的系列学术著作,为社会学"中国学派"的诞生奠定了基础。

如果说国内特殊时代条件催生了《江村经济》,那么西方社

① 丁元竹:《费孝通社区研究方法的特色》,《北京大学学报》1992 第 4 期。

② 费孝通:《人的研究在中国》,《读书》1990 年第 4 期。

③ 费孝通:《重读〈江村经济·序言〉》,北京大学学报,1996 年第 4 期。

④ 费孝通:《补课札记:派克的选择》,载于《费孝通文集》第 15 卷,群言出版社 2001 年版,第 33 页。

会人类学的发展趋势则将其推进了经典行列。二战结束后，世界各地被殖民主义压迫下的民族不同程度上得到了解放，这给人类学的发展带来危机，“人类学者还想用过去那种气势凌人的到原来殖民的人民中间去进行所谓调查研究的田野作业，免不了要吃闭门羹了”。[①] 人类学这门学科要生存下去，就得另辟蹊径，开拓新的园地。马林诺夫斯基很早就预见了这一点，在给《江村经济》写的序言中，他引用了这样一句话：“未来的人类学不仅对塔斯马尼亚人、澳洲土著居民、美拉尼西亚的特罗布里恩德群岛人和霹雳的俾格米人有兴趣，而且对印度人、中国农民、西印度群岛黑人、脱离部落的哈勒姆非洲人同样关注。”他还不无担忧地说：“我们的现代文明，目前可能正面临着最终的毁灭。我们只注意在机械工程中使用最合格的专家。但在政治、社会和道德力量控制方面，我们欧洲人越来越依从于疯子、狂人和歹徒。”[②]马氏的这些看法并非杞人忧天，在他写这些话的时候，人们还没有从一战的创伤中恢复过来，却又面临着新的世界大战。马氏的毕生追求，就是通过功能主义分析，揭示人类文化及社会变迁的一般规律，为人类的进步做出贡献。他对主流人类学沉浸于好古、猎奇、不问世事的状况表示担忧。在马氏看来，《江村经济》无疑是走出这一困境的先行者，因此才敢预言它将对社会人类学的发展产生重大影响。以上就是费孝通先生所说的“时

① 费孝通：《重读〈江村经济·序言〉》，北京大学学报，1996年第4期。

② 费孝通：《江村经济：中国农民的生活》序言，戴可景译，商务印书馆2005年版：序。

势”，它从另一个方面反映了费老的治学原则：在社会大变革的时代，知识分子不仅要积极通过实地调查认识社会，更要“学以致用”，将知识转化为生产力，为社会进步服务。

二、“一匹乱闯的野马”

《江村经济》这棵无心种下的杨柳，在人类学发展陷入窘境的“时势”之下，开辟了一块新园地，使人类学开始从对野蛮人的研究迈向对文明人的研究。马林诺夫斯基评论道：“他书中所流露的很多箴言和原则，也是我过去在相当一段时间内所主张和宣扬的，但可惜我自己却没有机会去实践它。我们中间绝大多数向前看的人类学者，对我们自己的工作感到不耐烦，我们厌烦它的好古、猎奇和不切实际，虽然这也许是表面上的，实际并不如此。但我的自白无疑是真实的，我说过，‘人类学，至少对我来说是对我们过分标准化的文化的一种罗曼蒂克式的逃避’。”[①]显然，《江村经济》最大贡献正在于对这种文野之别的超越，“作者并不是一个外来人在异国的土地上猎奇而写作，本书的内容包含着一个公民对自己的人民这进行观察的结果。这是一个土生土长的人在本乡人民中间进行工作的结果”。[②] 但对于当时以原始文化研究安身立命的西方人类学来说，做到这一点是非常困

① 费孝通：《江村经济：中国农民的生活》序言，戴可景译，商务印书馆 2005 年版：序。

② 费孝通：《江村经济：中国农民的生活》序言，戴可景译，商务印书馆 2005 年版：序。

难的，即使做到了，也未必会被人们所理解，所以马氏才接着说："如果说人贵有自知之明的话，那么，一个民族研究自己民族的人类学当然是最艰巨的，同时，也是一个实地调查工作者的最珍贵的成就。"[①]另一位人类学者弗思（R. Firth）1938 年在一篇论文将费孝通等中国学者的社区研究称之为"微型社会学"，认为这是社会学"中国学派"的特点，6 年后又在一次讲坛上再次说微型社会学是人类学在战后可能的方向。[②] 这些极富前瞻性的见解，增加了人们对《江村经济》学术价值的了解。

然而，《江村经济》所蕴含的方法论在当时的西方人类学界曲高和寡，费孝通先生诙谐地称自己是"人类学界一匹乱闯的野马"。西方学者质疑社会学"中国学派"社区研究的科学性，其中以里奇为代表。里奇的质疑有两点：第一，以中国单个村庄或乡村小社区的研究成果，不能作为典型代表去推论其他农村的概况；第二，社会人类学家研究自己的社会无法做到客观和公正。[③]明显，第一个问题所质疑的是方法论，即小社区能否代表大社会；第二个问题针对的是价值论，即在研究中能否做到价值中立。对于后者，费老在不同场合表示过自己一生"志在富民"，社区研究不过是实现这种理想的一个基础性工作，并且还进一步从功能主义的角度阐述了"任何个人经验都是从社会习得的"这

---

① 费孝通：《江村经济：中国农民的生活》序言，戴可景译，商务印书馆 2005 年版：序。

② 费孝通：《重读〈江村经济·序言〉》，北京大学学报，1996 年第 4 期。

③ 孙秋云：《从乡村到城镇再到区域：谈费孝通的微型社会学研究方法及其反思》，《中南民族大学学报》2010 第 2 期。

一观点，也就是说社会科学中不存在完全超越价值立场的研究。这一个判断已经被当今社会科学发展的趋势所证实。但第一个质疑，即如何理清小社区与大社会的关系，却始终悬而未决。

直到1990年代，随着中外学术交流的开展，这些质疑才被费孝通先生了解。因此，作为对这些质疑的一种回应，更是为了还中国社会人类学发展的"旧账"，费孝通先生在《人的研究在中国》、《重读〈江村经济·序言〉》、《从马林诺夫斯基老师学习文化论的体会》等文章中对《江村经济》引起的方法论问题逐一作了答复。在1990年发表的《人的研究在中国》一文中，费孝通认为从方法论上来讲局部当然不能概括全部，因为这会导致以偏概全的错误，但是可以通过"逐步接近"的方法来达到从局部到全面的了解。"把一个农村看成是一切都与众不同，自成一格的独秀，Sui generis，也是不对的。""一切事物都在一定条件下存在的，如果条件相同就会发生相同的事物。相同条件形成相同的事物就是一个类型。"[①]从这个角度看，江村虽然不能代表中国所有的农村，"但是的确有许多中国的农村由于所处条件的相同，在社会结构上和所具文化方式上和江村基本上是相同的，所以江村固然不是中国全部农村的'典型'，但不失为许多中国农村所具有的'类型'或'模式'"。[②] 据此费孝通先生认为可以用微型社会学的方法去搜集中国各地农村的类型或模式，而达到接近对中国农村社会文化的全面认识。这种思路并非是里奇的质

---

① 费孝通：《人的研究在中国》，《读书》1990年第4期。

② 费孝通：《重读〈江村经济·序言〉》，《北京大学学报》1996年第4期。

疑激发的结果，其实早在抗战时期，费孝通就以云南呈贡“魁阁”为研究基地，运用“类型法”，进行农村比较研究，从实践中验证了通过社区研究可以达到逐步认识中国的目的。20 世纪 80 年代，费孝通先生意识到要认识“中国社会与文化”这个庞大的社会文化实体，就必须包括整个城乡各层次的社区体系，又将这种方法逐步扩展到“集镇”和“区域”的层次。

至此，似乎由《江村经济》引发的方法论问题得到了解决，然而费孝通先生却未就此止步，他进一步反省后认为，方法论的争论的根源在于如何理解文化功能主义的“文化是一个整体”的观点。功能主义的目的是了解人文世界，找到其变迁的规律。在人文世界中所说的“整体”并不是数学上一个一个加起来的总数。同一个整体中的个体有点像从同一个模式里制造出来的一个个蛋糕，也即个别是整体的复制品。个人的思想和行为都是从先于他的人文世界学习和模仿得来的，一个社区的文化就是形成个人生活方式的模子。这个模子对于满足个人生活需要是具有完整性的，每个人的生活需要都能从这个人文世界得到满足，所以人文世界不能是不完整的，[①]“如果能深入和全面的观察一个人从生到死一生生活各方面的具体表现也就可以看到他所处的整个人文世界了”。因此，“社会人类学者的首先要研究的对象是规范各个个人的这个模子，也就是人文世界。人文世界的整体必须和数学里的‘总数’在概念上区别开来，这是微型社

① 费孝通：《从马林诺夫斯基老师学习文化论的体会》，《北京大学学报》1995 年第 6 期。

会学的基本理论依据”。[1] 费孝通不无讽刺地说,“里奇认为我们那种从农村入手个别社区的微型研究是不能概括中国国情的,在我看来,正是由于混淆了数学上的总数和人文世界的整体,同时忘记了社会人类学研究的不是数学而是人文世界”。[2] 由此看出,里奇之所以有此种质疑显然是对文化功能主义的理解存在偏颇,但吊诡的是里奇本人却是这一学派的衣钵继承者,误解至此确实令人生疑,看来答案还得费老给出:“我们的分歧归根到底是出于我们并不都是英国人,包括 Malinowski 在内。我们各自的文化传统带来了‘偏见’或更正确些是‘成见’。这些成见有其文化根源,也就是说产生于 Edmund 所说的公众的经验。而所谓公众的经验,在我的理解中,就是指民族的历史传统和当前处境。”[3]因此,方法论的分歧本质上还是一种文化的分歧。

三、“但开风气不为师”

跟里奇带有文化偏见的质疑不同,另一位人类学家弗里德曼抛出的问题让中国人类学家不得不认真思考和处理。弗里德曼承认社会学中国学派的社区研究具有将人类学从原始部落推向文明社会的潜能,但却对实现这一目标的方法抱以怀疑,认为功能主义者在宣扬社会人类学的社区调查法的有效性时,忘记

① 费孝通:《重读〈江村经济·序言〉》,《北京大学学报》1996 年第 4 期。

② 费孝通:《重读〈江村经济·序言〉》,《北京大学学报》1996 年第 4 期。

③ 费孝通:《人的研究在中国》,《读书》1990 年第 4 期。

了“有历史的文明社会”是中国社会与传统人类学研究对象不同之根本所在，对一个历史悠久、有社会分化的文明大国，功能主义的社区研究方法和共时性剖析是不适当的。[①] 费孝通先生当然意识到这个问题，但是由于之后被迫中断学术近20年，无法在实践中进行弥补和修正。幸运的是，虽然国内社会人类学研究丧失了进一步发展壮大“人类学中国时代”的机会，但却被国际汉学人类学者接下了接力棒，它们沿着马林诺夫斯基开创的“从野蛮向文明”的研究思路，将中国作为人类学的新园地，不停耕辍，并结出累累硕果。[②] 对于西方汉学人类学的成就及贡献，王铭铭教授在《社会人类学与中国研究》一书中做了系统的介绍，他认为20世纪70～90年代的国际汉学人类学研究论著，代表汉学人类学方法论的一个转型时代，这一时代具有两大特点：（1）在这一时代社区方法得以复兴，20世纪50～60年代对小型社群研究的“代表性”的疑问得以澄清；（2）新兴的社区研究和描述文本，在克服了功能主义时代“分离社群”概念局限性的同时，进一步深化了学术界对社区的认识。[③] 弗里德曼之前的告诫是，假使

① 引自王铭铭：《社会人类学与中国研究》，广西师范出版社2005年版，第31页。

② 譬如 Maurice Freedman 对华南宗族系统的研究，G. William Skinner 对中国集市的研究，Arthur P. Wolf 沃夫对童养媳的研究，Myron P. Cohen 对分家的研究，Emily Martin 对祭祖的研究，James L. Watson 对天后信仰的研究等，这些研究不单对中国社会本质，对整个人类社会制度的了解都有重大贡献。

③ 王铭铭：《社会人类学与中国研究》，广西师范出版社2005年版，第41～42页。

人类学对中国社会的独特性没有充分了解，进行再多的调查也无法说明问题，而要获得对这种独特性的认识，就必须向历史学家和社会学家学习研究文明史和大型社会结构的方法，走出社区，在较大的空间跨度和较广的时间深度中探讨社会运作的机制。因而，这一时期汉学人类学学术上的最大贡献，就在于共同回答了弗里德曼提出的问题，即“微型社会学研究”不仅可以体现中国社会的复杂性，同样可以体现中国社会的历史性。达到这两个要求，当代中国人类学的发展就不愧于曾经拥有的“人类学中国时代”以及这一时代学者们的贡献。

20 世纪 90 年代是中国社会学和人类学重建之后开始发展的时期，费孝通先生的工作重心逐步转移到对青年一代的培养上来。在费孝通的指导下中国人类学的发展也非常迅速，尽管还无法跟 20 世纪中期人类学中国时代的所取得的成就相比，但不仅澄清了思路，同时还产生大量成果。[①] 这些成果无疑是在以《江村经济》为代表的“社会学中国学派”的基础上的进一步发展。此外，20 世纪 90 年代以来也是各门社会科学相互交叉、相互借鉴的时期，《江村经济》所开创的研究方法论在各个学科都得到运用，对中国社会科学的发展起到奠基作用。“如何认识中国社会”再次引起学界的思考，著名社会史学家黄宗智提出“走向从实践出发的社会科学”的主张，认为国内外中国研究领域长

① 在学界的努力下当代中国人类学的发展产生了诸多理论成果，限于篇幅，本文不再详细进行介绍。近年瞿明安教授主编的《中国文化人类学》进行了系统的整理和评述，读者可以参考。（瞿明安主编：《当代中国文化人类学》，云南人民出版社 2008 年版。）

期依赖现代西方的理论而没有能够形成自己独立的理论,而西方主流理论多从"理性人"的构造出发,将其视为一切认识的前提,近年来这种"启蒙现代主义"已经受到西方理论界的批判,其中法国社会学家布迪厄提出的"实践社会学"令人耳目一新。但是布迪厄本人却未能将其成功付诸于研究中。黄宗智认为,费孝通的研究比布本人的研究更接近于布的设想,因为费孝通的著作能在深入的微观调查的基础上提炼出跨时间的历史实践过程以及强有力的宏观概念,并在其后获得被检验的机会。[①] 黄宗智的这一主张无疑是纲领性的。

还值得一提的是近年以武汉为基地的一批被称为"华中乡土派"的学者,秉承费孝通先生为代表的社会学中国学派的乡土社会研究传统,开展了大量关于农村社会性质、乡政村治、治理逻辑等方面的探讨,在此基础上形成一批有影响的乡村研究成果,在20世纪90年代中后期兴起一股"学术重心下移"的浪潮,让人耳目一新。"华中乡土派"的核心成员贺雪峰教授直截了当地说,中国社会学最应该继承的是毛泽东、梁漱溟和费孝通,他们的共同点是将西方理论与中国实践相结合,他们从事理论研究的目的十分清楚,就是要改造和建设新中国,而改造和认识中国社会的前提是认识新中国。[②] 这无疑是一个非常到位的评价,费孝通晚年的许多反思总结性文章都反复强调了早期进行社会

---

① 黄宗智:《认识中国:走向从实践出发的社会科学》,《中国社会科学》2005年第1期。

② 贺雪峰等:《中国乡村研究三十年》,《开放时代》2008年第6期。

学研究的抱有的“学以致用”、“改造中国”的理想。然而20世纪80年代以来,大量的中国学者在重建社会学的过程中,开始用经验来验证、补充、修正西方理论,甚至希望发展西方理论,从而将“认识中国”与“改造中国”的关系割断了,导致中国社会科学的主体性丧失。而要恢复中国社会学的主体性,就必须将认识中国与改造中国再次统一起来。21世纪初,“华中乡土派”的一些核心成员联合发文宣扬自己的村治研究方法论,将其归纳为“田野的灵感、野性的思维、直白的文风”,①尽管振聋发聩,但这种研究风格正是费孝通的《江村经济》本身所蕴含的。无疑,费孝通先生早年无心插的柳,在“时势”的造就下成长为《江村经济》这棵大树,历经数十年的风雨飘摇,终于荫泽一片。尽管还有待于进一步推陈出新,发展壮大,但已经拥有了自己的一片新园地。

---

① 徐勇等:《村治研究的共识与策略》,《浙江学刊》2002年第1期。

费孝通先生社会研究的方法论及其现实意义

娄世桥

回顾费孝通先生70年的学术生涯，从1935年到广西大瑶山做少数民族社会组织的调查开始，经历了研究中国农民的经济生活，进行内地农村调查，新中国成立后参与民族调查，再到20世纪80年代涉入小城镇研究，直到2005年4月24日在北京逝世，其毕生志向在于富民，其学术关怀在于推进中国社会科学的发展，现实关切在于认识社会以指导文化变迁，一生秉持着“一切改变应该是有计划的，而计划又须是以坚实的事实和知识为基础的”。[①] 强调“在社会上发表一种见解，本身是一种社会行动，会引起广泛的社会效果。对实际情况不正确的反映难免会引起不良的影响”。[②]

---

① 费孝通：《江村经济——中国农民的生活》，戴可景译，商务印书馆2001年版，第14页。

② 费孝通：《乡土中国 生育制度》，北京大学出版社1998年版，第3页。

在以往纪念费孝通先生的文章中，主要强调了其对中国社会学、当代中国社会学、人类学、民族学的巨大贡献，或者是强调费孝通先生某一方面具体的研究论述的学术贡献或理论贡献。然而，本文并不希望跟随以上的路径，而是尝试从费先生社会研究的方法论及其现实意义的角度来展开论述。

一、从中国现实/国情出发的社会整体性研究

因为人类学在其发展的较长一个时段内主要是用“他者的眼光”去关注“异文化”，并尝试做整体性的研究。正如英国人类学家莱顿所阐述的那样：人类学是关于人的研究，社会人类学（social anthropology）是研究人类社会的学科。社会人类学可归结为“比较社会学”（comparative sociology），它通过研究各种人类社会，得出关于社会如何运行的一般理论。具体地说，社会人类学往往被认为是对“小规模”社会的研究，这些社会相对简单，更易从整体上把握。社会人类学还可以理解成“文化翻译”（the translation of culture），即理解陌生人群的那些貌似奇异的风俗。[①] 虽然马林诺夫斯基高度赞许“社会学的中国学派”所取得的学术成就，弗思提出的“微型社会学”在中国社会研究中也有较为广泛的影响和应用。但利奇公开认为中国人类学者不宜从本国农

① 罗伯特·莱顿：《他者的眼光——人类学理论导论》，罗攀、苏敏译，华夏出版社 2005 年版，第一章。

村入手进行社会人类学的研究工作。[①]

如果说关于人的研究的社会人类学真的是并且可以是理解为整体性地“文化翻译”,那么它借以认知的原材料是田野作业者的个人经验,个人经验又要通过个人反省才能有效地表达出来。这其实与我们研究什么样的社会或者说田野作业的对象并没有必然的关系,而主要是通过比较以实现对一定的社会和文化的理解而已。正如费孝通先生回应利奇时说到的那样:社会人类学田野作业的对象,以我以上的思路来说,实质上并没有所谓“本文化”和“异文化”的区别。这里只有田野作业者怎样充分利用自己的或别人的经验作为参考体系,在新的田野里去取得新经验的问题。[②] 在这一基础上,费先生在承认和警惕“微型社会学”的限度和问题时,肯定了在其限度内的成就和它的价值。认为以微型研究为“第一步”可以得到比较结实的基础。用微型社会学的方法不过是研究社会的一条入手门径,虽然不是要靠它来了解中国国情,而是进行农村研究的路径、工具或者手段。进而提出了农村研究可以作为了解中国国情的基础性工作,因

---

① 费孝通:《江村经济——中国农民的生活》,戴可景译,商务印书馆 2001 年版,第 321 页。

② 费孝通:《江村经济——中国农民的生活》,戴可景译,商务印书馆 2001 年版,第 324 ~ 325 页。

为80%以上的中国人都住在农村里，[①]就是那小部分不住在农村里的人，其基本的社会结构和生活方式大部分还是等同于农民或是从农民的型式中发展起来的。因之可以肯定研究中国社会文化应当从农村研究入手。到目前为止，对中国农村社区进行比较全面的研究还不多。这方面的工作自应更认真地继续做下去。[②] 针对国内学者忽视运用田野作业方法去研究中国社会和文化的现实，进一步提出社会学中国化、本土化和文化自觉的理论命题和中国社会科学主体性的紧迫性问题。

通过指出人文世界里的"整体"和数学中的"总数"在概念上有着明确的区别，在中国进行社会和文化研究在一定程度上摆脱了利奇的责难。在批判 Sui generis"把一个农村看成是一切都与众不同，自成一格的独秀"时，提出有可能用微型社会学的方法去搜集中国各地农村的类型或模式，通过比较类型或模式的差异，对于中国这样一个人数众多、历史悠久、文化复杂的民族或国家，通过社区研究来实现了解这个民族的社会文化，进而达到接近对中国农村社会文化的全面认识。[③]

---

① 需要强调的是，80%这一数据是费老写作时的数字。根据相关统计，2008年城镇人口占总人口的比重已经上升到了45.7%，城乡经济社会发展一体化的新格局也在逐步地形成。2009年，中国社会科学院城市蓝皮书称城镇化率为46.6%。2011年3月温家宝总理政府工作报告中提到的是47.5%。

② 费孝通：《江村经济——中国农民的生活》，戴可景译，商务印书馆2001年版，第325～326页。

③ 费孝通：《江村经济——中国农民的生活》，戴可景译，商务印书馆2001年版，第318～320页。

虽然对社会事实和社会文化问题的反映可能受到不同利益团体的影响甚或是左右，但这种从中国实际/国情出发的社会科学研究，不是一味迷信、固执于西方的理论和方法，这种对中国社会和民族文化的责任感和使命感，学习西方理论和方法又不受其禁锢的科学精神，值得我们社会科学界和每个社会科学工作者认真学习，并认真地去身体力行之。

二、关于社区/区域差异与比较方法的认识路径

社会科学工作者应该做些什么？社会科学的功能或作用是什么？认识社会和文化的路径何在？这是随着时代的变化和国情的变化需要我们不断去追问并作出切实回答的问题。

中国的社会科学要发展壮大，要实现对中国社会和文化的认识，实现真正的中国化、本土化和文化自觉，在指导社会文化变迁中发挥积极的促进作用。社会科学工作者要做的就是实现对中国社会的正确理解，“了解当前存在的以事实为依据的情况，将有助于引导这种变迁趋向于我们所期望的结果。社会科学的功能就在于此”。[①] 要正确解决中国社会进程和改革发展中的实际问题，知识当然是不可缺少的。但如何获得这种知识，获得对社会和文化的真理性认识？费孝通先生在承认“微型社会学”局限的同时，给我们指出了经由社区/区域研究到对不同社

---

① 费孝通：《江村经济——中国农民的生活》，戴可景译，商务印书馆 2001 年版，第 21 页。

区/区域社会结构的比较研究，从而可以通过区域比较达到“接近对中国农村社会文化的全面认识”，甚至是接近对中国社会和文化的全面认识。

以社会学研究来说，费先生认为：在容许各门特殊的社会科学对各个社会制度做专门的研究之时，社会学如果要成为综合性的科学，而不是成为各种社会科学的总称，满足于一个空洞名词的存在，它可以从两个层面上也就是两条路线上进行综合的工作：一条路线是“从各制度的关系上去探讨。……从各制度的相互关系上着眼，我们可以看到全盘社会结构的格式。社会学在这里可以得到各个特殊的社会科学所留下的，也是它们无法包括的园地”。[①] 第二条路线不是从具体的研究对象上去寻求综合，而是从社会现象的共相上进行探索。

从全盘社会结构的格式作为对象来进行科学研究，这个对象不能是概然性的，应该是具体的社区，“因为联系着各个社会制度的是人们的生活，人们的生活有时空的坐落，这就是社区。每个社区都有它的一套社会结构，各制度配合的方式。因之，现代社会学的一个趋势就是社区研究，也称作社区分析。”[②]

通过对坐落在一定时空中人民所赖以生活的社会结构的调查和描述，具备了社区分析的初步工作后，第二步就是进行比较研究，通过比较不同社区的社会结构，进而发现与每个社会结构

---

① 费孝通：《乡土中国　生育制度》，北京大学出版社 1998 年版，第 91 页。

② 费孝通：《乡土中国　生育制度》，北京大学出版社 1998 年版，第 91 ~ 92 页。

相适应的原则，进而分析社会结构的形式差异。

这种通过对社区进行调查研究再到认识社会和文化区域，进而对区域差异进行比较分析以认识中国社会和文化的方法，得到了“华中乡土派”农村政治研究、乡村治理研究、农村社会学、法律社会学等方面研究学者的发扬光大，并取得了一系列有影响的学术成果。其中如徐勇教授对农村政治研究的丰硕成果，贺雪峰教授对乡村治理区域差异的深刻解读等等。甚至可以说，费孝通先生在《重读江村经济·序言》中所说的“研究中国社会文化应当从农村研究入手。到目前为止，对中国农村社区进行比较全面的研究还不多。这方面工作自应更认真地继续做下去”[①]这个期望和理想得到了“华中乡土派”的认真实践。贺雪峰教授在其著作中也明确提出：农村政策基础研究的目标是理解80%中国农村的80%现象，充分认识中国农村非均衡状况和区域差异，进而理解政策实践机制，为农村政策研究和农村政策制定提供强有力的理论基础。[②]

三、对社会研究中历史和现实关联与结合的强调

费老多次强调自己所写的东西日后可能将成为历史，时至今日，《江村经济》这样的著作也可以说是一本记载了这个村子

---

① 费孝通：《江村经济——中国农民的生活》，戴可景译，商务印书馆2001年版，第325～326页。

② 贺雪峰：《乡村研究的国情意识》，湖北人民出版社2004年版，第374～377页。

的历史。“当时是活历史，现在只能是已经过去了的历史，所以决不能说是结合了历史的社会学分析。”[1]这里提出了费老在社会研究中强调历史与现实相联系和结合的社会学分析路径。

在分析一定形势下发生的问题和变迁时，费先生强调传统力量与新的动力具有同等重要性，由于中国经济生活变迁的真正过程，既不是从西方社会制度直接转渡的过程，也不仅是传统的平衡受到干扰而已，而是这两种力量相互作用的结果。这个结果不会是西方世界的复制品或者传统的复归，其结果如何，将取决于人民如何去解决他们变迁中遇到的问题。正确地了解当前存在的以事实为依据的情况，将有助于引导这种变迁趋向于我们所期望的结果。[2] 正确认识和分析中国社会发展和时代变迁中发生的问题亦然。我们需要看到内外力量对变迁的影响，结合中国历史发展进程和文化传统来进行分析和总结，而不是照搬西方的理论、方法和做法，随意地、粗暴地运用西方理论来切割中国的社会现实问题。因为我们更需要清楚地知道：西方的社会科学理论也是在西方历史传统和文化脉络中总结出来的实践经验而已，而不是放之四海而皆准的真理。我们是需要学习西方的先进经验和优秀成果，但我们绝对不可以食洋不化，迷信西方。所以，西方的社会科学理论和新经验可以作为新工具，它们具有参考和借鉴意义，但并不是一定要去证明它适合于所

---

① 费孝通：《江村经济——中国农民的生活》，戴可景译，商务印书馆 2001 年版，第 333 页。

② 费孝通：《江村经济——中国农民的生活》，戴可景译，商务印书馆 2001 年版，第 20～21 页。

有的人们，适合于所有社会中人们意欲达到的目的。我们也不需要去迷信西方的理论、概念、大词和话语，要从实际出发，关注国情、国家的历史文化传统和社会发展脉络。

费老希望社会科学工作者在做社区研究时能够把历史与现实结合和联系起来，使得社区研究带有时间发展的观念，注意历史文化传统的功能和作用。他说：今后在微型社区里进行田野工作的社会人类学者应当尽可能地注重历史背景，最好的方法是和历史学者合作，使社区研究，不论是研究哪层次的社区都须具有时间发展的观点，而不只是为将来留下一点历史资料。真正的“活历史”是前因后果串联起来的一个动态巨流。……“活历史”是今日还发生着功能的传统，有别于前人在昔日的创造，而现在已失去了功能的“遗俗”。传统是指从前辈继承下来的遗产，这应当是属于昔日的东西。但是今日既然还为人们所使用，那是因为它还能满足人们今日的需要，发生着作用，所以它曾属于昔，已属于今，成了今中之昔，至今还活着的昔，活着的历史。[①]

四、对今日中国社会科学的启示：主体性诉求

中国社会科学的主体性问题和在国际社会科学中的话语权和话语体系建立问题，也就是中国社会科学主体性确立的问题，也就是费孝通先生说过的“在社会变革的过程中，为组织集体行

① 费孝通：《江村经济——中国农民的生活》，戴可景译，商务印书馆 2001 年版，第 333 ~ 334 页。

动，对社会情况需要有一个多少为大家所接受的分析和定义以及一个系统的计划。这种准备活动一般需要一种语言形式”。[①]

但由于近代以来中国“突然”遭遇极度扩张的西方文明，从而在经济、军事、社会、政治、制度、教育、学术等方面遇到了前所未有的挑战，使得官方、学者都在思考出路问题，被迫从器物、制度、学术等方面学习西方。从官僚层面上看，由于官员的社会视野受到局限，他们不懂得每一部制定出来的法律背后，存在着被社会所塑造的利益和一个具体的社会集团的世界观。他们甚至理所当然地认为，具体法律规定的社会秩序，就是普遍的秩序。[②]在这种急剧转变中，中国文化的自主性也在逐步丧失，甚至会简单地移植西方做法来解决燃眉之急，顾不得或不愿意主动、自觉地去思考自己民族的思想模式和行为模式。虽然中国是一个拥有5000年文明和56个民族、幅员辽阔和区域差异极大的国家，但任何的革命、救亡和潮流其实都逃脱不了自己的文化传统和历史特点。因为，任何一个国家、民族的发展，“绝非可以舍弃其原来历史文化、政教渊源，而空言改革所能济事”。[③] 也就是说，破除对西方理论、知识的迷信，树立自己的文化自信，做到文化自觉，是十分必要的。

中华民族有着悠久的历史和灿烂的文化，从事社会科学研

① 费孝通：《江村经济——中国农民的生活》，戴可景译，商务印书馆2001年版，第21页。

② 卡尔·曼海姆：《意识形态与乌托邦》，黎鸣，李书崇译，商务印书馆2000年版，第119页。

③ 钱穆：《国史大纲》（下册），北京：商务印书馆1996年版，第900页。

究的学者，对本民族的历史和文化略有所知或有基本的认识，是十分重要的。而要达到略有所知或有基本的认识，就得从学习和认识中国的历史、文化开始，培养国史的观念。正如钱穆先生所说，中国是世界上历史最完备的国家，其特点有三：一为时间悠久，二为连续无间断，三为史书体裁详密。由此，治国史的第一任务在能于国家民族之内部自身，求得其独特精神之所在。而不是迷于彼而忘其我，拘于貌而忽其情。从而达到革新固当知旧。[①] 但是，历史的完备并不等于或不会直接导致国史观念的完备，也不等于说我们做中国社会科学研究的学者都能自觉地去完备自己的中国史知识，培养和形成国史的观念，自觉地去从大体上了解中国历史长河中的学术思想、政治制度、社会风气、国际形势，去体认、思索国家民族生命的精神。

故在当下的中国社会科学研究领域中，经常出现似乎是老生常谈，但又是十分紧迫、严峻而不得不谈的话题：学习国外的理论和方法固然很重要，但必须与研究中国现代化进程中的问题——真问题——紧密结合起来的呼吁和强烈诉求。

改革开放30年来，在社会科学领域，一方面要说已经取得了长足的发展；另一方面，也应该实事求是地说在理论上存在着严重的苍白和无力症状，甚至出现了"理论的反思少，观点的炒作多；长远的知识积累少，赶时髦的时兴之作多；欣赏别人的成果者少，自以为是者多"的情况。[②] 甚至有过于迷信西方理论，用西

---

① 钱穆：《国史大纲》（下册），商务印书馆1996年版，第1～11页。

② 李培林：《现代社会学文库总序》，社会科学文献出版社2011年版。

方理论任意切割中国历史、社会建设实践。在理论与实践相悖时，甚至出现用“小叙事”否定宏观历史、建设实践的情况。不是回到中华民族生命精神之中，而是轻易地进行所谓“××的重塑”、“××的创造性转换”、“成为问题的××研究”。或者是轻易把注重真问题、侧重本土经验或从主位视角的研究说成是“反西方”“反理论”“没有理论”“不学理论”“不懂理论”“自创理论”。

在中国历史文化传统、实践经验与西方理论的对立和相悖时，出现否定宏观历史和建设实践的情况，一方面是过于迷信西方理论的普适性和普世价值，另一方面是缺少了国史的观念。不是反思性地去认识和使用理论工具，不是从“我是谁？我从哪里来？将向何处去?”中虚心认识自己，做理性的、认真的、负责任的思索，而是怀疑自己进而否定自己。

改革开放以来，在继承革命传统和建设经验的同时，为早日实现中国的现代化、祖国的富强和民族的伟大复兴，在各方面积极学习西方。就社会科学领域而言，在积极引入理论、思想和方法的同时，不可否认的是，也在引入了一种学术制度和学术话语。在这种制度和话语的背后，是“启蒙现代主义、西方中心主义和科学主义”，而从“形式主义”和“理性人”的构造出发，是其理论的前提和认识方法所在，也是现代西方主流话语的本质。虽然，这种理论在近些年来也受到后现代主义的冲击、质疑和批判，但是，中国社会科学界却比较地缺少这种批判的自觉性，在使用理论和方法的时候经常忽视了中国的国情，甚至是忽视中国现实问题的研究或者说是中国社会科学的主体性。甚至一些社会科学的学者以与国际接轨为旨归,以在国外学术刊物上发表文章为唯一的指向,以给国外社会科学填空和做脚注为目标,有些研究仅仅是些“无害的游戏”而已。因为,从历史的角度来说,任何的西方社会科学理论都只是“地方性知识”,其发展和形成都是对其时代问题的关注和回应,是根据其国家民族生命之精神、历史文化和民族传统而对实践的经验总结。

回顾西方话语霸权的建立,中国社会科学知识分子迷信西方理论(主流或非主流的理论话语)的产生。有以下特点:近代以来,由于中华帝国在“突然”遭遇西方文化和坚船利炮中的失败,在自强也失败的情况下,想模仿、移植西方的法律、制度来达到外御其侮、内求安定和发展的目的。但是,这种没有意识与精神基础、社会基础和群众支持的努力,都以失败告终了。只有把西方理论、观点和方法当作工具,从中国具体实际出发的实践才取得了成功。

但一种理论或话语体系并不会自动成为话语霸权,对话语体系的学习也不会自动变成迷信。而是在自身对历史、文化和民族不自信的情况下,才会把外来的话语、理论当作意识形态,甚至是当作唯一的真理,使话语与知识、权力结盟,由学者、官方和决策实践者共同作用的产物。在摆脱落后、弱小面貌的强烈愿望下,迅速推进近代化、工业化、民主化、城市化抑或是现代化的努力下,在实践过程中,使得话语霸权得以建立起来。而话语霸权的建构和确立过程,也正是迷信的产生过程。

所以,对西方迷信的破除、文化自信和文化自觉的建立,一是需要对西方理论做知识社会学的分析,二是需要从实践出发的中国社会科学的成长。这就要求我们的社会科学从实践的认识出发,进而提升到理论的水平,再在实践中检验它的正确性。只有在实践中行之有效,才是把理论和实践真正结合起来的知识(认识)。也可以说是“由行动而带来的实际局势的变化,产生出新的理论”,[①]进而去指导实践。这其中,包含的是民族特色、民族性格和中国社会科学的实践品格。

这也许正是我们纪念费孝通先生的一个理由所在,学习其社会文化研究方法论的现实意义,深入认识其对中国社会科学主体性建立的指导意义。

---

① 卡尔. 曼海姆:《意识形态与乌托邦》,黎鸣,李书崇译,商务印书馆 2000 年版,第 128 ~ 129 页。

“魁阁”和“边疆人文研究室”之比较研究

杨绍军

云南大学—燕京大学社会学实地调查工作站（以下简称“魁阁”）和南开大学文学院文科研究所边疆人文研究室（以下简称“边疆人文研究室”）作为抗战时期分属不同高校的研究机构，它们的存在和发展，对推动中国现代社会学、民族学、人类学等学科的发展、学术研究和人才培养作出了重要的贡献。现将两者进行比较研究，不仅可以深化对它们的研究，而且可以凸显它们在中国现代学术史上的重要地位和作用。

一、“魁阁”和“边疆人文研究室”的成立和主要成员

1937 年 7 月 7 日，卢沟桥事变的爆发，不仅改变了中国的历史，也改变了中国知识分子的命运，随着全民族的迁徙和流亡，中国知识分子从位于政治、经济文化中心的北平、上海、天津等

大城市向内地和偏远地区流动，北大、清华、南开南迁，于1938年4月组建西南联合大学。与此同时，云南大学同样在战时获得了巨大发展，使昆明成为战时中国的学术文化中心之一。

1938年，吴文藻先生到云南大学任教，在他的积极筹划下，云大成立社会学系，随后费孝通先生加入进来，成立了“魁阁”。对于“魁阁”，据费孝通先生回忆：

> 1938年在云南大学成立了一个社会学系，而且1939年和燕京大学合作成立了一个社会学研究室。我接受了管理中英庚款董事会科学工作人员的微薄津贴（1939～1941年），以云大教授的名义，主持研究室的工作，开展社会学调查。1940年昆明遭到日本大轰炸，社会学研究室不得不疏散到昆明附近呈贡县的农村里去。我们租得一个三层楼的魁星阁，成为我们的工作基地。因此这个研究室也就从此被称为“魁阁”。[①]

对于“魁阁”的主要成员，根据费孝通、李有义和田汝康诸先生的回忆，主要有许烺光等十余人，具体如下面表1所示：

---

① 费孝通：《〈云南三村〉序》，费孝通、张之毅：《云南三村》，社会科学文献出版社2006年3月版，第4页。

表 1 “魁阁”主要成员表

姓　名	籍　贯	国内毕业高校	国外毕业高校
费孝通	江苏吴江	清华大学	英国伦敦政治经济学院
许烺光	辽宁庄河	沪江大学	英国伦敦政治经济学院
张之毅	湖南醴陵	西南联大	
田汝康	云南昆明	西南联大	英国伦敦大学
李有义	山西清徐	燕京大学	
谷　苞	甘肃兰州	西南联大	
史国衡	湖北随州	西南联大	
胡庆钧	湖南宁乡	西南联大	
王　康	湖北黄冈	西南联大	
瞿同祖	湖南长沙	燕京大学	
袁　方	湖南汉寿	西南联大	
陶云逵	江苏武进	南开大学	德国汉堡大学
张宗颖	浙江杭县	清华大学	

与“魁阁”的成立有些类似,“边疆人文研究室”源于云南地方当局的一项重要计划。其时,云南省政府想修筑一条由云南石屏到佛海(今云南勐海)的省内铁路,并决定从修筑铁路的经费中抽出一笔专款,委托一个研究单位进行调查研究,为筑路提供沿线的社会经济、民情风俗、语言及地理环境和有关的实际资料。据邢公畹先生回忆:

南开大学的黄钰生(子坚)教授和冯柳猗教授在云南社会贤达缪云台先生的支持下,取得了石佛铁路的委托与经费,便决定乘这个机会创办一个边疆人文研究室。一方面为石佛铁路的修筑做些有益的工作，另一方面为南开大学创办一个人文科学的研究室，开辟一个科研阵地。①

1942年6月，在黄钰生、冯文潜(柳猗)等教授的积极筹划下，全称为"南开大学文学院文科研究所边疆人文研究室"的机构成立，下设边疆语言、人类学(包括社会人类学和体质人类学)、人文地理和边疆教育四组。该室聘请陶云逵教授为研究室主任，主持研究室的工作。

对于"边疆人文研究室"的成员，根据邢公畹、梁吉生等先生的回忆或研究，主要有陶云逵等数人，具体如下面表2所示：

表2 "边疆人文研究室"主要成员表

姓　名	籍　贯	国内毕业高校(机构)	国外毕业高校
陶云逵	江苏武进	南开大学	德国汉堡大学
袁家骅	江苏沙洲	北京大学	英国牛津大学
邢公畹	安徽安庆	中央研究院历史语言所	
高华年	福建南平	西南联大	
黎宗瓛		西南联大	
黎国彬	广西梧州	西南联大	
赖才澄		西南联大	

① 邢公畹：《抗战时期的南开大学边疆人文研究室——兼忆关心边疆人文研究的几位师友》，南开大学校史研究室编：《联大岁月与边疆人文》，南开大学出版社2004年10月版，第358页。

二、“魁阁”和“边疆人文研究室”的共性和特点

“魁阁”与“边疆人文研究室”，作为分属云南大学和西南联大的研究机构，被认为是“中国现代学术集团的雏形”①，笔者对其共性和特点进行归纳，有如下几点：

第一，二者的研究都得到学界的普遍认同，作出了开创性的研究工作。1940 年，吴文藻先生离开昆明到重庆任职，费孝通主持“魁阁”的工作。他们对云南农村经济生活、基层社区、少数民族历史现状和风俗、城乡关系的变迁、小农经济社会传统和现代工厂之间的问题、现代工业管理中人的关系和作用等都作过专题调查研究，出版了一批重要的研究成果：费孝通的《禄村农田》、张之毅的《易村手工业》和《玉村农业和商业》、田汝康的《内地女工》和《芒市边民的摆》（又名《摆夷的摆》）、史国衡的《昆厂劳工》和《个旧矿工》、谷苞的《化城镇的基层行政》、胡庆钧的《呈贡基层权力结构》等，这些成果受到人们的高度赞誉。如对田汝康先生的《芒市边民的摆》，诸建芳先生就认为：田先生的《摆夷的摆》可被算做堪与费孝通先生的《江村经济》和《云南三村》、林耀华的《金翼》和《凉山夷家》比肩的作品，是“社会学

---

① 谢泳：《魁阁——中国现代学术集团的雏形》，《北京大学学报》（社会科学版）1998 年第 5 期。

费孝通在魁阁

中国学派”的代表作。[①]

同样,“边疆人文研究室”刚成立就对石佛铁路沿线的哈尼族、彝族、傣族等少数民族的民俗、社会结构、经济、地理环境等展开调查研究。在历时两年的调查研究中,他们调查成果的一部分是为石佛铁路筹委会提供所需要的资料,如石佛铁路沿线少数民族语言分布状况图表、铁路员工应用的语言手册和石佛

① 诸建芳:《桃李不言自成蹊——记我与田汝康先生的交往兼评其芒市傣族研究及其对人类学的贡献》,田汝康:《芒市边民的摆》,云南人民出版社 2008 年 10 月版,第 136 页。

铁路沿线社会经济调查报告等，其中有黎国彬的《红河上游摆夷地理环境的调查》、高华年的《黑夷语法》等。可以说，当时“边疆人文研究室”集地理学、民族学、民俗学、语言学、历史学和宗教学等多学科优势，对石佛铁路沿线少数民族居住环境、社会历史、民情风俗所进行的较为全面和深入的调查研究，被称为“是一次人文学者以人文科学手段直接参与地方经济建设，作出突出贡献而获得成功的典型范例”。①

第二，二者都有卓越的领导者，其有较高的学术地位和人格魅力。在抗战时期艰难困苦的条件下，“魁阁”的领导者费孝通建议“魁阁”成员各自选择自己感兴趣的题目和适当的社区进行实地调查。据费正清(John King Fairbank)先生说：“费孝通是头儿和灵魂，他……似乎把朝气蓬勃的青年吸引到他周围的天才……他的创造性的头脑，热情、好激动的性格，鼓舞和开导他们，这是显而易见的。反过来，他们同志友爱的热情，生气勃勃的讨论，证实了他们对他的信任与爱戴。”②

在他的“亲自带着走，亲自带着看”的方法培养下，张之毅到玉溪玉村进行调查，李有义到路南尾村进行调查，田汝康到芒市那木寨进行调查……都取得了令人瞩目的成果。

“边疆人文研究室”的成立，对陶云逵先生来说，是他实现其系统考察中国边疆社会的良好契机。他曾师从欧洲人类学大师

---

① 杨绍军：《抗战时期国内学者对红河流域的调查研究》，《红河学院学报》2006年第3期。

② [美]大卫·阿古什(R. David Arkush)，董天民译：《费孝通传》，河南人民出版社2006年2月版，第76～77页。

欧根·费雪尔(Eugen Fischer)从事体质人类学研究,回国后不满于国内社会学现状,决心采用实地调查的方法,以中国境内各种社区类型为对象,阐明本国的社会实际,发展中国化的社会学。因此,他对研究室的工作充满了信心,决心为中国边疆社会研究闯出一条新路来。据瞿同祖先生说:"他没有许多专家所有狭窄不容人的习气,对自己的科学用功极勤,对其余的学问求知之心极切,虚心接受不同的意见,他之所以会从体质方面转到社会文化方面,也就是不满足和求知的心情而发轫的。"①

研究室刚一成立,他就带领年轻的研究人员从昆明出发,经玉溪、峨山、新平、元江、金平,沿红河而下,对红河流域的少数民族语言、民俗、社会经济、地理环境等进行实地调查。他们克服了交通不方便、气候不适应、民俗风情不了解等种种困难,经过65天的辛勤劳动,取得了大量社会调查的珍贵资料。陶云逵调查了鲁魁山纳苏的社会组织与宗教;黎国彬调查了红河上游摆夷的人文地理,并测量了160个个案的体质;高华年调查了鲁魁山纳苏的语言与文学;黎宗瓛调查了杨武镇的社会经济概况,都写出了极有价值的报告。

第三,二者都汇集了一批高素质、高质量的研究人员,形成学术集团。据研究者调查,在"魁阁"成员中,有部分是专职的研究人员,部分是兼职的研究人员,但无论是专职,还是兼职,他们都具有较高的学术水平,都是当时国内知名高校毕业的专业人

① 瞿同祖:《悼云逵》,《边政公论》第三卷第九期《纪念陶云逵先生专号》,1944年9月。

才。如李有义在战前就跟随世界人类学大师、功能学派创始人之一的布朗(Alfred Radcliffe-Brown)教授学习,1939 年 5 月他毕业于燕京大学研究生部,其硕士论文《山西上郭村的经济组织》得到了陈岱孙、潘光旦、陈达、吴景超等教授的好评;许烺光于 1937 年考取中英庚子赔款奖学金,赴英国伦敦经济学院就读文化人类学,师从马林诺夫斯基(Bronislaw Malinowski),1941 年获得博士学位,受费孝通邀请回国任教。此外,张之毅、田汝康、史国衡、谷苞、袁方、胡庆钧、王康等均毕业于西南联大,受到过社会学、人类学的良好训练。

在"边疆人文研究室",除了从德国留学归来的陶云逵外,高华年研究生毕业前就在北大文科研究所语言学部跟随语言学大师罗常培学习,在学习期间,罗常培经常指导他积极从事田野调查,足迹曾遍及云南的大部地区。1942 年,他曾到昆明附近的核桃箐村做田野调查,记录了 30 多则故事,2000 多个词汇,在此基础上,他撰写出《昆明黑彝语研究》,全文分为借词、语法、音系、词汇 4 个部分,其中借词一章相当精彩。该文曾获得国民政府教育部的学术奖励。黎国彬 1938 年进入西南联大地质地理气象学系学习,1941 年曾跟随曾昭抡教授步行考察大凉山彝区。此次大凉山彝族地区综合性考察,为他以后从事社会学研究奠定了坚实的基础。1942 年,他完成《论云南省路南县撒尼族和阿西族的体质特征和地理环境的关系》,该论文作为毕业论文受到陶云逵教授的激赏。在他毕业时,被陶云逵聘为该室调查员。

第四,二者都倡导严谨求实的学风,有明确的目标和任务。"魁阁"秉承了伦敦政治经济学院的学风,这种学风体现为:采取理论和实际密切结合的原则，每个研究人员都有自己的专题，到选定的社区里去进行实地调查，然后在“席明纳”(Seminar)里进行集体讨论，个人负责编写论文。[1]

这一“魁阁”学风，就是以马林诺夫斯基和布朗为代表的英国功能学派的理论与方法。在具体的调查中，强调以社区研究为中心，采取“以观察访问为主，以参加个案为辅”的方法，获得真实可靠的第一手资料，然后把理论与实际问题结合起来，对其进行研究和分析。

1945 年，费正清夫人在访问“魁阁”后，深有感触地写到：“物质条件很差，但艰苦的工作精神和青年人明确的工作目标，给人以深刻的印象。”[2]在地处边陲的云南，“魁阁”成员团结一致，精诚合作，他们相信自己的研究一定会为战后中国的重建提供重要的支持。因此，虽然条件异常艰苦，但他们怀着对民族和国家复兴的使命，勤奋地工作，以他们的实践和成果发展了战时的社区研究，在国外产生了很大的影响。

“边疆人文研究室”的调查活动以“习民情、察风土、采标本，了解少数民族生活状态，进而了解中国现状”的目的出发。因此，他们除按期完成与石佛铁路筹委会的合作外，还制定了周详的“工作计划和步骤”，主要内容包括：社区人口调查和主要群体及各种群体之分布及其人口状况，物产及自然环境与人文社会

---

① 费孝通：《费孝通文集》第 11 卷，群言出版社 1999 年 10 月版，第 135 页。

② [美]大卫·阿古什：《费孝通传》，河南人民出版社 2006 年 2 月版，第 75 页。

环境的调查，主要群体的文化概况（包括亲族组织、社会结团型式、政治制度、经济与技术方式、法律机构、教育制度、宗教与语言、衣食住用等物质生活），主要群体与社区内少数群体及区外邻近的他语群体的社会关系，他语群体对主要群体在生活等各方面的影响。① 在此基础上，他们逐步实施，深入到少数民族地区进行实地调查。尽管当时调查的过程艰苦危险，②但他们不畏艰难，深入穷乡僻壤进行实地调查，为人们认识边疆民族地区的社会文化风貌展现了一片广阔的天地。

第五，二者都有相对稳定的经费来源，持续时间较长。在1939～1945年间，初期"魁阁"的研究经费主要得到中英庚款的资助，此后则有国民政府教育部、中国农民银行、罗氏基金会（美国洛克菲勒基金会，Rockefeller fund）和缪云台领导的云南经济委员会的资助。如在1939年，"魁阁"接受中国农民银行和罗氏基金会的资助，拟定一个云南省农村社会经济调查计划。该调

---

① 北京大学、清华大学、南开大学、云南师范大学编：《国立西南联合大学史料》（三），云南教育出版社，1998年10月版，第584～586页。

② 据邢公畹先生回忆，黎国彬到车里（今西双版纳州景洪）对傣族的人文地理进行调查，一到就被国民党军队逮捕，说他是汉奸，解释不行，出示护照不行，终于被关进监狱，要执行枪决。后经冯文潜、陶云逵等多方营救，才幸免于难。他自己到元江和新平调查，一去就染上疟疾，当时元江一带有谚语说："元江河底，干柴白米，有命来吃，无命来死。"初入兮地，看到朝霞暮霭，花草虫虻，觉得都带着毒气，心里惴惴不安。参见邢公畹：《抗战时期的南开大学边疆人文研究室——兼忆关心边疆人文研究的几位师友》，南开大学校史研究室编：《联大岁月与边疆人文》，南开大学出版社，2004年10月版，第374～376页。

查分成两组:一组选定以滇缅公路附近的禄丰和易门作为调查区域;另一组则选定以滇越铁路附近的路南作为调查区域。费孝通和张之毅参加禄丰和易门组,李有义则参加路南组,此次调查直接促成了费孝通的《禄村农田》、张之毅的《易村手工业》和李有义的《汉夷杂区经济》的诞生和出版。

抗战胜利后,"魁阁"成员先是史国衡得到哈佛大学与燕京学社提供的奖学金前往哈佛大学学习,再是田汝康到英国留学,研究室又从呈贡搬回昆明,因此,"魁阁"的逐渐解体消失成为事实。

在1942~1946年间,"边疆人文研究室"的研究经费除得益于石佛铁路筹委会的支持外,还得到云南地方政府和国民政府教育部的资助。据缪云台先生回忆:我和知识分子联系较广,那时西南联大的许多教授和我有联系,他们希望地方办什么事大都来找我。[①]

在缪云台先生的帮助和支持下,研究室的工作得到了云南地方政府的大力支持。如1945年,袁家骅先生受云南路南(今石林)县政府的邀请和资助,对路南县进行民族语言调查。在当时的路南,除汉族外,还有撒尼、阿细、白夷、花苗等多种少数民族。其中的撒尼、阿细均为彝族支系。在调查中,他读到较有影响的阿细人的创世长诗《阿细的先基》(1944年2月由李公朴先生主持的昆明北门书店出版,原名为《阿细的先鸡》,"先鸡"为阿细语"歌"的意思)。该书是由光未然和阿细青年毕荣亮合作记

---

① 缪云台:《缪云台回忆录》,中国文史出版社1991年5月版,第92页。

录整理的，当时只记下汉语译文。于是，袁家骅先生敏感地意识到少数民族民歌是研究民族语言的重要资料，因为其自少数民族群众的口中唱出，是民族个性的真实表现，而且能反映民族的过去或现在社会的生活形态、语言文化等。因此，他再次找到毕荣亮，用国际音标记下毕荣亮演唱的原文，后又到路南的凤凰山、浪泥箐、野猪塘等地搜集、记录了相关的长诗、短诗、故事等。回昆后，他采用直译法进行字译和意译，并对音系、词汇、语法进行研究，完成了著名的《阿细民歌及其语言》，发表在《边疆人文》第3卷第5、6期上。此外，邢公畹还到滇黔交界的罗平等地进行仲家语言调查，高华年到路南和昆明近郊的核桃箐村进行白倮倮语和黑夷语调查，都得到了相关部门的资助。

三、"魁阁"和"边疆人文研究室"的历史贡献

抗战时期，众多高校和科研机构内迁云南，使中国学术研究区域发生了显著的变化，特别是众多民族学、人类学学者和社会学家、语言学家在昆明的集聚，使云南民族学、人类学、社会学研究呈现出空前绝后的繁荣。作为抗战时期在不同高校的研究机构，"魁阁"和"边疆人文研究室"在这其中发挥了重要的作用，并作出了历史性的贡献。

第一，"魁阁"和"边疆人文研究室"的调查研究，保存和发展了中国民族学、人类学和社会学的研究成果。"魁阁"和"边疆人文研究室"的成立，不仅彻底地粉碎了日本军国主义者企图利用中国原有的民族学、人类学、社会学研究机构、阵地、设施进行奴

化教育的野心，而且保存了中国民族学、人类学、社会学研究的精华，使得中国民族学、人类学、社会学研究不因抗战而中辍，继续得以发展和壮大。以"魁阁"和"边疆人文研究室"的费孝通、陶云逵、许烺光、张之毅等为代表的学者在云南所进行的民族学、人类学、社会学调查研究，使中国民族学、人类学、社会学研究阵地从抗战前的内地转移到云南及广大西部地区。陶云逵等学者到云南后，因地制宜，把研究方向作了适当调整，积极对云南少数民族地区进行田野调查，同时鼓励年轻研究人员深入到少数民族地区，把理论研究和社会调查结合起来，做自己感兴趣的研究。在众多民族学、人类学、社会学学者实地调查的基础上，他们写下了大量有关民族学、人类学、社会学的专题论文、调查报告、著作，其中有许多堪称现代学术精品。如许烺光的《祖荫下：中国的亲属关系、个性和社会流动性》，被相关学者这样评价：根据魁阁工作期间进行的西镇田野调查写成的《祖荫下》一书，其影响力与《江村经济》、《金翼》和《山东台头》不相上下，也是早期汉人社区研究的经典之作。[①]

可以说，抗战时期他们在云南所进行的调查研究，代表了当时中国民族学、人类学、社会学研究的最高水准，为中国民族学、人类学、社会学的保存和发展作出了历史性的贡献。

此外，他们的调查研究还使云南的学术研究水平得以迅速提高，使云南的现代学术和高等教育得到极大发展。抗战时期

① 胡鸿保主编：《中国人类学史》，中国人民大学出版社 2006 年 3 月版，第 96 页。

民族学、人类学、社会学学者所进行的广泛而深入的调查研究，除了对中国民族学、人类学、社会学的发展作出贡献外，对云南而言，产生的效果是“导扬文化，恢宏学术者无不至，一时文教之盛，遂使昆明屹然为西南文化之中心”。① 云南因地处边陲，封闭落后，民族众多，社会发展状况扑朔迷离，外省人难以明了其真相，就是云南人自身也未必心中有数，经过这些学者广泛深入的实地调查，并形成文字成果广为流转传播，使云南的历史与现实、民族与社会、经济与文化、地理与物产等得到充分的揭示，“于是滇之为滇，始一扫阴霾，以真面目显示于天下”。在这一过程当中，“魁阁”和“边疆人文研究室”的学者积极进行田野调查，查阅相关文献史料，使中国民族学、人类学、社会学研究达到新的高峰，极大地促进了云南现代学术的发展。同时，在高等教育方面，抗战爆发后，云南大学社会学系、社会学研究室、西南边疆文化研究室等民族学、人类学、社会学研究机构建立并逐步发展起来，成为国内重要的民族学、人类学、社会学研究机构。

第二，“魁阁”和“边疆人文研究室”的调查研究，促进了云南经济社会的发展。历史上的云南向来被认为是蛮瘴之地，只是到了近代，随着中华民族和国家利益日益受到威胁，边疆地区对于中国的重要作用才逐渐被有识之士所认识和关注。抗战期间，云南作为中国的大后方，大批学人因战时流转迁移来此，在

① 西南联合大学北京校友会编：《国立西南联合大学校史（修订版）——一九三七至一九四六年的北大、清华、南开》，北京大学出版社 2006 年版，第 82 页。

交通闭塞的西南边疆，内迁的学者们矢志不移，以知识分子特有的使命意识，继续从事调查研究，为民族精神文化的延续传承而上下求索，对“客居异乡”的云南充满了热爱之情，对云南神秘生僻的少数民族文化充满了浓厚兴趣，投入了极大的精力和时间。他们根据自身的实际情况，对云南的自然、风物、民俗、语言等进行了深入、广泛、系统的科学考察和研究。如“边疆人文研究室”的学者受云南石佛铁路筹委会的委托，对筑路沿线的社会经济、民情风俗、语言及地理环境等进行综合考察，他们在当时交通条件极为落后的情况下，不辞辛劳地走进山高林密、人烟稀少的少数民族地区展开调查，工作十分艰苦，饥饿劳累自不待言，还经常要提防各种热带病的侵袭，但是他们克服了重重困难，取得了丰硕的研究成果：黎国彬的《红河上游摆夷地理环境的调查》、《车里、佛海茶叶与各部族经济关系的调查》，陶云逵、黎宗瓛的《杨武坝街子汉夷互市的调查》、《纳苏宗教与巫术的调查》，高华年的《鲁奎山倮倮的巫术》等，为云南经济能够在战时迅速发展提供了有力的知识保障，而且还为云南在新中国成立后民族地区社会经济迅速发展打下了一定的基础。

第三，“魁阁”和“边疆人文研究室”的调查研究，培养了一批蜚声中外的知名学者。在“魁阁”和“边疆人文研究室”，一批年轻的研究人员在吴文藻、费孝通、陶云逵等教授的培养下逐步成长起来，以后都成为海内外知名的研究大家。如李有义后来成为中国藏学、民族学、世界民族研究学科的重要开拓者，他早年在燕京专攻社会学和人类学，1939 年接受任务到路南县进行社会调查，著成《汉夷杂区经济》，对路南尾村的“汉夷经济关系及其变迁”进行了系统的叙述和分析。他的这本著作被认为是“拓展了少数民族（主要是云南少数民族）的研究领域，由以前对少数民族的民俗风情记录、夷务管理办法的研究，进入到少数民族经济结构和政治制度的研究，把彝族研究推进到一个新阶段”。①

在离开“魁阁”后，李有义经吴文藻推荐到西藏参加蒙藏委员会驻藏办事处的工作，新中国成立后，他辗转到中国科学院哲学社会科学部民族研究所从事民族学研究，为我国民族学学科的重建和发展作出了重要的贡献。2005 年，寓居美国的他在回忆当年“魁阁”的工作时，仍对当年在路南的调查和获益念念不忘：

> 我于 1981 年应聘在美国洛杉矶大学和洛城加州大学（USC 和 UCLA）任客座教授。在我讲授中国民族学课程时，还引用了两则旧作（指《汉夷杂区经济》——笔者注）的内容。一则是关于撒尼人的公房制；一则是关于尾则村的全民裁判制……因此这部旧作对研究古代社会发展史还是提供了一些有价值的资料。②

同时，后来成为中国知名学者的高华年教授的专著《彝语语法研究》、黎国彬教授的专著《云南撒尼与阿细人的体质》，这些

---

① 李列：《民族想像与学术选择——彝族研究现代学术的建立》，人民出版社 2006 年 6 月版，第 234 页。

② 李有义：《出版自序》，刘世生主编：《汉夷杂区社会研究：民国石林社会研究文集》，民族出版社 2008 年 12 月版，第 126 页。

著作中的研究材料都得自当年在“边疆人文研究室”的社会调查。

四、结　语

通过对“魁阁”和“边疆人文研究室”的比较研究，揭示了二者取得的重要成就、共性和特点。这些成就和特点，对于我们今天从事学术研究仍然有着重要的启示和借鉴。

这些启示，可以概括为：第一，对国家、民族来说，调查研究是不可或缺的。为了国家和民族的振兴，应当根据不同的时代需求和社会发展，进行不同的调查研究，以适应国家和民族发展的需要。第二，不同类型的研究机构虽有不同的要求，但是严谨求实的学风、自由与创新的精神却是共通的，只有遵循这些标准，研究人员才能在自由、开放的环境里积极投身于学术研究和创造，取得较好的成果。第三，高素质的研究人员，尤其是领军人物的存在是不可缺少的，这对于学术研究、提高研究质量、鼓励研究人员成长是相当重要的。领军人物的培养，可以依靠引进，但更需要创造条件自己培养，并给予相当的尊重。第四，把时代精神与民族精神结合起来。“苟利国家生死以，皆因祸福趋避之”，“魁阁”和“边疆研究人文研究室”的学者当时在时代使命的召唤下，聚集于大后方的昆明，辛勤耕耘，共赴国难，取得了瞩目的成就。当代社会的发展，同样需要坚持老一辈学者的精神，需要敢为人先、勇于超越的气魄，需要团结一致、精益求精的精神，需要超越时代、开阔高远的眼界，不断探索，深入研究，开拓进取，以强烈的民族自信心和历史责任感为国家和民族的振兴而工作。

可以说，“魁阁”和“边疆人文研究室”到1946年就已经彻底结束了，到现在60多年过去了。但是，它们并没有随着岁月的消逝而磨灭，今天看来，它们还是那样的清晰、明亮，并且富有感召力，永远留存并且绵延在我们的心中。我们相信，在中国这块广袤的土地上，类似“魁阁”和“边疆人文研究室”这样成绩突出的研究机构，在新的历史条件下，是有可能继续出现并创造新辉煌的。

“魁阁”研究的回顾与再反思

张曙晖

被谢泳称为“中国现代学术集团雏形”的“魁阁”[①]，于 1940 年至 1945 年荟萃了当时中国顶尖的一批社会学家和人类学家，他们是费孝通、张之毅、陶云逵、田汝康、许烺光、史国衡、胡庆钧、李有义、谷苞、瞿同祖、张宗颖、王康等，“他们对农村经济生活，基层社区，少数民族历史现状和风俗，城乡关系的变迁，小农经济社会传统和现代工厂之间的问题，现代工业管理中人的关系的作用等做过专题调查研究”，[②]他们在极其艰苦的条件下取得了卓越的学术成果，主要有费孝通的《禄村农田》，张之毅的《易村手工业》、《玉村农业和商业》、《洱村小农经济》，田汝康的《芒市边民的摆》和《内地女工》，史国衡的《昆厂劳工》，许烺光的《祖荫下》，谷苞的《化城镇的基层行政》，胡庆钧的《呈贡基层

---

① 谢泳：《魁阁——中国现代学术集团的雏形》，载谢泳著《西南联大与中国现代知识分子》，福建教育出版社 2009 年版，第 98 页。

② 潘乃谷：《“魁阁”的学术财富》，载潘乃谷、王铭铭编《重归“魁阁”》，社会科学文献出版社 2005 年版，第 73 页。

权力结构》等。

那么,70 年过去了,“魁阁”的遗产我们究竟理解了多少?面对“魁阁”的遗产我们做了什么?该做什么?怎样做?仍然是需要我们不断反思和探索的重要问题。

一、“魁阁”的遗产

通过对“魁阁”历史的探究和总结,我们不难发现,“魁阁”遗产应该由两部分构成,一是“魁阁”的学术财富,二是“魁阁”精神。

“魁阁”的学术财富是指“魁阁”成员在“魁阁时代”形成的具体的研究成果,当然,不仅仅指摆在我们面前的有形的一本本专著,以及一篇篇调查报告和论文,主要还应包括其间所蕴含的学术史及学理内涵等无形财富。“魁阁”集团的形成、地位及魁阁成员的学术背景是“魁阁”学术财富的重要组成部分,已有的研究成果大部分停留在对“魁阁”集团的一般介绍上,缺乏学理分析,对魁阁成员学术背景的研究则主要集中在对费孝通先生的研究,对魁阁其他成员的研究涉及甚少。至于魁阁成员研究问题的宗旨和目标,正如费孝通先生在回忆魁阁的文字中所说,“(魁阁)是在吴老师(吴文藻)尽力支持下用来实行他多年主张为社会学‘开风气,育人才’的实验室,”[①]这也正是被称为“社会学中国学派”的学术理想,那么,“魁阁”集团的践行结果怎样?

---

① 费孝通:《忆魁阁》,载潘乃谷、王铭铭编《重归“魁阁”》,社会科学文献出版社 2005 年版,第 4 页。

对中国社会学人类学的发展有何意义？“魁阁”之后，是不是真的陷入了“当下人类学界显然太热衷于用中国的个案检验最新的西方理论，让我们惭愧的是在学科中国化和本土化口号喊响了很多年之后，中西理论对话基本上仍停留在我方‘随声附和’的阶段”[①]的困境。“认识中国社会”是费孝通先生也是“魁阁”集团的学术追求，那么在功能主义理论视野下，“魁阁”集团从“人文区位法”到“类型比较法”认识中国社会的模式做出了什么贡献？这种认识中国的模式是否已经终结？费孝通先生的功能理论或是陶云逵先生的德国理想主义在中国的践行及意义如何仍旧是我们继承和反思的重要问题。费孝通先生在《云南三村》的《序言》中说：“魁阁的学风是从伦敦政治经济学院人类学系传来的。采取理论和实际密切结合的原则。每个研究员都有自己的专题，到选定的社区里去进行实地调查，然后在‘席明纳’里进行集体讨论，个人负责编写论文。这种做研究工作的办法确能发挥个人的创造性和得到集体讨论的启发。”[②]那么，“魁阁”学风我们该如何面对？我们又作了哪些反思？我们该如何继承和发展呢？

说清“魁阁”精神并非易事，但在极其艰苦的条件下魁阁成员所表现出来的艰苦工作的精神、乐观的精神、团队精神则是显而易见的。美国人大卫·阿古什在《费孝通传》中的描述清晰地

① 张海超：《乡村调查与人类学的方向——七十年后重读〈禄村农田〉》，《读书》2009 年第 5 期。

② 费孝通：《〈云南三村〉序》，载费孝通、张之毅著《云南三村》，社会科学文献出版社 2006 年版，第 4 页。

说明了这种魁阁精神的存在，1945 年，费正清夫人在访问了魁阁后曾经描写到“（魁阁）物质条件很差，但艰苦的工作精神和青年人明确的工作目标，给人深刻的印象。”①物质条件差并没有影响到这些青年人的研究工作，他们反而在乐观的情绪中发展出一套行之有效的研究方法，“他们没有钱从事大规模研究计划，没有钱雇助理和秘书，甚至于买不起照相机和胶卷等简单器材。出版物大部分是油印的，费孝通花了很多时间刻蜡版和印刷。他们虽处于贫困之中，也自得其乐。没有书籍，没有助理而又居住在农村，于是他们发展了以直接观察为基础的‘游击战术’，后来又发展了有关人员之间的小规模研究。他们团结一致，目的性强，相信他们的研究一定会为战后的重建提供依据。”②魁阁成员胡庆钧说：“就在这简陋的设备里面，五六年来，三四个人成天锲而不舍地工作，每个人都获得了预期的成绩。”③作为“魁阁”领军人物的费孝通先生，“一直对魁阁念念不忘，多次向他在北大的助手和同事谈到‘魁阁’精神，希望能以‘魁阁’精神来建设北京大学社会学人类学研究所。”④他饱含深情的说过：“这一段时间的生活（‘魁阁’时期），在我的一生里是值得留恋的。时隔愈

---

① ［美］大卫·阿古什：《费孝通传》，董天民译，河南人民出版社 2006 年版，第 75 页。

② ［美］大卫·阿古什：《费孝通传》，董天民译，河南人民出版社 2006 年版，第 76 页。

③ 胡庆均：《费孝通及其研究工作》，《观察》第 4 卷，观察社 1948 年版，第 23 页。

④ 梁永佳：《魁阁：一段鲜红的记忆》，《中华读书报》2006 年 4 月 12 日。

久，愈觉得可贵的是当时和几位年轻朋友一起工作时不计困苦，追求理想的那一片真情。战时内地知识分子的生活条件是够严酷的了，但是谁也没有叫过苦，叫过穷，总觉得自己在做着有意义的事。我们对自己的国家有信心，对自己的事业有抱负。那种一往深情，何等可爱。这段生活在我心中一直是鲜红的，是永远不会忘记的。”①这就是“魁阁”精神的最好总结。那么，“魁阁”精神我们又理解了多少？继承了多少呢？

二、“魁阁”研究之回顾

20世纪80年代初社会学重建开始之后，对“魁阁”遗产的研究只有一些零星的论文及有关中国社会学史的专著中有所涉及，真正对“魁阁”遗产展开比较集中、系统的研究应该开始于20世纪90年代。潘乃谷教授说：“那时(20世纪80年代初)的主要任务还在落实知识分子政策、解放思想、调动大家的积极性上，还没有条件和时间去重温老一代社会学者所做的工作，到了云南也未能就地收集有关材料。”②

1993年，周美林发表了《费孝通与魁阁研究室》③一文，这是以“魁阁”为直接主题的较早成果，该文简要回顾了“魁阁”的历

① 费孝通：《重建社会学与人类学的回顾和体会》，《社会科学》2000年第1期。

② 潘乃谷：《“魁阁”的学术财富》，载潘乃谷、王铭铭编《重归“魁阁”》，社会科学文献出版社2005年版，第67页。

③ 周美林：《费孝通与魁阁研究室》，《江苏社会科学》1993年第2期。

史及成就,对这些成就的主要内容进行了评析,同时指出了"魁阁"的研究对中国社会及中国社会学的重要意义。1998 年,谢泳发表了《魁阁——中国现代学术集团的雏形》一文,该文认为"魁阁当时的工作风格和学风,大体上可以说是早期中国现代学术集团的一个雏形",[①]该文的价值在于它揭示了魁阁作为一个现代学术集团的真实存在,并且认为只要有人才和学术环境,在多么艰苦环境中也会取得辉煌成就,"魁阁"集团用他们的实际行动证明了这一点。可以说,谢泳的研究为后来的研究者提供了研究"魁阁"以何为视角的无限可能,其观点被研究者反复引用足以证明谢泳对"魁阁"研究所做的贡献。

21 世纪初,随着云南省和北京大学社会学人类学研究所"省校合作"计划的启动,对"魁阁"成员当年进行田野调查的地方进行"再研究"工作随即展开。在王铭铭教授的具体指导下,北京大学社会学人类学研究所的博士生张宏明、梁永佳、褚建芳分别完成了对费孝通先生曾研究过的"禄村"、许烺光先生曾研究过的"西镇"(今大理喜洲)和田汝康先生研曾研究过的"那木寨"的再研究,于 2005 年分别出版了张宏明《土地象征——禄村再研究》[②]、梁永佳《地域的等级——一个大理村镇的仪式与文化》[③]、褚建芳《人神之间——云南芒市一个傣族村寨的仪式生

① 谢泳:《魁阁——中国现代学术集团的雏形》,《北京大学学报》(哲学社会科学版)1998 年第 1 期。

② 张宏明:《土地象征——禄村再研究》,社会科学文献出版社 2005 年版。

③ 梁永佳:《地域的等级——一个大理村镇的仪式与文化》,社会科学文献出版社 2005 年版。

活、经济伦理与等级秩序》[①]。王铭铭教授专门撰文《继承与反思——记云南三个人类学田野工作地点的“再研究”》[②]对这次“再研究”工作的前因后果，主要成绩与不足，以及“跟踪调查”“再研究”“人文区位学”等一些学理进行了深刻地阐述和分析，是这次“再研究”的重要总结和反思。应该说，这次“再研究”基本达到了“一方面可以观察几十年来的社会文化变迁，另一方面可以进行理论和方法的反思”[③]的目的。无论这次“再研究”还有多少遗憾，从其组织、实施到最终成果来看，确实是近年来“魁阁”研究中比较科学、系统、集中、规模较大的研究，他们的研究历程以及包括他们在内的其他人以后所做的研究工作，如在王铭铭教授的主持下，从 2007 年至今编辑出版了《中国人类学评论》共 17 辑[④]，从各专辑的内容中我们看到了“席明纳”学风的复活，似乎也看到了当年“魁阁”集团的影子，这是“魁阁”研究所亟待需要的。对“魁阁”成员田野调查地点的“再研究”尚有其他学者进行了一些重要的研究工作。加拿大学者宝森从 1989 年开始对“禄村”进行的十年调查研究，她从“社会性别”的角度介入禄

① 褚建芳：《人神之间——云南芒市一个傣族村寨的仪式生活、经济伦理与等级秩序》，社会科学文献出版社 2005 年版。

② 王铭铭：《继承与反思——记云南三个人类学田野工作地点的“再研究”》，《社会学研究》2005 年第 2 期。

③ 潘乃谷：《“魁阁”的学术财富》，载潘乃谷、王铭铭编《重归“魁阁”》，社会科学文献出版社 2005 年版，第 68 页。

④ 王铭铭主编：《中国人类学评论》（1 ~ 17 辑），世界图书出版公司，2007 ~ 2010 年。

村，集中探讨了“中国文化、共产主义、市场驱动的发展——如何影响到日常生活中的社会性别”[①]的问题。段伟菊、张华志等人对“喜洲”进行了重访，在许烺光先生《祖荫下》的理论背景下，分别对喜洲的家族复兴、族群认同[②]以及家族企业[③]的情况进行了有益的探索。刘豪兴教授对“云南三村”之一的“玉村”进行了跟踪调查，通过对张之毅当年“玉村”5 个家庭的变化，反映了“玉村”半个多世纪的社会经济变迁。这些研究从不同的角度拓展和丰富了“魁阁”研究。

对“魁阁”成员田野调查地点的“再研究”并不是“魁阁”研究的唯一路径，近年来，怀念、反思性的研究成果也在不断涌现。《重归“魁阁”》[④]就是最具代表性的反思性的研究成果，该书是一本“魁阁”研究的专辑，其中的多数文章曾在学术期刊上发表，或是某一专著的一个部分。该书与上述张宏明、梁永佳、褚建芳“再研究”的成果及再版的费孝通、张之毅《云南三村》[⑤]一共四本组成“魁阁”系列丛书。《重归“魁阁”》收录了三类文章：“第一类是费孝通先生写的一些回忆性文字；第二类是由‘非当事

---

① [加]宝森：《中国妇女与农村发展——云南禄村六十年的变迁》，胡玉坤译，江苏人民出版社 2005 年版，第 9 页。

② 段伟菊：《祖荫下的西镇人》，载庄孔韶等著《时空穿行——中国乡村人类学世纪回访》，中国人民大学出版社 2004 年版。

③ 张华志：《西镇人的家族企业》，载庄孔韶等著《时空穿行——中国乡村人类学世纪回访》，中国人民大学出版社 2004 年版。

④ 潘乃谷、王铭铭编：《重归“魁阁”》，社会科学文献出版社 2005 年版。

⑤ 费孝通、张之毅：《云南三村》，社会科学文献出版社 2006 年版。

人’写的，它们涉及‘魁阁’学术史和对当今学术的启示；第三类由几位年龄不同的研究者写成，它们从不同角度表述了60年后重访‘魁阁’得到的体会。”[①]该书中费孝通先生的《忆魁阁》是费孝通先生各类作品中涉及“魁阁”的一些回忆的集合，集中反映了“魁阁”成立的背景、具体过程，“魁阁”重要成员陶云逵的人格、学术风采及悲惨命运以及“魁阁”的学风和“云南三村”的研究心得等等，是“魁阁”研究不可多得的重要资料。大卫·阿古什的《从禄村到魁阁——1938至1946年间的费孝通》节选自他写的《费孝通传》，集中评述了费孝通先生从江村到“魁阁”的研究历程。其他如潘乃谷的《“魁阁”的学术财富》、王铭铭的《魁阁过客》、马戎的《从“魁阁”到北大社会学人类学研究所》等等都是总结、反思“魁阁”集团历史的重要文章，把这些文章集结出书，更能使人集中看到“魁阁”集团的整体面貌。除此之外，尚有2篇直接以“魁阁”为主题的反思性文章，一是翟一达的《魁阁归来》[②]，该文认为“魁阁”对于中国社会学界就如同一个心灵圣地，“魁阁”的今昔对比令人感慨，“魁阁”的学术追求令人感动；另一篇是前面提到过的梁永佳的《魁阁：一段鲜红的记忆》，文章饱含感情地回顾了“魁阁”的学风和“魁阁”精神，同时指出了“继承和反思”的重要意义。

对“魁阁”学术史的梳理，以及对“魁阁”集团研究成果的解

---

① 潘乃谷、王铭铭编：《重归“魁阁”》，社会科学文献出版社2005年版，第1页。

② 翟一达：《魁阁归来》，《读书》2006年第10期。

读、评价和读后感也是“魁阁”研究的重要组成部分。涉及这方面的研究项目主要有两项：一是2008年聂蒲生主持的国家社科基金西部项目“民族学和社会学中国化的探索：抗战时期专家对西南地区的调查研究”；另一项是2009年李立纲主持的国家社科基金一般项目“抗战时期云南社会学的实践及其对中国社会学的影响和贡献”。聂蒲生此前已出版了《民族学和社会学本土化的探索——抗战时期迁居昆明的专家对云南的调查研究》[①]一书，该书对包括“魁阁”成员费孝通、陶云逵在内的西南联大和云南大学民族学家和社会学家对云南的实地调查研究进行了详细的阐述，吴永章教授称“本文在中国民族学与中国社会学发展史的研究中，具有填空补缺的性质，从而可对上述‘两史’的研究起到引向深入的作用”。[②] 聂蒲生的国家社科基金西部项目显然是在这本专著基础之上的拓展，他把研究范围扩大到了“西南地区”，争取在较大范围内展示那个时代的社会学、人类学研究是非常有意义的。关于这方面的研究论文也有不少，如：丁元竹《“社会科学实际上还是在探索阶段”——〈云南三村〉》、官欣荣《从“云南三村”看费孝通社区研究与本土方法论的贡献》、陈国保《一部尘封已久的“魁阁”学术著作——李有义先生〈汉夷杂区经济〉评介》、王铭铭《从江村到禄村：青年费孝通的“心史”》、王明月《“摆”与摆夷社会——〈芒市边民的摆〉》等。

---

① 聂蒲生：《民族学和社会学本土化的探索——抗战时期迁居昆明的专家对云南的调查研究》，贵州民族出版社2007年版。

② 聂蒲生：《民族学和社会学本土化的探索——抗战时期迁居昆明的专家对云南的调查研究》（“代序二”），贵州民族出版社2007年版，第2页。

云南大学作为“魁阁”的发祥地，也开始在反思和研究“魁阁”的历史，并且已经有了一些实际行动。2008 年，以继续发扬费孝通先生的学术传统，通过扎实的田野调查了解一个真实的中国为宗旨的“魁阁研究室”在云南大学民族研究院成立。之后，云南大学图书馆在民族研究院的支持下在其主页下专设“魁阁”资源特色网站（网址：http://202.203.222.219/sec.html），网站内容主要包括魁阁概况、魁阁成员及成果、魁阁研究资讯、数据导航下载等内容。

三、“魁阁”研究之再反思

70 年前“魁阁”集团所取得的成就是令人敬佩的，但学界对“魁阁”遗产的认识及研究总体上说是滞后的，正如梁永佳所言：“就物质条件而言，魁阁的学者恐怕比不上今天任何一个职业学者，但魁阁却造就了优秀的成果和良好的气氛。而适逢物质丰富、学术繁荣的今天，恐怕任何一位诚实的学者都会承认，我们的成绩难与当时匹敌，我们的学风更无法望前人之项背。在个人英雄主义的氛围中，在赶英超美的口号中，不仅‘魁阁’精神湮没无闻，魁阁式的团队难得一见，就连‘再研究’都被不少‘有识之士’鄙视为拾人牙慧的简单重复。”①令人欣喜的是，面对如此尴尬的境况，前述学者们在种种诱惑和困难面前勇敢地走出了第一步，弘扬“魁阁”精神，继承“魁阁”传统，这在多数人把研究

① 梁永佳：《魁阁：一段鲜红的记忆》，《中华读书报》2006 年 4 月 12 日。

现实问题作为绝对主题的今天是难能可贵的。

“魁阁”研究已经走出了第一步,第二步理应跟上,就目前的研究状况来看,“魁阁”研究仍有许多工作要做:

第一,加强“魁阁”学术史研究。学术史研究在学术研究及学科建设中的重要地位毋庸置疑,放眼中国社会学、人类学学术史的研究,宏观研究已颇有成效,社会学学术史研究方面主要有孙本文《近代社会学发展史》[①]和《当代中国社会学》[②],杨雅彬《中国社会学史》[③],韩明谟《中国社会学史》[④],张琢《中国社会和社会学百年史》,[⑤]郑杭生、李迎生《中国社会学史新编》[⑥]等;人类学学术史研究方面主要有王建民《中国民族学史》(上、下)[⑦],顾定国《中国人类学逸史——从马林诺夫斯基到莫斯科到毛泽东》[⑧],胡鸿保《中国人类学史》[⑨]等。然而,对中国社会学、人类学作出卓越贡献的包括“魁阁”学术史、华西坝学术史、李庄学术史的研究却非常薄弱,这不能不说是一件憾事。中国社会学、人类学的发展及本土化的实践和创新不仅需要宏观的学术史研

---

① 孙本文:《近代社会学发展史》,上海:商务印书馆 1947 年版。

② 孙本文:《当代中国社会学》,上海:胜利出版公司 1948 年版。

③ 杨雅彬:《中国社会学史》,山东人民出版社 1987 年版。

④ 韩明谟:《中国社会学史》,天津人民出版社 1987 年版。

⑤ 张琢:《中国社会和社会学百年史》,香港:中华书局有限公司 1992 年版。

⑥ 郑杭生、李迎生:《中国社会学史新编》,高等教育出版社 2006 年版。

⑦ 王建民:《中国民族学史》(上、下),云南教育出版社 1997 年版。

⑧ [美]顾定国:《中国人类学逸史——从马林诺夫斯基到莫斯科到毛泽东》,胡鸿保、周燕译,社会科学文献出版社 2000 年版。

⑨ 胡鸿保主编:《中国人类学史》,中国人民大学出版社 2006 年版。

究,也需要这些微观的学术史研究,“魁阁”作为中国社会学家、人类学家为中国社会学“开风气,育人才”的“实验室”之一,其学术史的研究理应得到足够的重视。

第二,进一步扩大“再研究”的范围,加强“再研究”的力度。“再研究”并不是中国的学术专利,国内外学者早已在践行,“再研究”无论对研究者自身的磨炼以及学科建设的意义及价值不必再赘言,不是个别人的否定就能否认“再研究”的价值的。从目前“‘魁阁’再研究”的成果看,大多数主要集中在对“禄村”、“喜洲”和“那木寨”的“再研究”,而张之毅先生曾经研究过的“易村”和“玉村”、李有义先生曾经研究过的“尾村”却少有人问津,这不能不说是又一憾事。当然,“再研究”的范围是广阔的,从某种意义上说,只要是前人研究过的地方都可以“再研究”,但“再研究”需要不断地创新,不能进行所谓的“简单重复”“拾人牙慧”的工作,做好“再研究”既需要扎实的专业训练,更需要有“魁阁”式精神的投入。“再研究”需要我们做出新的选择和探索,关于“再研究”的主体的选择,“再研究”的视角或切入点的选择,“再研究”的范围是否只能固定在原先研究的地点,“再研究”的理论总结及创新,“再研究”中研究者介入研究地的身份,“再研究”具体方法的创新,“再研究”与前人研究的关系等等都值得探索。

第三,发掘“魁阁”文献资源。“魁阁”文献资源大体可以归为两类,一类是“魁阁”成员的口述资料,另一类是“魁阁”成员的研究成果。对第一类资源的发掘我不愿多说“亡羊补牢”的话,但“魁阁”成员一个个故去却没有引起有关部门的足够重视,真是令人痛心的憾事，赵旭东感叹道："对于他（田汝康）的逝世，竟然没有什么公开的报道，只有先生生前所在的复旦大学历史系内部举办了一个小型的追思会。对于这样一位有着国际影响的社会学家，实在是太不应该了！"[①]随着"魁阁"成员相继故去，口述资料渐已成绝响，我们现在能够做的就是赶快行动起来，摸清"魁阁"的家底，善待尚在人间的"魁阁"成员及与"魁阁"有密切关系的人员，加紧对他们的访问，力求把损失减到最小的程度。至于对"魁阁"成员研究成果的发掘，仍需做大量的工作，1949年，据杨堃先生介绍，"魁阁"成员的代表作"已经正式出版者，计有费孝通《禄村农田》、张之毅《易村手工业》和《玉村土地与商业》、田汝康《芒市边民的摆》、史国衡《昆厂劳工》诸书。已油印出版者，计有李有义《汉夷杂区经济》、谷苞《化城村乡地方行政》、张之毅《洱村小农经济》和《土地与资本》、胡庆钧《呈贡基层权力结构》诸书"。[②] 直至今天，除了《云南三村》、《芒市边民的摆》[③]为数不多的成果再版外，其他成果难觅踪影，这对"魁阁"研究及其学习、研究社会学人类学的学生和学者来说是大大不便的，再版这批经典刻不容缓。除此之外，还需要加快发掘"魁阁"集团的其他研究成果，尽快得到有识之士的重视，出版这类研究成果，在这方面，云南大学图书馆做了大量的前期工作，在

---

① 赵旭东：《不应被忘却的灵魂——忆田汝康教授》，《中华读书报》2007年4月18日。

② 杨堃：《云南农村》，载《云南史地辑要》，云南省立昆华民众教育馆1949年版。

③ 田汝康：《芒市边民的摆》，云南人民出版社2008年版。

“魁阁”网站上，他们收录了“魁阁”成员的研究成果包括《为筹边者尤》《卓尼番区的汉番》《不容忽视的边区土地问题》《川南苗乡纪行》《关于种族名词及民族政策》等128部作品，许多作品先前在学界并未提及或得到重视，对这批作品可以择其要再版，这将是对“魁阁”研究及中国社会学、人类学发展的莫大功德。

第四，加强对“魁阁”成员及“魁阁”成果的深入研究。“魁阁”成员无疑是中国社会学人类学研究的杰出代表，对他们开展研究是积累学术财富、启发后人的有意义的工作。研究形式可以是传记，如大卫·阿古什《费孝通传》，张冠生《费孝通传》[①]，马来西亚房汉佳、林韶华《中国爱国者田汝康教授》[②]；可以是回忆、怀念性的文章，如赵旭东《不应被忘却的灵魂——忆田汝康教授》，刘绪贻《忆挚友史国衡教授：一位潜力被扼杀的社会学家》[③]，杨绍军《陶云逵先生在西南联大》[④]等。通过中国知网的检索，截至2010年9月，以“费孝通”为主题的有2961条记录，“瞿同祖”有31条记录，“田汝康”有25条记录，“谷苞”有20条记录，“李有义”有16条记录，“陶云逵”有9条记录，“许烺光”有8条记录，张之毅、史国衡、胡庆钧、张宗颖、王康等学者的记录只有零星提及。很显然，学界对“魁阁”成员的研究是极不平衡的，

---

① 张冠生：《费孝通传》，群言出版社2000年版。

② ［马来西亚］房汉佳、林韶华：《中国爱国者田汝康教授》，马来西亚：砂拉越人民联合党总部研究与资料中心2004年版。

③ 刘绪贻：《忆挚友史国衡教授：一位潜力被扼杀的社会学家》，《读书》2009年第4期。

④ 杨绍军：《陶云逵先生在西南联大》，《学术探索》2010年第3期。

也是远远不够的。至于对“魁阁”成果的研究一是需要进一步加深对“魁阁”成果的分析和解读;其次要尽快、尽量多举行各种类型的“魁阁”成果研究研讨会或纪念会;再次加快整理、出版“魁阁”成员文集,如费孝通《费孝通文集》(全十四卷)[①]、许烺光《许烺光著作全集》(全套9册)[②]就是很好的善举。

第五,开展对“魁阁”精神的研究,继承和弘扬“魁阁”精神。如果把“魁阁”比喻为一只展翅的大鹏的话,“魁阁学术财富”及“魁阁”精神便是其两翼,如果我们只注重对“魁阁学术财富”的研究而忽略了对“魁阁”精神的挖掘就如同大鹏折一翅,大鹏就无法高飞。历史早已证明,很多东西可以消逝,精神往往是流传最久远的,“魁阁”精神对于中国社会学、人类学来说已是一种标志,我们需要做的就是深挖“魁阁”精神,继承和弘扬“魁阁”精神,开展对“魁阁”精神的研究便是最基本的继承和弘扬。

---

① 费孝通:《费孝通文集》(全十六卷),群言出版社 1999~2004 年版。

② 许烺光:《许烺光著作全集》(全套 9 册),徐隆德等译,台北南天书局 1997 年版。

费孝通先生与“席明纳”

王 昕

一、引入席明纳

席明纳(seminar,或研讨班)是兴于近代欧洲大学的一种教育场所或方式,最早出现在17世纪初,是用来“培养教士的机构”。席明纳(seminar)一词来源于拉丁文“seminarium”,原意是“苗床”[①],1790年席明纳开始作为一种教学制度在德国哈雷大学得到应用。席明纳在德国被视为“科学研究的养成所”,相对于传统的讲授制度更加偏重于个体研究能力的培养。它的目的是“促使年轻一代直接接触自然和历史生活的现实,从而根据大

① [美]霍金斯:《教育与学科规训制度的缘起:意想不到的逆转》,载华勒斯坦《学科知识权利》,生活读者新知三联书店1999年版,第60页。

自然赋予他们的能力,唤醒和发展他们的个人生活[①]”。席明纳是19世纪欧洲学术启蒙和进步的产物。1938年,费孝通先生从英国学成回国后逐步将席明纳引入云南大学社会学系,并将其译为“席明纳”。在云南大学的年轻研究人员培养上,费孝通创造性地将这种教学制度作为学术研究制度使用。抗战烽火之中,在学术资源相对落后的云南大学,席明纳讨论会的开展和学术批判精神的发扬,是1938~1946年间费孝通先生和云南大学社会学系取得众多学术研究成果的重要的制度基石。

在70多年后的今天,我们反观云南大学社会学系所获得的整体性的学术进步,不能简单归于天才瞬间的思想灵动,魁阁研究成果的获得,一方面来源于研究者勇于参与田野现场新鲜而多样的社会生活,另一方面还来源于研究室现场的席明纳讨论会的方法所给予每一个参与者的思想的碰撞和学术提高。

1939年国立云南大学社会学系在昆明成立,在熊庆来校长邀请下,吴文藻教授成为首任云南大学社会学系主任。1940年,吴文藻教授赴任国民政府国防最高委员会参事,离开了云南大学,此时社会学系创办仅仅一年,继任者的工作依然艰巨,“云南大学社会系这棵稚嫩的新生命,在接任的陶云逵教授的热情和诚恳之下慢慢生长起来”[②],与此同时,主持云南大学社会学系研究室的费孝通开始将伦敦政治经济学院席明纳的经验引入。此

---

① Charles Franklin Thwing, The American and the German University: one Hundred Years of History, New York: The Macmillan Company 1928: PP. 126~127.

② 瞿同祖:《悼云逵》,载《边政公论》,1944年第9期。

“席明纳”讨论

后短短5年里，云南大学社会学系以席明纳作为学术研究制度的一个突破口，渐渐形成一个被后人称为“魁阁”的学术研究平台。费孝通谈到云南大学的“席明纳”时说：“魁阁的学风是从伦敦政治经济学院人类学系传来的，采取理论和实际密切结合的原则。每个研究者都有自己的专题，到选定的社区里去进行实地调查，然后在‘席明纳’里进行集体讨论，个人负责编写论文。这种做研究工作的办法确能发挥个人的创造性和得到集体讨论的启发。效果是显然的。”①

二、推行席明纳

（一）席明纳之“席”：学术的独立性

在《留英记》中费孝通先生提到在马林诺夫斯基的席明纳讨论会里有很多的坐席，“席”字意味着的是一个座位，而引申开来，其实“席”也是一个学术上独立的参与角色。在魁阁的研究

① 费孝通，张之毅：《云南三村》，社会科学文献版社2006年版，第4页。

工作中，云南大学社会系研究室的每一位成员都是独立的研究主体，他们都有自己的研究方向，自主完成调查，并且独立写作调查报告和论文。张之毅 1939 年毕业后独立完成了易村手工业调查，1940 年开始玉村的调查，和张之毅同年毕业的史国衡，留在清华大学国情普查研究所任助教，1940 年加入了云大的昆厂劳工调查。史国衡在清华大学国情普查所期间，曾负责云南个旧锡业调查中 100 名矿工抽样调查，后来在呈贡人口登记、呈贡农业调查中担任调查员工作，作为一位有经验的社会学研究人员，他在清华大学国情普查所没有独立开展调查研究的机会，而在云南大学昆厂的调研中，史国衡是独立的负责人。同时进行工厂调查的还有云南大学社会学系的助教田汝康，他是西南联合大学心理系毕业生，并非社会学专业出身，他虽然没有社会调查的经验，但是在费孝通先生的安排下，田汝康去昆明一家纺织厂做内地女工的独立调查。独立的调查工作意味着具体的调查活动开展和调查报告的写作都要独当一面，这对于当时年轻的研究者有非常大的吸引力。费孝通、李有义、张之毅、史国衡、田汝康、谷苞这些年轻的社会学研究室成员，各自开始了他们的学术调查研究之路。

（二）席明纳之“明”：主题的明确性

独立的社会学调查并不意味着学术研究的成功，席明纳的方法帮助研究者在讨论的过程中明确研究主题、平衡研究方向、综合研究内容。1944 年，史国衡在哈佛大学出版的《中国进入机器时代》（*China Enter the Machine Age*）一书中记录，1940 年开始的对内地工厂进行调查研究的构想，就是源自一次研究室里关于内地农村经济生活问题的席明纳讨论，在这次席明纳讨论中，针对研究中很多农民抛弃土地，进入城市生活，很多进入了现代工厂的现象，研究人员思考和讨论了农民离村问题：农民是怎样在城市工厂里生活的，这样的生活对于传统农业社会有什么样的冲击，等等。在席明纳讨论之后大家决定在内地工厂里开展一次调查。①

1940 年 8 月，在昆厂调查研究方案确立过程当中，费孝通、史国衡以及来自西南联合大学的丁佶教授、周先庚教授、沈同教授对这个课题进行多次的讨论，从经济学、心理学、营养学、社会学等多学科观点入手，以求达到研究计划的平衡。五位研究者组成的小组参观了多家工厂，并访问了多位管理人员，最后确定以昆厂和纺织厂为调查对象，他们通过参与席明纳的互相讨论，不断明确和强化了调查目的和研究价值，1940 年 8 月，史国衡随即开始了昆厂调查，田汝康也开始了内地女工调查。按照费孝通的安排，调查人员需要每周五回到研究室进行席明纳讨论，这个制度一直持续到 9 月底 10 月初，因日军轰炸昆明而中断。除了研究室的讨论，这个课题的进行过程中，参与讨论的人除了费孝通、丁佶、周先庚以外，在两个月的调查中，还包括了昆厂和纺织厂的厂方管理人员。②

---

① Kuo-Heng Shih, *China Enter the Machine Age*, Harvard University Press, 1944. xv.

② 史国衡：《昆厂劳工》，重庆：商务印书馆 1947 年版，第 1 ~ 6 页。

调查结束后，调查报告书写完成过程中，魁阁也组织席明纳讨论。谷苞《化城镇的基层行政》这本书稿在油印以前，谷苞先在魁阁的席明纳上作过汇报，根据大家提出的意见，特别是费孝通的意见，认真修改补充过两次以后，方才定稿付印。[①] 许烺光在1948年出版的《祖荫下》一书的前言中提到了研究室同事们的讨论对自己的帮助和启发，特地感谢了史国衡提供他在湖北农村的个人生活经历、瞿同祖的历史资料和意见以及费孝通帮助拟定的书名。许烺光认为他们对于书稿的讨论，促使这部著作得以完成，并且更加完美。[②] 席明纳讨论集思广益，促进学术成果的形成，由此可见一斑。

（三）席明纳之“纳”：批判和纳言

席明纳的另一方面却是激烈的，是互相辩论和学术批判，席明纳讨论的参与者要有“纳”言的勇气，接受别人对自己的学术批判。在魁阁的席明纳讨论会上，每个人都可以申述自己的看法，而不必忌讳给对方以忠实的批评。费孝通先生在回忆陶云逵教授的文章中，记录了他们之间关于学术的相互争论，“在经常的讨论中，谁也不让着一点儿，各人都尽量把自己认为对的申

---

① 谷苞：《在费孝通老师指导下云南社会学研究室的三年学徒生活影响了我一生》，载《西北民族研究》2006年第6期，第5～8页。

② F. L. K. Hsu, Under the Ancestors' Shadow, New York: Columbia University Press. 1948. IX.

引发挥，可是谁也不放松别人有理的地方”。[①] 这个时候的社会学系主任的费孝通，在魁阁的讨论中也没有特权，胡庆钧提到：“费先生虽然身居领导的地位，可是他也一样的接受青年朋友的批评。”[②]张之毅的夫人刘碧莹也有一样的回忆：“那时候他们这帮人干事业不要命的。定好了就分头去调查，回来见面就争论。”[③]

在云南大学社会学系开放的学术风气带动下，云大社会学系和西南联大社会学系两个学术研究单位的成员之间经常相互以书评的形式发起学术争论。作为费孝通的老师，吴景超对《禄村农田》一书发表了两点意见供争论：“调查一个村庄三个月的时间太短不够；运用五个个案的生活费用数据，样本数量太少，不能不说是误用了统计方法。”[④]相关的学术批判和争论，也发生在新一代社会学后学与前辈之间，在陈达教授1939年的《南洋华侨与闽粤社会》出版后四年，虽然得到学界许多好评，但云南大学许烺光教授在《人文科学学报》中对这本书进行了批评，许烺光教授提出“著者在紧要地方多见一些印象，笼统的断语，以及不相干的事实描述”[⑤]，还指出“作者在人类学及遗传学上知识

---

① 费孝通：《物伤其类：哀云逵》，载《费孝通文集》（第三卷），群言出版社1999年版，第146页。

② 胡庆钧：《费孝通及其研究工作》，《观察》1948年第23～24期。

③ 张冠生：《乡土足音》，群言出版社1996年版，第72页。

④ 吴景超：《评禄村农田》，《新经济》1942年第9期，第169页。

⑤ 许烺光：《评南洋华侨与闽粤社会》，《人文科学学报》1943年第3期，第107页。

欠缺，应更多的从社会学的角度关注社会因素，或者调查期间应该与遗传学研究者、体质人类学家请教”。甚至指出：“仅仅引文，就看出著者对于调查资料分析的马虎随便。”[①]学术批评渐成常态，也开阔了学人接纳的胸襟。

三、席明纳的意义

（一）涵养学风，凝练成果，培养后学

云南大学社会学系以席明纳为代表的学术研究制度的引进，影响了魁阁的学术讨论与学术批判之风，一定程度上也改变了当时昆明社会学群体中传统中国学术研究的“三五同仁，以文献为重心、独处一室”的研究传统，使当时的社会学研究获得了更大的开放性。云南大学社会学系借鉴了近代欧洲学术体制中的那种学术批判、学术讨论、学术结论相互检验证明的传统，并开始逐步形成昆明的中国社会学研究共同体特有的学术意识和集体形象。

费孝通先生在《花蓝瑶社会组织》、《江村经济》调查之后，把1938年的《禄村农田》当做自己学术的一个新的开始。作为一名研究者，费孝通在昆明提出和实践了社会学调查方法：依据某一

---

① 许烺光：《评南洋华侨与闽粤社会》，《人文科学报》1943年第3期，第109页。

部分事实的考察，来验证一套社会学理论或者“试用的假设”[①]，整个研究过程保持明确的问题指向。费孝通先生对于农村社区调查方法的贡献，还在于描绘了1935～1943年间从江村到云南三村的中国农村社会变迁史，对中国农村的“类型社区”进行比较，从而探求“一般社会”的整体状况。

云南大学社会学研究室一改以往社会学调查报告中浓烈的历史资料意味，并放弃“他者”视野，无论是在易村、昆厂还是摆夷，都在田野工作中深入“乡土”与被调查者共同生活，他们的研究成果具有强烈的现实意义，字里行间充满了对事业的抱负和对国家的信心。1944年，经过吴文藻、陶云逵、费孝通的努力，云南大学社会学系除了《禄村农田》、《易村手工业》两部著作出版，还有一批学术论文发表，另在美国太平洋学会发表三篇英文报告，并且出版了两本英文专著，同时准备出版和翻译七种研究报告及专著。[②] 费孝通作为云南大学代表出访美国，之后瞿同祖、史国衡、许烺光也凭借他们出色的研究成果，获得了美国的大学及研究机构的讲学邀请，田汝康则奔赴伦敦政治经济学院攻读人类学博士。

（二）创新制度，锤炼学系

对比内迁昆明的联大社会学系以及中央研究院社会科学

---

① 费孝通，张之毅：《云南三村》，社会科学文献出版社2006年版，第12页。

② Kuo-Heng Shih, *China Enter the Machine Age*, Harvard University Press, 1944. 178.

院，云南大学社会学系是当时三家机构里最年轻的。特别是1940年后社会科学所迁往李庄，联大社会学系通过清华大学国情普查所的成立和社会学硕士招生，学术影响力不断加强。而当时在昆明的社会学研究者有一半以上均出自四位联大原清华教授陈达、潘光旦、李景汉、吴景超门下[①]。在这个传承有序而且师徒分层明显的研究群体间，年轻的云南大学社会学系有可能会逐渐地边缘化，仅仅依靠吴文藻教授一个人的学术影响力，显然难以抗衡。

如何在有限的资源下，迅速获得社会学研究的进步以及学术精英的培养，成为了云南大学社会学系当时面临的核心问题。正如我们前面分析的，通过社区调查和席明纳讨论会，云大社会学在短时间内个体和集体的学术素质都得到了提高。以张之毅、史国衡、田汝康、谷苞为代表的新一代研究者，通过各自的独立调查及其相关讨论完成了个人的学术训练，以席明纳为平台，年轻一代社会学家藉此在学术上迅速成熟，1940年吴文藻教授离开之后，云南大学社会学系依然能在昆明的社会学研究机构中独树一帜。

哥伦比亚大学历史学家劳伦斯·维奇(Laurence R. Veyser)认为："席明纳是轮中之轴，是现代大学真正的具有生气的中心，是激动人心的和富有创造性的力量。没有席明纳，大学教学就

---

① 1946年在昆明的社会学研究者共有26名，其中有13名为以上四名教授的学生，占59%。见作者的《同侪与师承：1943年昆明社会学共同体》，费孝通诞辰100周年暨"魁阁"精神学术研讨会论文。

不是完整的；有了席明纳，且加以正确实施，任何大学都能实现其主要目标。”①以“魁阁”为名的云南大学社会学研究者们，在费孝通先生的带领下，通过席明纳制度的执行，在中国大学社会学系之中异军突起，产生了丰富的社会学调查学术成果；促进了一批年轻研究者的学术成长；并将独立、明志、纳言的席明纳精神从研究室延伸向整个学术社群，在争论和批判中促进了中国社会学的进步。1939 ~ 1946 年云南大学社会学系，虽然身处在抗日烽火之中，却由于费孝通先生卓越的学术领导力，得以在中国乃至世界社会学史上赢得了一席之地。

① Laurence R. Veysey, The Emergence of the American University, University of Chicago Press. 1970. 154

同侪与师承:1943年的昆明社会学共同体

王　昕　李立纲

一、导言:为昆明社会学共同体定义

1938年,由于抗日战争的全面爆发,清华、北大、南开三校迁往昆明组建国立西南联合大学,1938年8月陈达主持的清华大学国情普查研究所成立于青云街169号。① 1938年12月中央研究院部分机构南迁昆明,其中陶孟和任所长的社会科学所,在翠湖边的青云街竹安巷4号驻扎下来,②1939年在青云街的靛花巷还有傅斯年任所长的历史语言所。③ 1939年云南大学社会学系

① 陈达:《浪迹十年》,上海:商务印书馆1946年版,第319页。

② 张培刚:《与台湾老友万先法先生诗函交往》,载谭惠《学海扁舟:张培刚学术生涯及其经济思想》,湖南科学技术出版社1995年版,第203页。

③ 国立中央研究院文书组:《国立中央研究院民国二六年至二八年年度总报告》1939年版,第49页。

成立，同年成立云南大学社会系研究室，后称“魁阁”。这一年，翠湖北岸集中了抗战时期中国社会学史上四个重要的社会调查机构。中国社会学研究中心向昆明迁移，直至1946年三校复员。在中国社会学史中，1938～1946年间被称为中国社会学的建设时期、中国社会学的成长期、中国社会学本土化的努力阶段。费孝通先生在《中国社会学的长成》一文中把这段时期当做社会学家将社会学理论与社会现实结合的开始，“他们（社会学研究者）无法不正视现实，把他们多年熟悉的理论，在现实的人民生活中去求证实和否定了”。

中国社会学史对这一时期的描述，更重视不同层面的正式社会组织区别。以往的研究中，在对这一群体描述时，常常按学校划分为西南联合大学和云南大学，或者按研究室划分为云南大学社会系研究室、清华大学国情普查研究所、南开大学边疆人文研究室。在这样的语境下，历史研究者容易忽视各个研究机构之间、成员之间的互动和联系。

1938～1946年期间，昆明的社会学研究者群体，早期以翠湖北岸为地域中心，1940年以后以呈贡为中心，群体成员秉持社会学中国化理想的学术精神，以社会学研究和社区实地调查为他们最本质的共同社会生活。“地缘共同体可以被理解为生活的相互关系，犹如精神共同体可以被理解为心灵生活的相互关系一样。因此，精神共同体在同从前的各种共同体的结合中，可以被理解为真正的人的共同体和最高的共同体”，在本文中我们把1938～1946年在昆明的社会学研究群体称为昆明社会学共同体，它由社会学专业的实际工作者组成，是社会学学术精神的共同体。

以历史的视角为昆明社会学研究者们定义，虽然具体，但偏于狭窄而隅于一地。以社会学理论中的“共同体”为昆明社会学共同体定义，虽然权威，但缺乏细节描述而笼统含糊。本文从共同体成员们的社会关系为维度，对昆明社会学共同体进行社会网络分析，期冀对理论的认识会越加深入，而历史的肌理也将会跃入视线。

二、研究方法：社会网络分析

社会网络分析是一种通过图表及量化方式来表示和分析社会关系模式的微观和宏观连接的研究，起初它作为针对社会结构分析的方法出现。经过60年来的发展，社会学家日益认识到社会网络分析并不仅仅是一种分析方法的集合，还可能意味着某种独特的理论视角。约翰·斯科特认为，社会网络分析与行动结构理论密切相关，体现了一种面向社会世界结构的特定理论取向。并不是一个有特定体系的正规的或有实质性内容的社会理论。

20世纪20年代著名的“霍桑实验”(Hawthorne Studies)最早出现运用社会网络图描绘个体自由选择的社会互动结构的研究。矩阵代数在社会计量数据处理中的最早的范例是发表于《美国社会学研究》(*American Sociological Review*)“复杂组织结构系统的分析方法基础(*A method for the analysis of the structure of complex organizations*)”一文中。对数学特别是图论(Graphic theory)的重视推动了对社会网络的分析研究。20世纪60年代后，通过图表及量化方式来表示和分析社会关系及其模式的微观和宏观连接的社会网络研究进一步成熟，越来越被国内外的社会学家重视。社会网络分析者通过历史文献资料依靠档案记录获得数据，对组织中的个体进行社会网络分析。史密斯(Smith,R. M.)利用来自于1259年到1293年间文献分析的历史数据研究了13世纪英国一个农村社区的两个庄园，在随机抽取的112个个案中通过分析他们的个体网深入研究了亲属关系和其他的当地关系在构造社区关系的角色和地位。

三、时间的样本:1943年

社会学在昆明的八年发展中(1938～1946),1943年是特殊的一年，1943年昆明社会学共同体的各项社会调查研究处于高峰期，研究成员比较完整，有影响力的学术成果涌现。在这一年，昆明社会学共同体中的各个团体完成了他们最重要的社会学调查研究工作：清华大学国情普查研究所完成了环湖户籍示范区人口普查的调查和统计工作，1944年出版了云南环湖户籍示范区工作报告，1943年6月张之毅最后一次去“玉村”进行追加调查，[①]这一年《禄村农田》、《易村手工业》相继出版，云南大学“魁阁”研究室在云南三个农村社区的调查完成，1943年7月

① Hsiao-Tung Fei, *Chih-I Chang. Earthbound China*, Chicago: University of Chicago press,1945:13.

到 9 月许烺光最后一次到“西镇”进行田野工作。[1] 1944 年 1 月 26 日陶云逵因病去世，边疆人文研究室的田野调查暂停，工作转入了另一阶段。1943 年以后共同体成员向外流动趋势明显。费孝通、许烺光、瞿同祖、田汝康、史国衡、周荣德、苏汝江、李树青相继出国，李有义去了西藏、谷苞去了甘肃，同时王康、王志诚、张莘群、全慰天、韩明谟、胡庆钧等年轻一代相继加入。虽然人数变化并不大，但总体上呈现共同体精英人员向外流动的趋势。把 1943 年作为昆明社会学共同体社会网络分析的时段更有典型性。

四、研究的对象：同侪与师承建构的“昆明社会学共同体”

研究对象为 1943 年分布在云南大学、西南联合大学、南开大学、清华大学的 26 名社会学研究者，对师承关系和同事合作关系作为社会网络关系研究的两个维度，进行社会网络分析。有效数据的采集以自传、文献研究以及各校的校史为基础。作为一项历史社会关系调查，预设调查问题为：

第一，在这个群体里，哪些研究者之间具有师生关系。包括直接授课关系，或者论文指导关系。

在学术共同体中“师”是具有丰富含义的一元社会属性，“生”被问题限定为研究者。我们测量的师生关系其实更是一种

① Hsu, Francis L. K. . *Under the Ancestor's Shadow*, New York: Columbia University press, 1948: VII.

师徒传承,师承是在教育背景中形成的社会联系。它不同于日常教学过程中产生的师生关系,后者更为松散。年轻的社会学"学生"们正是在做"学徒"的过程中学会如何从事社会学研究的,并可能通过老师的社会关系网络获得从事社会学研究的职业,他们之间的社会联系是持久和重要的。这个维度里,由于兼职授课形成的教师学生之间的连接关系相对较弱,测量困难,故未列为问题的考虑范围。

第二,在这个群体里,哪些研究人员在两年以内有过合作,包括教学和项目研究。

作为社会网络的基础,行动者之间的合作关系是一种非常重要的社会互动,合作是一种具有双向属性的社会关系。在本文的研究中,行动者的合作主要是以项目合作和教学合作两个形式来表现的。

表 1　1943 年昆明社会学共同体成员统计表

大学	研究室所	在职人数	兼职人数	统计人数	成员名单
西南联合大学	西南联合大学社会学系	8	0	8	陈达、吴泽霖、潘光旦、李景汉、李树青、陶云逵、廖宝昀、袁方①
清华大学	清华大学国情普查研究所	8	2	6	陈达*、李景汉*、戴世光、周荣德、苏汝江、何其拔、罗振庵、萧学渊②

① 王文俊:《国立西南联合大学史料》(第四卷),云南教育出版社 1998 年版,第 141 页。

② 云南环湖市县户籍示范实施委员会:《云南省户籍示范工作报告》,1944 年,第 96 页。

续表 1

大学	研究室所	在职人数	兼职人数	统计人数	成员名单
南开大学	边疆人文研究室	5	1	4	陶云逵*、高年华、黎宗瓛、黎国彬、邢公畹①
云南大学	云南大学社会学系	8	0	8	费孝通、许烺光、瞿同祖、李有义、史国衡、张之毅、田汝康、谷苞②
云南大学	云南大学社会系研究室	7	7	0	费孝通*、许烺光*、李有义*、史国衡*、张之毅*、田汝康*、谷苞*③

注:带“*”者不在此行所属研究机构的统计人数范围内,以免重复。

选择师承和研究者之间的合作作为指标,除了测量上的方便以外,师承与同侪也是学术共同体中两个重要的社会关系,托马斯·S.库恩 1974 年在《再论范式》(*Second Thoughts on Paradigms*)中提到“科学共同体是由科学专业的实际工作者组成的。他们因共同的教育和师徒关系联系在一起,他们自视为而且别人(其中包括训练他们的接班人)也视他们为要实现一组共同目标的一些人。这样的共同体的特点是,其内部对比较充分的专业事情具有比较一致的集团的看法”。

---

① 南开大学校史研究室:《联大岁月与边疆人文》,南开大学出版社 2004 年版,第 346 页。

② 刘兴育,王晓珠:《云南大学史料丛书:教职工卷(1922 年~1949 年)》,云南民族出版社 2008 年版,第 84 页。

③ 由于缺少逐年的详细的名单,研究室成员的资格根据 1943 年以前是否参与云南大学社会系研究室实地调查工作来确定。

五、数据的收集

本研究以 1943 年为时间坐标，对相关史志资料、传记等文献资料的数据进行了挖掘。

首先对纳入统计的 26 位成员用 A ~ Z 进行编号，每一个编号对应一个成员的名字。其次根据数据搜集结果绘制 26 * 26 矩阵：该矩阵为非对称矩阵，以 r 行 l 列交叉处的值 Z_{rl}（r：行，l：列）表示对应两点的连接关系，设 $Z_{rl} = N$，当 $Z_{rl} = 0$ 时表示没有同事及师生关系，当 $Z_{rl} = 1$ 时表示有同事或者师生关系，当 $Z_{rl} = 2$ 时表示同时具有同事和师生关系。N（$0 \leqslant N \leqslant 2$）越大表示社会关系度越强。矩阵图能够清晰的说明社会学研究团体中的个人之间相互关系的有无以及强弱。

表 2　1949 年昆明社会学共同体 26 * 26 矩阵图

	A	B	C	D	E	F	G	H	I	J	K	L	M	N	O	P	Q	R	S	T	U	V	W	X	Y	Z
A	0	1	1	1	1	1	1	1	0	0	0	0	0	0	0	0	1	0	0	0	1	1	1	1	1	1
B	1	0	1	1	1	1	1	1	0	0	0	0	0	0	0	0	0	0	0	0	1	0	0	0	0	0
C	1	1	0	1	1	1	1	1	0	0	0	0	0	0	0	0	1	0	0	0	1	1	1	0	0	1
D	2	2	2	0	2	1	1	1	0	0	0	0	0	0	0	0	0	0	0	0	1	0	0	0	0	0
E	1	1	1	2	0	1	1	1	0	0	0	0	0	0	0	0	0	0	0	0	1	1	0	0	0	0
F	2	2	2	2	2	0	2	1	0	0	0	0	0	0	0	0	1	0	0	0	1	1	0	0	0	0
G	2	2	2	2	2	1	0	1	0	0	0	0	0	0	0	0	1	0	0	0	1	1	0	0	0	0
H	1	1	1	1	1	1	1	0	1	1	1	1	1	1	1	1	1	1	1	1	0	0	0	0	0	0
I	0	0	0	0	0	0	0	1	0	1	1	1	0	0	0	0	0	0	0	0	0	0	0	0	0	0
J	1	1	1	1	1	0	0	2	1	0	1	1	0	0	0	0	0	0	0	0	0	0	0	0	0	0

续表 2

	A	B	C	D	E	F	G	H	I	J	K	L	M	N	O	P	Q	R	S	T	U	V	W	X	Y	Z
K	0	0	0	0	0	0	0	1	1	1	0	1	0	0	0	0	0	0	0	0	0	0	0	0	0	0
L	0	0	0	0	0	0	0	1	1	1	1	0	0	0	0	0	0	0	0	0	0	0	0	0	0	0
M	1	1	1	0	1	0	0	1	0	0	0	0	0	1	1	1	1	1	1	1	0	0	0	0	0	0
N	0	0	0	0	0	0	0	1	0	0	0	0	1	0	1	1	1	1	1	1	0	0	0	0	0	0
O	0	0	0	0	0	0	0	1	0	0	0	0	1	1	0	1	1	1	1	1	0	0	0	0	0	0
P	0	0	0	0	0	0	0	1	0	0	0	0	1	1	1	0	1	1	1	1	0	0	0	0	0	0
Q	2	1	2	0	1	0	0	1	0	0	0	0	1	1	1	1	0	1	1	1	1	0	2	1	1	1
R	1	1	1	0	1	0	0	1	0	0	0	0	1	1	1	1	1	0	1	1	0	0	1	0	0	0
S	1	1	1	0	0	0	0	1	0	0	0	0	1	1	1	1	1	1	0	1	0	0	0	0	0	0
T	1	1	1	1	1	0	0	0	0	0	0	0	1	1	1	1	1	1	1	0	0	0	1	0	0	0
U	1	1	1	1	1	1	1	1	0	0	0	0	0	0	0	0	1	0	0	0	0	1	1	1	1	1
V	2	1	1	0	1	0	0	0	0	0	0	0	0	0	0	0	1	0	0	0	1	0	1	1	1	1
W	2	1	1	0	1	0	0	0	0	0	0	0	0	0	0	0	1	0	0	0	1	1	0	1	1	1
X	2	1	1	1	1	0	0	1	0	0	0	0	0	0	0	0	1	0	0	0	1	1	2	0	1	1
Y	2	1	1	1	1	0	0	1	0	0	0	0	0	0	0	0	1	0	0	0	1	1	2	1	0	1
Z	2	1	2	1	1	0	0	0	0	0	0	0	0	0	0	0	1	0	0	0	1	1	2	1	1	0

六、绘制社群图

将矩阵数据输入 NETDRAW 得到可视化的社群图(见图 1)。每一个节点代表不同成员,节点间的连线说明,两个节点之间存在研究预设的社会关系。社群关系图可以直观地表现出这些研

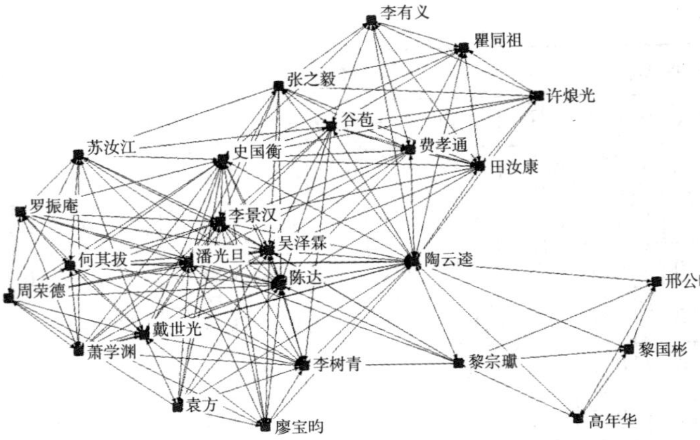

图 1　1943 年昆明社会学共同体社群图

究者之间的师承和同事关系的基本情况和结构特点。

从上图中,我们基本可以看到昆明社会学共同体的社会网络关系社群图的两个特征:

1. 分属于不同大学以及大学研究院所的成员,在同侪和师承两个社会关系网络连接下,没有出现任何孤立的节点或者独立的子网,组成了一个完全相互联系的、连续的社会网。

2. 多位成员在不同研究机构间的流转,促进了网络连接。使西南联合大学和云南大学两个社会学系间的联系更紧密,没有明显的分界标志。三个研究机构中边疆人文研究室和其他研究机构联系较少,在图中和其他子网有比较明显的界限。

运用社群图,可以清晰地看到这一社会学共同体的概貌,并进行简单的社会关系分析。而对数据进行量化分析能够帮助我们更进一步地了解网络社会群体深层次的特征。

通过对程度中心性分析的统计数据:Heterogeneity = 4.60%

Normalized = 0.78%

在不同的子网之间，云南大学社会学系和西南联合大学社会学系、清华大学国情普查研究所三者之间存在的互动关系比较多。包括教职员的转任，例如史国衡、陶云逵，另外还有清华大学社会学系毕业生构成云南大学社会学系的主要部分，这两个互动关系形成了共同体成员之间密切联系的基础。在这些共同的社会行动下，根据程度中心性统计中的异质性（Heterogeneity）为4.60%，显示网络成员在社会特征方面的差异性很小，表明这一群体有非常明显的相似性。

七、核心与边缘结构分析

薄伽提（Steph P. Borgatti）和艾弗雷特（Martin G. Everett）设计了离散和连续的核心边缘结构模式。我们选用后者来划分核心集合与边缘集合。向量C经过标准化后变成行动者的核心度向量。核心度越高，点离中心越近，两者的关系越强，合群性越高。

在UCINET软件中对昆明社会学共同体成员进行核心—边缘结构分析，操作步骤为"network-core & periphery-continuous"的corr算法，对所得结果排序后得出图2。

图2显示了统计意义上的昆明社会学共同体"核心成员"。在这个网络中担任西南联合大学社会学系主任、清华大学国情普查研究所所长的陈达，处于最核心的地位，和他在当时昆明社会学研究者中的地位和角色相符。

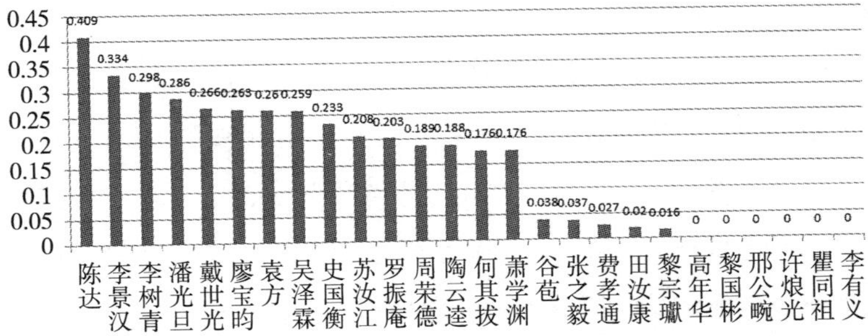

图 2　昆明社会学共同体“核心—边缘”核心度排列图

根据统计结果。统计意义上的核心与边缘的区分显著，出现从 0.176 到 0.038 的阶梯分界，以至于我们没有定义“半边缘半核心”成员的分类。我们确定“核心”成员共 15 名。核心向量 C 组成的结构矩阵与原始矩阵的相关系数为 0.553，相关性并不紧密。

通过历史文献资料的人物分析，昆明社会学共同体的“核心”成员，具备两个特征：

1. 昆明社会学共同体的主要工作围绕西南联合大学社会学系开展。西南联合大学社会学系的潘光旦、李树青、吴泽霖三位任教时间长、没有参加研究所室调查工作的社会学教授依然处于“核心”地位。核心的确定不仅仅是因为核心间彼此联系强，还因为成员更偏向与核心合作，例如袁方、廖宝昀的关系仅和西南联合大学社会学系紧密相关。清华大学国情普查研究所以西南联合大学社会学系为合作基础，提升了全体工作成员排名。“核心”成员中，包括 8 名西南联合大学社会学系的教师、清华大学国情普查研究所成员 6 人。

2. 在多个社会学机构工作的经历有助于成员获得统计意义上的核心地位。1941 年清华大学毕业生史国衡从清华大学国情普查研究所转入云南大学社会学系,1942 年史国衡又以云南大学教师的身份参与了环湖示范区的人口普查工作。在昆明社会学共同体网络中,师承关系相对较弱的陶云逵,1942 年从云南大学社会学系转投西南联合大学社会学系任教,丰富了他的同事网络,使他在共同体的中心地位显著起来,并成为"核心"成员。

在对"边缘"成员的分析中发现,统计意义上的"边缘"成员程度中心性也较低,一方面因为师承关系的积累需要时间的锤炼,"边缘"成员平均年龄比"中心"成员年轻 7.06 岁,在社会关系的积累上就比较弱。另一方面,"边缘"成员与西南联合大学/清华大学社会学系的联系并不紧密,"核心"成员中 93.3% 具备西南联合大学社会学或清华大学社会学系背景。11 名"边缘"成员中只有 4 人具备清华大学社会学背景,约占 36.3%,张之毅、谷苞、黎宗瓛毕业于清华大学社会学系,还有获得清华大学社会学系硕士学位的费孝通。

"共同体""边缘"成员和核心成员最大的不同可以总结为:

1. 学术背景的多样化:

对照研究"核心"与"边缘"成员的教育背景,在 15 名核心成员中,戴世光在加入昆明社会学共同体时学历背景为经济统计学硕士,陶云逵为人类学博士,其余 13 名成员教育背景均为社会学,约合 86.7%。而在 11 名"边缘"成员中,田汝康是西南联合大学的哲学心理系毕业,高华年为北京大学语言学硕士,黎国彬毕业于西南联合大学地理系,邢公畹为中央研究院语言学硕士,许烺光、费孝通同为伦敦政治经济学院人类学博士。其余5人最终学历为社会学,不到一半,约合45.4%。相比“核心”,“边缘”成员更具备多学科优势。

2. 学术选择的多样化:

1943年以后,“核心”成员中年龄在35岁以下的6名中的4名年轻成员苏汝江、史国衡、袁方、廖宝昀跟随陈达以人口学和劳工问题研究作为自己的学术方向,从社会网的角度看,这也许和网络的异质性较低、群体社会资源少有关系。和“核心”成员的选择不同,年轻的“边缘”成员后来的学术选择更趋多元化。民族学研究方向有李有义、谷苞,边疆人文方向三位研究者黎国彬、邢公畹、高华年以历史和语言研究作为自己的终身研究方向。未来的心理人类学家许烺光1944年离开昆明,在美国继续自己的学术之路。1945年瞿同祖在美国哥伦比亚大学继续研究中国传统社会结构,同年田汝康至英国伦敦政治经济学院攻读人类学博士。33岁的费孝通从云南大学开始了一个社会学、民族学、人类学学家的漫长之旅。

八、研究结论

昆明社会学共同体存在,不仅存在于社会学理论意义上,从社会关系网络分析中一样可以找到它的存在依据。本文在对1943年的样本进行分析以后,可以得出如下结论:昆明社会学共同体成员以清华大学社会学系为主要学术背景,研究机构以西南联合大学社会学系为中心;共同体存在的主要时段是1938~

1946年间，以西南联合大学社会学系、清华大学国情普查研究所、云南大学社会学系、云南大学社会系研究室为单位，期间有中央研究院社会科学研究所、历史语言所加入；具备清华大学社会学系学术背景的成员人数是最多的。

第一，昆明社会学共同体以社区调查研究为共同理想，强化了合作的关系纽带，成员间联系紧密。

第二，以吴文藻和陈达为代表的一代中国社会学家在社会学中国化的探索中，推行了以社区为研究对象的实地社会调查，并成为这个时期昆明社会学共同体共同遵守的学术"范式"，推动社会学中国化的进程。共同体各单位间成员流动比较频繁，显示出同质性特征。

第三，统计意义上的边缘成员具备多样性特征。昆明社会学共同体中的边缘成员具备多样性的特征，因为他们的学术背景和学术选择的多样性，推动昆明社会学共同体成为社会学、人类学、民族学，乃至语言学、历史学多门学科交汇的一个人才中心。昆明社会学共同体对后期中国社会学学科化、学术职业化的影响意义重大。

九、结　语

1938年西南联合大学在昆明成立的时候，西南联合大学历史社会学系只有4名来自于清华的社会学教师。1946年西南联合大学解散，清华大学复员，费孝通从云南大学社会学系加入清华大学社会学系，这一年社会学教师的数量达到8人。根据

1948 年中国社会学学会的一项统计,清华大学的社会学教师的数量达到 12 人,是国内大学中社会学系教师数量最多的,[1]这 12 名成员全是当时昆明社会学共同体成员。作为共同体的中心人物,清华大学社会学系教授陈达名列 1948 年第一届中央研究院院士 81 人的名单中。[2] 昆明社会学共同体的研究工作和人才培养促进清华大学成为中国社会学研究的中心。

1946 年以后,内迁云南的各大学、研究机关纷纷迁回原地,大批在云南各校任教的外省籍教职员随之离开或离职。云南各类学校师资奇缺。云南大学社会学系也不例外,许多课程无人讲授,教学陷于停顿。虽然 1947 年 10 月,在美国西北大学的许烺光回应熊庆来校长邀请:"三年来虽小有贡献,但怀念祖国,无时或释,如可能明夏当做归计。"[3]但最终未能成行。1948 年在孙本文教授的介绍下,杨堃成为云南大学社会学系主任,他恢复了研究室,邀请江应樑再度返回云南大学,云南大学社会学系的教学和研究工作才逐渐恢复。[4]

时间过了 70 多年,中国社会学的昆明时期作为一个历史存

---

① 《全国各大学社会学教师一览表》,载《社会建设》第 1 卷 1948 年第 5 期,第 820 页。此文中列出国立中央大学社会学教师数为 13 人(含助教 2 人),清华大学教师数为 12 人(不包含助教)。

② 当时的中国社会学学术界只有陈达和陶孟和两人当选国立中央研究院院士。

③ 云南大学,云南省档案馆:《云南大学史料丛书:教职工卷(1922 年 ~ 1949 年)》,云南民族出版社 2008 年版,第 273 页。

④ 刘兴育:《熊庆来与云南大学社会学系二三事》,载《云南档案》2010 年第 6 期。

在，对今天中国社会学学科化、学术职业化产生了重大影响。我们把这一社会学群体定义为昆明社会学共同体，运用历史文献资料对中国社会学史的这段时期进行社会网络分析的研究。藉此回顾发掘那些曾恣意生长于"community"（社区/共同体）的社会学理想和社会学想象力，把这些收获当做后来的社会学研究者给予"昆明社会学共同体"全体成员的一次致敬。

附录一　费孝通生平

著名的社会学家、人类学家和社会活动家，中国民主同盟的卓越领导人，中国共产党的亲密朋友，第七、八届全国人民代表大会常务委员会副委员长，中国人民政治协商会议第六届全国委员会副主席，中国民主同盟中央委员会名誉主席、北京大学教授费孝通同志，因病于 2005 年 4 月 24 日在北京逝世，享年 95 岁。

费孝通同志 1910 年 11 月出生于江苏吴江一个知识分子家庭，早年就读于苏州振华女校、东吴大学附属一中。1924 年开始发表文章。1928 年进入东吴大学医预科学习。后受进步思想影响，于 1930 年转入燕京大学社会学系学习，获学士学位。毕业后受梁漱溟先生之邀，到山东邹平县参加乡村建设工作。不久，考入清华大学社会学及人类学系，成为我国最早在本土获得社会人类学硕士的青年学者。1936 年赴英国伦敦政治经济学院留学，获博士学位。1938 年至 1946 年，任云南大学社会学系教授、西南联大教授。其间，于 1943 年赴美国学习访问，1946 年 11 月访问英国。1947 年到清华大学任教。新中国成立后，他历任清华大学教授、校务委员会委员、副教务长,中央民族学院教授、副院长,中央人民政府民族事务委员会副主任,国务院专家局副局长等职,以极大的热情投身国家的民族事业和教育事业。“文化大革命”中受冲击,下放到湖北沙洋“五七”干校。1972 年回到中央民族学院,和吴文藻、谢冰心等翻译海斯及穆恩的《世界史》和韦尔斯的《世界史纲》。1978 年后历任中国社会科学院民族研究所副所长、社会学研究所所长,国家民族事务委员会顾问,国务院学位委员会委员,中华人民共和国香港特别行政区基本法起草委员会副主任委员,中央民族学院教授,北京大学教授等多项职务。

费孝通同志是第一届全国人大代表,第七、八届全国人大常委会副委员长,全国政协第一届全体会议代表,政协第三、四届全国委员会委员,第五届全国委员会常务委员,第六届全国委员会副主席。

费孝通同志是伟大的爱国主义者。1938 年,时值中华民族危亡之际,他毅然从英国回国,任教于云南大学社会学系,积极投身于抗日民主运动。他与其他学者发表声明,撰写文章,抨击蒋介石的独裁统治。“一二·一”惨案后,他与云南大学的教授一同发表声明,声援和支持昆明学生的“反内战,争民主”运动。1946 年 1 月,他与其他教育工作者联名致函正在重庆召开的政治协商会议,呼吁停止内战,成立联合政府,保障民主权利。李公朴、闻一多被暗杀后,由于生命受到威胁,他被迫离开云南。新中国建立后,他以强烈的爱国热诚积极投身新中国的建设,为社会主义伟大事业贡献了全部精力和智慧。

费孝通同志是中国共产党的亲密朋友。1949 年初，他积极响应中国共产党提出的“五 · 一”口号，应邀赴西柏坡共商建国大计，受到毛泽东、周恩来等中共领导人的亲切接见，深受鼓舞和教育，从此开始了在中国共产党的领导下，与共产党亲密合作的光辉一生。同年 9 月，他参加中国人民政治协商会议第一届全体会议，10 月 1 日，参加中华人民共和国开国大典。费孝通同志热爱中国共产党，热爱新中国，虽历经坎坷仍矢志不移。无论是 1957 年被错划为“右派”，还是“文化大革命”中受到冲击迫害，都没有动摇他对中国共产党和人民事业的忠贞信念。在社会主义现代化建设新时期，他始终不渝地坚持中国共产党的领导，衷心拥护中国共产党的路线方针政策，以极大的热诚积极投身于中国共产党领导的统一战线和多党合作事业。他曾多次表示，正是中国共产党的领导和多党合作事业，才使他为人民作贡献的理想得以真正实现。

费孝通同志是著名的社会活动家。他在担任全国人大、全国政协领导职务期间，积极参加国家政治生活，参与党和国家大政方针的协商。他把领导工作与学术研究、社会活动密切结合起来，通过开展区域发展战略研究，进行“国是咨询”，将参政议政工作提高到一个新的水平。他早年就树立了“志在富民”的理想，一生孜孜以求。他利用一切机会接触社会变革的实际，深入探讨中国乡镇企业和小城镇发展问题、边区与少数民族地区发展问题、城乡关系问题、区域发展问题等，发表了许多具有广泛影响的论著，为推动社会变革，为改革开放和经济社会发展作出了重要贡献。他广交海内外朋友，努力促进两岸学界和其他人士的相互了解、交流，与港台知名学者共同倡导举办了八届“现代化与中国文化”研讨会。他作为中国政府代表团成员之一，赴香港参加香港回归祖国的政权交接仪式。他为坚持和完善人民代表大会制度，为坚持和完善共产党领导的多党合作和政治协商制度，为巩固和发展爱国统一战线，为促进祖国的统一大业作出了重要贡献。

费孝通同志是中国民主同盟卓越的领导人。他 1945 年加入民盟，历任民盟中央委员、常委、副主席。1987 年后任民盟中央主席、民盟中央名誉主席。他在总结自己几十年与中国共产党合作共事的经验，总结中国近现代历史的演变和新中国成立的经验时，一再强调要坚持中国共产党领导的多党合作和政治协商这一中国特色的政党制度。他主持民盟中央工作后，坚持中国共产党的领导，紧密围绕国家的中心任务，把为经济建设“出主意、想办法，做好事、做实事”作为民盟的工作思路，并身体力行。多年来，他的足迹遍及祖国的山山水水。他高度关注农村和农民问题，七下甘肃定西，三十余次到江苏吴江调查，帮助当地农民寻找脱贫致富和加快发展的道路。他先后对我国西北地区、西南地区、黄河中上游、黄河三角洲、长江三角洲、珠江三角洲、环渤海地区、中原经济协作区、淮海经济协作区、东北地区、京九铁路沿线地区等进行实地调查，代表民盟中央向中共中央和国务院提出了许多既符合当地实际，又具有全局意义的重要发展思路与具体建议，尤其是关于上海浦东开发和促进 22 个人口较少的少数民族实现现代化的提议，受到党和政府的赞同和肯定。他善于发挥民盟在智力上的优势，领导民盟探索参政议政的有效途径。他勇于探索、积极开拓的精神，深入实际、认真实践的作风，以及不凡的学识与智慧、气度与魄力，都深深地感染和激励着民盟的成员。他为开创民盟工作的新局面作出了积极贡献。

费孝通同志是享誉海内外的社会学家、人类学家，我国现代社会学和人类学的创始人。他1930年即投身社会学研究，后考入清华大学师从俄籍教授史禄国攻读人类学。1935年，他与新婚妻子在蜜月中同赴广西大瑶山进行社会调查，历经艰险，调查途中误踏虎阱，腰腿受伤，妻子在寻人救援途中不幸溺水身亡。获救后，他在疗伤期间根据瑶山调查所得资料，整理出版了《花蓝瑶社会组织》。留学英国期间，在马林诺夫斯基教授指导下继续学习社会人类学，完成并出版了英文专著 *Peasant Life in China*（《江村经济》）。回国后，创办了云南大学—燕京大学社会实地工作站，积极开展农村社会调查，发表了《禄村农田》等一系列关于农村问题的文章，对中国的社会、家庭结构进行了深入研究，培养了一批社会学者。1942年至1943年访美期间，整理和出版了 *Earthbound China*（《云南三村》）。1979年受中共中央委托主持社会学学科重建工作，任中国社会学学会会长。其间，他出访美国、加拿大，广泛了解国外社会学发展现状，大力培养国内社会学师资，组织编写教材，筹建专业教育和研究机构，并重新开始社会实地调查活动。1985年他创建了北京大学社会学人类学研究所，1987年他创办了中国社会与发展研究中心。他主张当代的中国社会学应该是结合中国社会实际和民族特点的社会学，必须立足于中国社会的实际生活，从科学的社会调查研究入手。他积极倡导实地调查的风气，注重把学术研究和培养人才结合在一起。这期间，他陆续发表了《小城镇 大问题》、《三访江村》等多篇著名文章。1992 年他汇集近 10 年的研究成果，出版了《行行重行行——乡镇发展论述》，该著作 1994 年获全国高等学校首届人文社会科学研究优秀成果社会学一等奖，1999 年获国家社会科学基金特别荣誉奖。他通过实地调研和思考，不断提出事关社会进步和发展的重要思想与理论，1987 年提出“中华民族多元一体格局”的理论，1990 年提出“各美其美、美人之美、美美与共、天下大同”的社会和谐观点，1995 年提出“文化自觉”的思想，强调世界各民族的文化自觉、文化对话与文化包容。

在社会科学研究事业上的卓越成就为他赢得了国际声誉。1980 年他获得了国际应用人类学会该年度马林诺夫斯基纪念奖，1981 年获英国皇家人类学会赫胥黎纪念奖章，1988 年获美国“大英百科全书奖”，1993 年获日本亚洲文化大奖，1994 年获该年度菲律宾拉蒙·麦格赛赛“社会领袖奖”，1998 年获“霍英东杰出奖”。此外，他还先后获得英国伦敦经济政治学院授予的荣誉院士、澳门东亚大学社会科学博士、香港大学文学博士等荣誉。1999 年至 2004 年相继出版的《费孝通文集》(16 卷本)，收集了他从早年至 2004 年间绝大部分著述，这是他一生重要学术成就的集纳，也是我国社会科学的一项丰硕成果。他的理论在实践中的应用，卓有成效地体现了社会学、人类学的巨大应用价值。他超凡的才智、渊博的学识为人们所钦佩和敬重。

费孝通同志的一生是光辉的一生，是追求真理的一生。他在追求救国救民的真理中，认识到只有共产党才能救中国，只有坚持走社会主义道路才能富民强国。他以自己的研究工作和社会活动为中华民族的伟大复兴殚精竭虑，不懈奋斗，直至生命的最后阶段。他高尚的品格、无私奉献的精神永远值得我们学习和怀念！

附录二　费孝通云南大事记

1938 年

10 月底，抵达云南昆明。11 月 15 日，赴禄丰县做实地调查。12 月，任云南大学社会学教授并在西南联大兼课。

1939 年

主持云南大学和燕京大学合作联合成立的社会学研究工作站的工作，任研究员。博士论文 *Peasant Life in China* 在英国出版。马林诺夫斯基为之作序，称该书“将被认为是人类学实地调查和理论工作发展中的一个里程碑”。

1940 年

因日军轰炸昆明，社会学研究工作站迁至呈贡魁星阁。是年所写文章多刊于《今日评论》，如《农村土地权之外流》、《土地继承和农村的粉碎》、《患土地饥饿症者》、《农家费用的分析》、《西南工业的人力基础》等。

1941 年

任云南大学社会学系主任，除授课外，大部分时间用于魁阁工作站的实地调查。有大量的时评、政论及学术论文发表，分别刊于《今日评论》、《星期评论》、《东方杂志》、《当代评论》、《社会科学学报》。

1942 年

继续指导学生进行实地调查。12 月，接受赴美进行文化交流的邀请。是年发表文章所涉及的报刊范围又有扩大，除前述者外，又在《中央日报》、《大公报》、《旅行杂志》等报刊发表文章。

1943 年

年初，与潘光旦教授等人赴大理讲学，并写《鸡足朝山记》在《生活导报》周刊连载。6 月赴美国访问，写《旅美寄言》系列文章。所著《禄村农田》一书作为吴文藻主编的《社会学丛刊乙集》的一种，由商务印书馆出版。

1944 年

上半年继续旅美访问活动，《旅美寄言》系列文章在《生活导报》连载。7 月返回中国，继续在云南做内地农村调查。译著《人文类型》作为吴文藻主编的《社会学丛刊甲集》第三种，由商务印书馆出版。

1945 年

被清华大学聘为教授，由云南大学转入西南联大，仍主持云南大学社会学系工作。被推举为《时代评论》主编。英文版 Earthbound China 即《被土地束缚的中国》（中文版书名为《云南三村》）一书在美国出版。同时有大量的时评、政论性文章刊登在《时代评论》、《大公报》、《中央日报》、《自由论坛》、《民主周刊》等报刊上。加入中国民主同盟。

1946 年

夏秋之交，因“李闻事件”到美国驻昆明领事馆避难。10 月，由昆明去南京。

1956 年

8 月，赴云南等西南地区进行少数民族社会史和知识分子问题调查。

1990 年

5 月，赴云南访问，著《重访云南三村》。

1995 年

12 月，赴云南省昆明参加纪念“一二·一”运动五十周年纪念活动。

2000 年

8 月，赴昆明参加“云南民族文化大省建设第二次高级研讨会”，并赴大理、丽江调查西部人文资源的开发和利用的情况。

后记

费孝通先生是国际著名社会学家、人类学家、民族学家、社会活动家，中国社会学和人类学的奠基人之一，是我国民主党派的一位旗帜性人物，是中国民主同盟的卓越领导人。在我国改革开放新时期中，为充分发挥参政党职能，他长期坚持亲身实地考察活动，走遍了我国除西藏、台湾之外的每一个省、自治区、直辖市，为民盟参政议政工作的开展，做出了许多重要贡献。为弘扬费孝通先生重实践、重实际、重实证、重实效的精神，纪念他为社会主义现代化建设事业作出的伟大贡献，继承和发扬老一辈优秀传统，我们计划出版一套有关费孝通先生在全国各地活动的系列图书。

抗战时期，费孝通先生曾在云南工作、生活过一段时间，这八年，让费老与云南结下了深厚的感情，给他留下了难以磨灭的记忆。新中国成立后，他曾多次回到云南进行考察、调研。《费孝通与云南》旨在通过历史资料、图片、学术研究等记录费老与云南的不解之缘,再现费老在云南留下的真实足迹。

民盟中央副主席、民盟云南省委主委倪惠芳同志高度重视并多次过问《费孝通与云南》的编辑出版工作;《费孝通与云南》的出版,得到了云南盟省委副主委、云南大学副校长肖宪同志的极大支持;云南盟省委宣传部部长罗富元在联系出版、内容修改等工作中给予我们很多帮助,并提出了很多宝贵的意见和建议;云南盟省委宣传部的同志以及云南大学统战部的同志在本书的论文搜集、编辑、整理工作中,付出了辛勤的劳动,在此表示诚挚的谢意。此外,还要特别感谢云南大学出版社授权我社出版本书。最后,谨以本书献给云南民盟成立七十周年。

跋

在《民盟历史文献》丛书付梓之际，掩卷回首，民盟先贤们的音容笑貌挥之不去，不绝如缕，久久难忘。在编辑此丛书的过程中，我们每每被他们为信仰、为理想奋斗的坚定精神所感召和感动。

人不能没有理想和信仰，一个民族也不能没有自己的理想和信仰。我们的先辈们，正是怀揣民族富强、人民福祉的赤诚之心，身先士卒、鞠躬尽瘁；凭借自身高尚的人文品格和社会良知，与中国共产党团结合作，为中国社会的前途和命运探索了一条新的宪政之路；和平、民主是人类社会的两大主题，也是中国共产党人和各民主党派所共同追求的理想。

如今，面对着他们的拳拳之心和丰功伟绩，我们感叹！赞叹！怀念！更要继承！

《民盟历史文献》在整个创作和出版过程中，得到了来自社会各界人士的关注和厚爱。我们要特别感谢为此丛书孜孜不倦地考证、核实、梳理、完善的各位专家、学者，是他们的认真严谨，才使此丛书能够客观地展现历史的真貌；更要特别感谢中共中央统战部与民盟中央给予我们的鼎力支持和重视，没有他们的指导和帮助，我们不可能完成如此厚重的出版工作任务；还要感谢各省、市、地区的民盟组织，为搜集、挖掘、抢救民盟的历史文献资料做出的不懈努力和贡献；感谢每一本书的作者，是他们的辛勤笔耕和一点一滴的忠实记录，才集成了民盟历史的全貌；感谢为此丛书付出辛劳的编辑以及所有工作人员，感谢你们辛勤的劳动和无私的奉献。

谨以此丛书献给所有伟大的民主革命先驱者；献给为共和国诞生抛洒了智慧和热血的先贤们；献给那一段筚路蓝缕、以启山林的峥嵘岁月。

《民盟历史文献》编委会

图书在版编目(CIP)数据

费孝通与云南/中国民主同盟云南省委员会编.
—北京:群言出版社,2013.5
(民盟历史文献)
ISBN 978-7-80256-435-0
Ⅰ.①费… Ⅱ.①中… Ⅲ.①费孝通(1910~2005)
—生平事迹 Ⅳ.①K825.4

中国版本图书馆 CIP 数据核字(2013)第055780号

出版人 范芳
责任编辑 盛利君
助理编辑 刘占凤
装帧设计 群言艺术设计中心
出版发行 群言出版社(Qunyan Press)
地址 北京东城区东厂胡同北巷1号
邮政编码 100006
网站 **www.qypublish.com**
电子信箱 qunyancbs@126.com
总编办 010-65265404 65138815
编辑部 010-65276609 65262436
发行部 010-65263345 65220236
经销 全国新华书店
读者服务 010-65220236 65265404 65263345
法律顾问 北京市国联律师事务所
印刷 北京画中画印刷有限公司
版次 2013年5月第1版 2013年5月第1次印刷
开本 880×1230mm 1/32
印张 10.25 彩插4
字数 212千字
书号 ISBN 978-7-80256-435-0
定价 36.00元